RED ARCHIVES 03

奥浩平がいた
私的覚書

齊藤政明

社会評論社

奥浩平がいた――私的覚書　＊目次＊

［序］六〇年安保国会デモ

今となっては五十七年も前の出来事になった。

一九六〇年六月、国会は連日「安保条約改定阻止」「安保条約粉砕」を叫ぶ数十万人のデモに取り囲まれた。とりわけ全学連傘下の大学生たちの条約粉砕にかける情熱は凄まじく、警官隊と激しい衝突を繰り返していた。六月十五日のデモでは、警官隊の打ち下ろした警棒で東大生、樺美智子が命を奪われ、多数の負傷者も出た。

全学連とは何か。自分が大学生になった暁には、どう行動すれば良いのだろう。

九州の片田舎で高校生活を送っていた私は、そんなことを考えながら、新聞に大きく載るデモの記事や写真、全学連の行動の是非を論じる識者のコメントに目を凝らしていた。

通った鹿児島の私立男子高校は、遠方からの入学者が多いため大規模な寄宿舎を付設していたが、周辺には個人経営の寮や、一、二名を受け入れる下宿もあった。

私が過ごした十人ほどが暮らす寮は、学校の寄宿舎とは異なり、個室で勉強や就寝時間の拘束がなかった。気の合う数人が一室に集まると、映画や小説、はては中学時代の女友達の話になり、気付けば夜明けということもあった。

安保反対のデモが盛り上がっていた頃の話題は、何はさておき学生運動だった。

ある夜、宮崎、熊本出身の三人が集まった。

「彼らはどんな本を読むのかなあ」

「『世界』とか『自由』とかいう名の雑誌らしい」

「お前読んだことあるか」

「そういう話を聞いたことがあるだけや。何が書いてあるかは知らん」

「マルクスやサルトルを読むらしいよ」

「俺の故郷の水俣に谷川雁という作家がいてな。親父は、彼の本だけは読んではいけないと言っているけど、誰か、どんな本か知っとうや。学生運動と関係あるのかな」

「そんな名前、聞いたことない」

「俺もない。親父は学生運動だけはやるな、他は何をやってもいいといつも言っている」

「お前、大学に入ったら学生運動やるのか。俺はやる」

「うん、俺もやるつもりや」

誰もが学生運動の実相を全く知らないので、話し相手が変わってもいつもこんな終り方になる。とはいえ、六〇年安保の全学連の行動と樺美智子の死は、私たちにやがて訪れる大学生活全般の在り様を考えさせる、大きな宿題を課したのだった。

六月十九日に安保条約の改定が国会で自然承認されるとデモも下火となり、新聞に全学連の三文字を見ることもなくなった。

社会を二分した激動が去ると、私の関心はこれからの自身のあり方へと移っていった。

私の父は高校入学の直前に亡くなった。それまではすべてにわたって父の指図通りに動いてきたが、入学後は身辺にまつわる物事への対処から進路に至るまで、一人で決めなければならなかった。だが、自分にはそれらを的確に判断する力などない。そこで、父ならこう言うであろうと推量し、結論を出すようにした。

父の意向を忖度しないと何もできなかった自分だが、自分の足で立つ時期にきているのではないかとの思いが、強く心中に湧き出てきた。

広い社会と向き合い、そこから自分を作り上げる以外にない。そのためにはすべてを見渡せそうな東京へ出よう、奨学金の枠内で通える学校ならどこでもいい。

本屋のベストセラーのコーナーで小田実の『何でも見てやろう』が目に留まった。小田はフルブライト財団の奨学生としてアメリカに留学。同書は、そこでの体験と、留学を終えた帰途の世界無銭旅行の体験を綴ったものである。あまりの面白さに徹夜で読了した。

大学は真理や生き方を教わるところではない。体当たりしてそれらを掴みとる場所であった。

第一章　横浜市立大学——戦闘的学生運動の再建へ

第一節　横浜市立大学「平民会」　1962年

一九六二年四月、私は横浜市立大学の文理学部生となった。上京時に持参したのは、愛読書『三太郎の日記』（阿部次郎）、『何でも見てやろう』（小田実）の二冊である。

入学したばかりの私を待ち受けていたのは、異質な学生運動を行う二つの団体だった。一つが「平和と民主主義を守る横浜市大生の会」（略称「平民会」）、もう一つが日本共産党である。

「平民会」と日本共産党

「平民会」は、一年生の多数が受講する哲学や法学概論の大教室にやってきては演説する。彼らは「『平民会』の三年生の何某です」と自己紹介して演説を始めるので、顔と名前はすぐに覚えた。

演説の一番手は植島だった。腹から出る響く声と滑らかに出てくる言葉、笑みをたたえた柔和な表情が聞く者を引き付けた。

「米ソは依然核実験を続けている。我々『平民会』は米ソの核実験に反対する。アメリカ帝国主義の核実験にソ連が核実験で対抗しては、核軍拡が悪無限的に続くだけだ。悪無限的循環を絶ち切らなければならない」

二番手の藤田は、演説というよりも話しかける口調だった。しかも深刻な面持ちで語る。話に深みがあり、聞く者を引き込んだ。

「米ソの核実験に対して自分はどういう態度を取るのか、君たち一人一人が問われている。米ソ核実験を止めさせる唯一の力は、世界の労働者・学生の核実験反対運動である。共産党はソ連の核実験は平和勢力を守るためというが、自国の労働者のみならず、アメリカや日本の労働者にも死の灰を降らせる反人民的なものである」

最後に山上が登場した。東京弁の植島や藤田と違う佐賀なまりの残る抑揚で明るく呼びかけた。

「あのですね、五月十五日には全国の学生が米ソ核実験反対のデモに立ち上がります。自分はどうするかを自ら主体的に考えてですね、この日の横浜市内デモに立ち上がろうではありませんか」

その間、他の「平民会」メンバーは「米ソ核実験阻止、五・一五横浜市内デモへ、ソ連の核実験を支持する共産党弾劾」の大見出しが目につく謄写版刷りのビラを机上に置いていった。

彼らはやってくる度に、「自分の問題として捉え返す」「自ら主体的に取り組む」というフレーズをはさむ。この言葉には、核実験に向き合うことこそが、今を生きる学生の最大課題だと迫るものがあった。

他方、学生自治会執行部を握る共産党も同じようにやってきては演説し、自治会執行委員会名のビラを配った。

「『平民会』は、アメリカ帝国主義とソ連の核実験を同列に並べて、米ソ核実験反対と言っていますが、それは間違いです。ソ連の核実験は、アメリカ帝国主義と闘う平和勢力を守るためにやむを得ず行ったものです。米ソ核実験反対はアメリカ帝国主義を利するだけです。だから『平民会』は、アメリカ帝国主義の手先です。五月三十日の、安保破棄・諸要求実現、横浜大集会へ参加しましょう」

入学したばかりの私には、「平民会」や共産党が当たり前のように使う「アメリカ帝国主義」「反戦運動」

「民主勢力」「ソ連は平和勢力」などの意味がよく分からない。

先ずはこの辺りからと、高校時代に同級生が口にした雑誌、『世界』と『自由』を買ってみた。だが、どのページを開いても、彼らの主張を理解させてくれるような論文など載っていない。そこで同じ英語クラスの共産党員と、「平民会」の三年生に直接話を聞いてみることにした。

共産党員との話を通して、彼らは横市大の学生に強い影響力をもつ勢力であると知った。新入生の一割強が党員ないしは民青同盟員で、高校時代からそれらの組織に属していると言う。皆一様に弁が立ち、とても同じ一年生とは思えない言葉使いをする。

「ソ連は他国を侵略したことがないって知っているよね。アメリカはずっと侵略を続けている。だからソ連の武器は侵略に使う武器ではない。帝国主義の侵略から守るための武器なんだ。だからソ連の核実験をアメリカの核実験と同列においてはいけないんだよ。ここまではいいね。だから『平民会』のように米ソ核実験反対というのは間違いだって分かるだろう」

さらに、「ソ連は経済、科学、生活水準などの全分野でアメリカを凌駕する。世界は社会主義に向かっている。これは歴史の必然である」と続く。

彼らの話を聞いていると、ソ連は理想の国だからソ連のやることはすべて正しい、正しいソ連を守ることが自分達の課題であると主張しているだけである。彼らは、時代と社会と人間に向き合っていないのではないか、と感じ始めたのを機に、彼らと話し込むのを止めた。

対して「平民会」は、核実験を現代の人間が抱える最大の問題と捉え、一人一人がそれに向き合うようにと提起する。この主張には響くものを感じて会話は続けた。

そのせいだろうか。七月初めの夕、「平民会」の藤田が何の前触れもなく下宿にやってきた。彼は『三太郎の日記』『何でも見てやろう』と『世界』『自由』のバックナンバー、授業テキストと辞書だけの本棚代用のミカン箱を見やりながら、反戦闘争の意義、「平民会」の行動の意義、共産党の間違いなどをじゅんじゅんと語った。私を引き付けたものは、話の内容もさることながら、一生懸命に語る彼の真面目な人柄であった。

会議と街頭行動

九月からの新学期開始を前に早めに下宿に戻ると、「平民会」名の封書が届いていた。中には米ソ核実験阻止、大学管理法阻止に決起を呼びかける文、それに二学期が始まる直前の二日間で行われる会議への案内文が同封されていた。夏休みに帰省した折、二学期からは何事かを始めようと思い定めていたので会議とやらに出席してみることにした。

話だけでも聞いてみようと訪れた部室には三年生の七人が既に控えていた。ところが開始時間の一時になっても他に来る者はいない。自分一人だけかと困惑したが、会議に移るとその気持ちは消えた。

冒頭の発言は植島で、十月二十一日の米ソ核実験反対全国学生統一行動に向けた取り組みについて提起した。

「この日は横浜市内デモをする。そのために九月半ばに米ソ核実験反対学内集会を開く。そこで抗議文を採択し、米ソ大使館へ赴き手渡す。その二日後に報告集会をもつ。以上を九月末の横浜市内デモに集約し、十月二十一日に繋げていく」

藤田がそれに続けて具体的行動を提起した。

「今夏の原水爆禁止世界大会は、ソ連の核実験に反対する、反対しないで分裂した。社会党、共産党の原水爆禁止運動に代る、米ソ核実験反対の新しい反戦運動を我々の手で創り出す。二学期初日から毎日ビラを撒き、クラス討論を行う。明日はそのための討論資料とビラを作る。今日は、これらの宣伝費用を調達するために、横浜駅でカンパ活動を行う」

どうも彼らは学内ばかりか世の中まで動かそうとしているようである。なんと無謀なことをと思ったが、逆にその情熱と行動力に驚嘆して、自分も参加する気になっていた。

会議を終えると、署名用紙と署名活動に使う画板の垂れ紙作りに移った。模造紙に「米ソ核実験反対、ソ連の核実験を支持する共産党弾劾、横浜市大平民会」「米ソ核実験反対、破産した原水禁運動に代る新たな反戦運動を、横浜市大平民会」などとマジックで書く。私も見よう見まねで自分の分を作った。

横浜駅西口の街頭に八人が立ったのは午後三時頃である。九州の田舎で暮らしてきた私は、政治課題を掲げた街頭署名とカンパなど見かけたこともない。どうやっていいのか分からないので、三年生のやり方をしばらく見て、その通りにやってみた。

通り過ぎる人に鉛筆を差し出しながら、「米ソ核実験反対の署名です」と声をかける。すると、なんと立ち止って署名をしてくれる。その人に、これまた三年生がやっているように早口で話しかける。

「今年の夏の原水爆禁止世界大会は、ソ連の核実験をめぐって分裂してしまいました。私達はこうした原水禁運動に代る米ソの核実験反対の新たな反戦運動を起こそうとしています。運動のためにカンパをお願いします」。すると、例外なくカンパ袋に十円、二十円、三十円と入れてくれる。中には五十円札、百円札を入れてくれる人もいる。その上「頑張ってください」と声までかけてくれる。信じられないシーンの連続に、私は感動を覚えた。

三時間の活動を終えると、一同は大きな中華料理店に入った。注文したラーメンを待つ間、私の脳裏には、見ず知らずの通行人に声をかけ、政治主張を述べてカンパを得る、こんなとてつもないことがなぜ自分にできたのであろうかとの思いが去来した。

私達八人とネクタイをした見知らぬ二人の青年を加えた十人は、丸い中華テーブルにうまく収まった。二人はカンパの後半にやってきた。

ラーメンを食べ終わると、山上が「それでは、総括を始めます」と言う。この時、「総括」という言葉を初めて耳にした。

植島は「共産党横浜市委員会委員長の石母田が通りかかったので、取っつかまえてソ連支持論を論破しギュッと言わせたよ」と誇らしげに語った。そう言えば彼は、ニタニタと薄ら笑いを浮かべる中年の小肥り男に論争を吹っかけていた。

私の番になったので、「ひっきりなしに署名とカンパをしてくれました。都会の人達の意識の高さにびっくりしています」と感じた通りを述べ、「男性よりも女性が、しかも若い女性が署名とカンパにたくさん応じてくれたのには驚きました」と印象を付け加えた。すかさず植島が、「それは斉藤君が色男だからだよ。ワッハッハッ」と茶化してきた。

散会間際に、「あの二人は誰ですか」と気になっていることを植島に小声で聞くと、「眼鏡をかけている人が社革新の小野三郎、もう一人が革共同の岸本健一といってね、六〇年の安保闘争では全自連と全学連を指導した人で、今は二人とも神奈川の労働運動を指導している」と教えてくれた。二人が学生運動の先輩とは分かったが、「社革新」「革共同」「全学連」「全自連」と並べられた言葉は理解できるものではなかった。ましてや見知らぬ二人が、それぞれの党派の下に「平民会」を組み込もうとの思惑をもってその場にいたこと、植島が小野を、藤田が岸本を呼んだことなど知る由もないことであった。

ガリ切りと謄写版

カンパの翌日も同じ顔ぶれが集まった。前日は「平民会」を知ろうと出席したが、この日は会の活動に役立ちたいとの思いで参加した。

昨日の街頭カンパは一体いくら集まったのであろうか。それが、会議前から気になっていた。相当な額と思えるが見当すらつかない。私の場合、硬貨で重くなったカンパ袋を一度取り替えている。山上と荒井は呼びかけの上手さで絶えず通行人を足止めしていたので、私の二倍以上は集めたようにみえた。

この日は買い出しでことが始まった。マジックインク、筆、朱墨、墨汁、ポスターカラー、わら判紙、模造紙、折りたたみ式の小型のガリ版、ガリ切りの原紙、謄写版のインク、謄写版の張替え用シルクなどを買い揃え、さらに電気屋でハンドマイクまで買った。買い出しに同道して、これらを賄えるだけのカンパが集まったと知り、さらにカンパで集めたお金はこうして活用されるものと分かった。

部室へ戻ると、一斉にガリ切り作業に移った。二学期初日にまくビラ作りを担当する藤田は、原稿を下書きもせず直接原紙に書き込んでいく。彼の思考の体系はそこまで整っているのかと驚かされた。山上らは分担してクラス討論の資料作りを始めた。世界各地で展開される米ソ核実験反対デモの様子を報道した新聞記事を、次々とガリ切りしていく。

記事をのぞくと、「イギリスのトラファルガー広場ではバートランド・ラッセルを先頭にしたデモ隊が座り込み」「ワシントンで数万人のデモ」「オランダで数万人のデモ」「フランスではサルトルなどが反対声明」「原水禁世界大会が分裂」などの内容である。一連の記事を見て、米ソ核実験反対運動が世界中で行われていること、核実験当事国のアメリカ国内でも反対運動が起こっていることを知った。

切り終えた原紙を謄写版で刷るのは植島である。私の字は見られたものではないのでガリ切りは手伝えない。そこで植島の輪転機を思わせる早刷りの技術を覚えることにし、彼から手ほどきを受けながら練習した。刷り上がった資料をホッチキスで止め、一年生に配布するクラス討論資料が出来上がった。

それを終えると、翌日から開始するクラス討論の担当者を決める会議に移った。山上が「A組はおいらが行くよ。Bは荒井、Cは吉野、Dは大下、これでいいかい」と、明るい雰囲気で担当クラスを割り振る。植島と藤田の名前が出ないのは、大教室の演説回りのためだろうと考えていると、内山が「斉藤君は何クラスなの。あ、そう、Bなの。じゃあ、Bは斉藤君がやるのがいい。やる前に、Aで山上がやるのを見るといい。山上はBで斉藤君を手伝うように」と口を挟む。

その内山は、皆がガリ切り、謄写版刷り、資料のホッチキス留めの作業をやっている間はそこには加わらず、片隅で読書をしていた。そう言えば昨日のカンパの後半には腰を下ろして読書をしていた。彼の超然とした振る舞いを含め、「平民会」には個性豊かな人たちが集まっていると分かり、ますます会に興味がわいた。

クラス討論

私の二学期は、登校する学生たちへのビラ配りで始まった。それを終えると山上は私を同道して英語担当教授の研究室におもむき、「先生、米ソ核実験についてクラス討論をやりたいので、初めの二十分ほど時間を下さい」と申し入れた。教授は「分かりました。時間はあげましょう。ただし、時間がきたら討論途中であっても止めてもらいます。それを守ってください」と諒解した。

クラスに入ると山上は、「自分達『平民会』は米ソ核実験に反対しています。米ソの核実験を絶ち切るには、我々一人一人が声を上げて行動することです」と切り出し、前の席に座る学生の一人を指差して問いかけた。

「君は核実験をどう思いますか。賛成ですか、反対ですか」

「賛成はしないけど」

「じゃあ反対なんですね」

「はい」

「隣の君はどう思いますか」

「反対です」

「では、なぜ君達は反対の気持ちを表さないんですか。君はなぜそうしないんですか」

「学生は勉強しなければならないので…」

「おいらもそう思うよ。だけど勉強するっていうことは、核実験にどういう態度を取るかを考えることでもある。学生として主体的に核実験に対する態度を決めることが、勉強するっていうことでもあるんだよ」

彼は次々に指差しては答えさせていく。すると一人がイライラした声で叫ぶ。

「自分は英語の授業を受けに来ているんです。もう止めてください」

山上はそれに怯むことなく、ニコニコしながら毅然と言い返す。

「今日の授業を全部潰してでも討論して、自分の態度を決めないといけない問題だよ。討論を止めてくださいと言った君は、核実験に賛成なの、反対なの？」

「反対です」

「このクラスの中に、核実験に賛成という人はいないようですね。では核実験反対のクラス決議をすることから行動しよう」

クラス決議という言葉に共産党員が慌てて立ち上がった。

「皆さん、だまされてはいけません。彼らはトロツキストと言って、民主勢力を破壊する帝国主義の手先・挑発分子です。社会主義国の核実験と帝国主義国の核実験を同列に扱うことは間違いです。ソ連の核実験は社会主義と平和勢力をアメリカ帝国主義から守るために仕方なくやったものです。彼らの策動に乗ってはいけません。今すぐここから出ていってもらいましょう」

複数の共産党員が「そうだ、そうだ」と声を上げた。

英語担当の教授は既に入室しており、後ろで討論を聞いている。このままいけば長引くと感じたのか、それとも約束の時間を大幅に過ぎたからなのか、「そろそろ終わってください」と指示を出した。

山上は「ではまた来ます。その時には、みんなの核実験反対の気持ちをどのように表明するのか、そして共産党の発言をどう思うかを話し合おう」と討論を締めた。

山上の進め方を見て、クラス討論とは、問いかける、答えさせる、切り返す、行動に移すように促すものであると理解した。私には山上のように相手に迫る力はない。そこで、自分のBクラスの討論では司会役にまわり、世界各地の米ソ核実験反対デモの様子をまとめた資料を紹介して後は山上にやってもらった。討論の展開は前のAクラスと全く変わりはなかったが、その後に大きな変化があった。核実験を話題にする級友が目につくようになったのである。

米ソ大使館への抗議文

九月半ば、いつもと変わらない八人のメンバーで、東京・麻布の米ソ両大使館に抗議文を持参した。応対に出たソ連大使館の館員は流暢な日本語で応じた。

「私達の祖国は社会主義革命への干渉戦争を受け、さらにナチスの侵略を受けました。私達は祖国と社会主義を守るために戦いました。アメリカの核兵器は社会主義と植民地独立運動を潰すためのものです。我が国の核兵器は祖国と社会主義、民族独立運動を守るためのものであり、他国を攻撃するためのものではありません」

藤田が反論する。

「ソ連の核実験はソ連の労働者のみならず、日本やアメリカの労働者の上にも死の灰を降らせる反人民的なものです。アメリカの核実験を阻止するのはソ連の核実験ではなく、アメリカを始めとする全世界の労働者、人民の反戦運動です。ソ連が労働者の国なら世界の労働者を信頼し、反戦運動の力に依拠すべきです」

館員は、「アメリカの労働者の運動の力は弱いので、祖国と社会主義を守るには核実験は避けられません。抗議文は受け取れません。忙しいのでこれで終りにします」と応答を打ち切り引き上げた。

次に訪れたアメリカ大使館の館員は、それとは対照的に、実にあっけらかんとした応対だった。

「分かりました。抗議文は受け取ります。あなた達から抗議があったことを本国政府に伝えます」

初めてのデモと非共産党系学生運動

こうした一連の活動を経て、九月末の横浜市内デモを迎えた。

京浜急行黄金町駅に降り立った横市大生は十人、自治会執行部を握る横浜国大からは三十人ほど、神奈川大は三人である。ここで初めて、神奈川県下の非共産党系学生運動の実相を知った。

それにしてもあれだけのビラを配り、クラス討論をやっても十人とは…。デモに参加させることは大変な難事と思い知らされた。

駅前小広場での集会は「平民会」の植島の発言で始まった。米ソの核実験を弾劾しソ連の核実験を擁護する共産党を批判する言葉が流れるように出てくる。演説は彼が一番と思っていたが、横国大自治会のリーダーの演説は彼を上回っていた。植島の滑らかさはないが、一言一言に自分の気持ちと意志を注ぎ込む演説には迫るものがある。リーダーは「横国大自治会は共産党の妨害を跳ね返して、十月二十一日は半日ストライキで立ち上がります」と演説を結んだ。

後に名前を知ることになるが、彼こそこの日から五年後の六七年に再建された全学連（三派全学連）の二代目委員長となる秋山勝行である。

神奈川大の三人の風体は学生運動とは無縁に見える。一人はリーゼント、他の二名はスポーツ刈りで皆そろってガッシリとしている。それを学生服に包んでいるので、まるで応援団員そのものである。そのリーダーが訴えた。

「神大では米ソ核実験反対のビラを撒こうとするだけで右翼が殴りかかってきます。今日は我々を校門前で待ち伏せしていましたが、殴り合いをやってここにきました。我々は右翼の妨害に敗けないで、十月二十一日には仲間を少しでも増やしてやって来ます」

右翼の暴力を相手にする彼らは、共産党を相手にする私達よりも大きな困難を抱えているようにみえる。彼の発言を聞いていると、デモに学生を参加させることは難事と考えた自分の甘さを指摘されているようでもあった。

集会を三十分ほどで終えた四十人は、三時半過ぎにはデモに出た。伊勢佐木町の繁華街を時折ジグザグデモをしながら神奈川県庁前までやってきた。すると、その場に待機していた警官隊がどっと駆け寄って来る。デモ隊の倍以上の百名はいるだろう。力でデモ隊を一気に庁舎脇の歩道に押し上げ身動きできないようにした。

困惑していると、指揮官車のスピーカーが響き渡った。「君達のデモは四時に解散することになっている。時間がきたので解散するように。解散しない場合は違法デモになるので逮捕する」と叫んでいる。警官隊はその声に合わせて我々から離れ、予定するデモの進行方向側に人壁を作った。

何事かと通行人が足を止め、警官隊の後ろからデモ隊を遠巻きに眺める。私は指揮者が発した指示の意味がよく分からず、ボーと立ち尽くしていた。

その時、ラグビーの押し合いのように頭を低くした姿勢で、「ワッショイ」と掛け声をかけながら腕を絡ませてくる者がいる。反対の腕にも同じように絡んでくる者がいる。左右を見ると、何と山上と藤田である。どう見ても、あの警官隊の壁に突進しようとする姿勢である。「怖いな。他の人を誘ってよ」と思う間もなく、「ワッショイ」の掛け声とともに前進を始めた。それに勢いを得て、後ろの隊列が体当たりするように押してくる。これで後戻りできなくなり、警官隊との押し合いの矢面に立たされた。押し返されバラバラにされると、再び山上と藤田が腕を絡めてくる。今度は神大の三人も最前列に立ち突進する。

衝突もここまでで、後はデモの体をなさないまま警官隊に桜木町駅まで押し立てられた。

これが話に聞く警察の弾圧というものかとびっくりした。だが、それにもまして驚いたのは、普段は温厚な藤田と山上がスクラムを組み直しては警官隊に突進したことである。デモは政治的主張を外に向かってアピールする行為だと理解していたが、彼らの突進はこの理解を超え出た行動である。しばらくして、デモはそれぞれの心に潜む鬱積した怒りの表出行為でもあるのだと気づいた。


続く十月二十一日の横浜市内デモには、「平民会」の旗の下に三十五人が参加。一年生と三年生が半々、私の英語クラスからも四名が参加した。クラス討論とオルグで一年生が動き始めたのである。

しばらくすると、自治会旗を先頭にした横国大勢が改札口から続々と出てくる。我々の二倍以上いる。黄金町駅前の小広場が異様な雰囲気になる中、神大の五人が到着した。

「平民会」の植島に続いて、横国大自治会の秋山が「共産党の妨害を打ち破り、午後から半日ストを決行しました。二百人の学生が米ソ核実験反対集会に参加し、その後全員で学内デモを貫徹しました。十一月三十日の大学管理法阻止全国学生統一行動日には、横国大は終日ストライキで決起します」と吠えるように演説する。相変らず次の闘いへの強い気持ちがにじみ出た演説である。神大は前回と同じように右翼との厳しい対決の模様を語る。

今回のデモは警察からの理不尽な規制を受けることもなく、時折、ジグザグデモを入れながら解散地にたどり着いた。

米ソ核実験反対から大管法反対へ

このデモを境に、学生運動の主要課題は米ソ核実験反対から大学管理法（大管法と略称）阻止に移った。米ソの核実験が中断されている中、同法の国会上程が日程に上ったからである。

大管法は政府・自民党が作成した法案で、文部省が大学の管理運営面により介入できるように改変しようとしたものである。

「平民会」は戦闘的学生運動を破壊するための法、共産党は大学自治の解体を進める法と位置づけ、それぞれが反対運動に大きく動き始めた。

六〇年安保闘争時の全学連のような行動が、これからも頻発するようでは確かに政府も困るであろう。その意味では「大管法」は「平民会」が言うように、学生運動への弾圧法だとは理解しえたが、米ソ核実験反対運動に参加したからといって、大管法反対運動へとにわかに転身できるものではない。そもそも大学自治や戦闘的学生運動とは何か、それらを私はよく分かっていない。

そこで先ずこの辺りを知りたいと、『大学自治とは何か』（高坂正顕）、『日本学生運動史』（山中明）、『大学自治の歴史』（矢内原伊作）、「大学管理法案全文」を揃え、順次読み進めた。

藤田はそんな私を見て、嘆かわしいという顔で「君はすぐそういう本を読むんだよなあ。『大管法』は戦闘的学生運動の破壊を狙う法だという本質を見抜くことが重要なんだよ」と言う。

これには、自分の手で調べ考え結論を得る作業を放棄する共産党員の態度と同じようなものが感じられ、藤田の言葉とはいえ受け入れ難く、すべてに目を通した。著者の思想的、政治的立場など分からぬままにこれらの本を読んだが、私には勉強になることが多かった。

大学の自治や学問の自由なるものは天賦のものではなく、ヨーロッパの絶対王政に対して勃興するブルジョアジーや労働者の闘い、教会の権威と絶対主義イデオロギーとの闘いなどの中から生み出された抵抗の理念であり、当時とすれば解放の理念であることを知った。

また学生運動史からは、学生運動が国家の諸悪と闘う先進的な社会運動であること、五八年以降は共産党の支配から訣別して独立した戦闘的学生運動として展開されていることも分かった。これらを知ることで、藤田が言った本質の意味をかえってよく分かったようにも思え、米ソ核実験反対から大管法反対へと自身の転身を図ることができた。

大管法反対をメインとした十一月三十日の横浜市内デモは、米ソ核実験反対を上回るこの秋一番の盛り上がりを見せた。私の属する英語クラスからは三分の一に当たる七人が、さらには下宿で相部屋の岡村も参加して、横市大の隊列は七十人になった。見渡したところ、二年生が数名、四年生はゼロ、三年生と一年生の比率は二対一である。横国大はいかにと待っていると、自治会旗を先頭に今回も私達の二倍以上の百五十人はいる。

いつものように午後三時から、「平民会」の植島、横国大自治会代表の秋山、そして今回も五人で参加した神大代表の発言があり、市内中心部に向かうデモへと移った。

三年生は安保闘争時のデモと重ね合わせているのであろうか、ジグザクデモに移る度にニコニコと嬉しげである。一年生のほとんどは初めてなのでオズオズとついてくる感じであった。

翌日の新聞には都内の学生デモの様子が大きく載った。東大の銀杏並木広場で開催された非共産党系三派（社会主義青年同盟、社会主義学生同盟、マルクス主義学生同盟）主導の集会には、都内の大学から七千人が集まり文部省へデモをしたとあり、東大教養部自治会はストライキをしたともある。この日の東京の学生デモは大きな盛り上がりをみせたようである。

他方、大学人や社会党、共産党も大管法反対に力を入れたことで、この年の暮れ、政府・自民党は同法の国会上程を断念した。それをもって大管法闘争は終息した。

「平民会」は活動の合間に学習会を開いていた。九月と十月の学習会のテキストは『近代人の疎外』（パッペンハイム）、十一月と十二月は『歴史とは何か』（Ｅ・Ｈカー）である。そこには、デモに来る一年生も常時数人参加していたが、ビラ撒き、クラス討論、オルグのような活動に携わる者は私だけであった。

それが評価されたのか、藤田から十二月に品川公開堂で催される革命的共産主義者同盟全国委員会（略称、革共同）主催の「米ソ核実験反対、労働者・学生反戦集会」への参加を誘われた。ここで、聞くも見るも初めての革共同なるものの実際を目の当たりにすることとなった。

革共同集会

集会の司会は岸本健一政治局員、基調報告は武井健人書記長、特別報告は根本仁全学連委員長、決意表明は松崎明動労東京地本青年部長をはじめ、全逓、都教組、民間労組の支部青年部長が行った。

武井書記長は少し甲高い声で語った。

「ソ連の核実験はアメリカの労働者を、アメリカの核実験はソ連の労働者を恫喝しているだけでなく、実は自国の労働者を恫喝しているのだ。米ソの核実験は全世界の労働者を恫喝しているのである。ソ連の核実験は、そもそも自国の内部に存在する矛盾を隠蔽するために行っている。だから労働者、学生の米ソ核実験反対の反戦運動は米ソの支配、つまり帝国主義とスターリン主義の支配する現代世界を根底から変革、転覆することに繋がる闘いなのだ」

彼が述べた世界の根底的変革と結び付けた反戦闘争論、米ソが各実験を行う意味は自国労働者への恫喝であり、国内の内部矛盾の隠蔽のためであるとする見方は新鮮で面白かった。革共同の意味深い反戦闘争論を直接聞けたこともさることながら、労働者とはどこの誰のことを言っているのかという疑問がこの場で解けたことも、集会で得た成果であった。

「平民会」は「労働者・学生の米ソ核実験反対運動、反戦運動こそ核実験を阻止する力」と訴えていた。私もクラス仲間にそのように話してきた。だが実際のところ、労働者という言葉を働く人々という一般的意味で用いているのか、それとも他の意味で用いているのか、それがよく分からないままに使っていたので、釈然としないものが残っていた。

満席の会場には、仕事帰りの背広やジャンパー姿の二十代とおぼしき参加者が、学生よりもはるかに多く参加している。彼らは随所で合いの手を入れ、拍手を送っている。その様子からすると彼らは、私には難解に感じる言葉や理論を消化しているように見える。労働者とは誰か、そして何かという疑問は、ここに集まる米ソ核実験と闘う労働者、世界の根底的変革を目指す労働者のことと分かり、疑問は解消できたと感じた。

集会は革共同に関心をもつ大きな契機となった。しかしその革共同は、集会後しばらくして革共同中核派と革共同革マル派に分裂する。集会で発言した武井と岸本は前者の最高幹部に、根本と松崎は後者の最高幹部にと分れた。

私を集会に誘った藤田は、自分の進むべき道として革共同の学生組織、マル学同（マルクス主義学生同盟）を考えていたようであるが、分裂後はマル学同中核派に身をおいたと数か月後に知った。

藤田は、年明けの六三年から革共同の機関紙『前進』を「平民会」に持ち込んだ。勧められるままに定期購読をしたが、流し読む程度で、革共同の内部で繰り広げられる論争にからむ論文を読むまでには至らなかった。読んでも分からなかったからである。

二学期から始めた「平民会」活動に意義を感じ始めると、英語クラスの仲間との他愛ない話が何とも空しくなってくる。デモに来そうにもない級友と疎遠になり始めた頃、同じ英語クラスの女性から手紙が届いた。大要は次のようなものである。

「あなたは二学期からガラリと変わってしまった。あまりの様変わりに初めは驚いたが、真摯に考えた上での行動だと文集を読んで分かり感動を覚えた」

彼女の言う「文集」とは、同じ英語クラスのメンバーの詩や随想、それに現住所を収めたガリ版刷りの親睦誌のことである。そこに載る私の文は、夏休みに帰省した際に父の墓前で独白したとの体裁をとって、語り言葉で自分の現在の心情を原稿用紙三枚に綴った、大要次のようなものである。

「時代や世界のことを自分なりに考えて、二学期からは行動する。それが知性に立脚する学生としてのあるべき姿だと思うから。親父が僕に注いでくれた愛情は認めるが、だからと言ってあなたの生き方や考え方の総てを正しいと受け入れるわけにはいかない。対立する考えをもったり、意に反する行動をしたりもするであろうが信頼して下さい」

父・政十のこと

父が亡くなったのは高校生になる直前である。土葬を終えたばかりの墓前で、関西に住む義姉が、「あなたのお父さんは矛盾の人だったね」と声をかけてきた。それまで「おばさん」と呼んでいた彼女が義姉であり、「おじさん」と呼ぶ同じく関西に住む男性が義兄であると知ったのは、父の葬儀日を知らせる地方紙に載せた広告を見てである。そこには、喪主として長男・おじさんの名前、次男・私の名前が併記されていた。

母親にそのわけを尋ねると、「彼と彼女は、父がかつて結婚し離婚した女性との間に生まれた子供で、その女性は今も健在である。父は離婚後に再婚したが、その女性とも離婚。その女性との間には子供はなく、既に亡くなっている。母は父にとっては三度目の結婚相手」と教えられた。

この話にショックは受けなかった。父が何回離婚し再婚していようとも、現在の家庭の守り主役を果たしていたからである。

埋葬を終えて彼らと夕食を囲んでいると、義姉が「あなたのお父さんは語学の天才だったね。朝鮮語は日本に引き上げてきてからは一切口にしなかったけど、朝鮮人より上手いと言われていたのよ。フランス語は通訳もやれるほど上手だし、英語や中国語も使っていたからね。あなたもその血筋を継いでいるから語学の才があるはずよ。その道に進んだら」と語りかけてきた。

義姉に「父は矛盾の人」と言われた時にはその意味するところを全く理解できなかったが、高校三年の頃には、父を的確に表現した言葉と思うようになった。さらには、語学の才は全く継げなかったとも分かった。

父は長崎生まれのカトリック信徒であったが、カトリックが禁止する離婚を三度も行っている。家庭は努力して作るもの、子供をつくるだけなら動物と同じとよく人に語っていたが、言葉とは裏腹に家庭を作っては壊しを繰り返してきた。

カトリックは唯一神のはずなのに、天皇は神であると言ってはばからなかった。さすがにこれでは整合性がないと考えてか、天上には宇宙と人間を作った神がおり、地上には神の意志を体現する天皇がいると付け加えたりもしていた。まさしく「矛盾の人」である。

脱亜入欧を目指した父の創作映画

「平民会」で活動し始めると、父の核心問題は言行の矛盾、乖離にではなく、社会的人生にあると考えるようになった。

父は客人が来ると、映画「日本二十六聖人、われ世に勝てり」について熱弁をふるうのが常であった。その映画は父が若き日に制作しものので、父の話の大筋はフイルムを持って欧米を回り上映したこと、二十六聖人は大和魂そのもの、などである。もっとも、この話を聞いていたのは小中学生の頃であり、これ以上の復元は土台無理である。

そこで、父とその映画に触れた一冊の本から必要な部分を抜き出し、父の語っていた内容を補うこととする。（以下の「」は同書よりの引用。注は筆者）

「この映画の製作は、昭和六年、長崎市浦上のカトリック信者、平山政十（注、父のこと）さんが、当時のお金、私財三十万円という大金を投げ出して作った。教会や団体が出資したのではなく、一個人が全財産を費やして作ったのであると聞けば、まさに驚きであり、感激な話ではないか。しかも作っただけでなく、彼はこの映画を持参して、自分の足で欧米を回り、日本の殉教者の素晴らしい信仰を世界に宣伝した」

「その頃（注、父が長崎の中学を卒業した頃）、父政吉は、当時の朝鮮の京城（現在のソウル市）の街外れ、東小門外に牧場を経営して、乳牛を飼育し、牛乳の生産、販売を手掛けていた。息子の政十は、横浜や東京へも出たが、結局、父の牧場に落ち着くことになる」

「明治四十二年頃、父親の政吉が、朝鮮において病死する。政十氏が跡を継いだ。三十歳の頃である。莫大な財産を受け継いだ」

「昭和になったある日、政十氏は久しぶりに故郷、浦上に帰った」

「（注、浦上で）初めて耳にした先祖の殉教苦心話にいたく感動する。これを映画にしたらどうだろうかと、閃いた」

「早速、政十氏は父から譲り受けた牧場を処分して、当時の金で三十万円という、とてつもない現金を作り上げた」

「映画製作費が二十万円。当時の一流スターを動員して完成させる。宣伝費が十万円。これを持って欧米を駆けめぐった。三十万円といえば（米の値段から換算すれば）現在の金で六億円になるそうだ。政十氏は到底、人は真似のできない、思い切った投資をおこなう人物であった」

「映画は昭和六年、長崎市浜町の一般映画館で封切られ、各地で上映された。政十氏が欧米へフイルムを持ち出すとき、次のエピソードがある。当時、海外へフイルムを持ち出すには検閲許可が必要だった」

「時の軍務局長は後の陸軍大将、小磯国昭。小磯が言う。『この映画は外国人をはりつけにしたり、殺したりしている。国辱ものだから許されん』そのとき、政十氏は例の弁舌でまくしたてた。

『何をおっしゃいますか。殉教者たちは真理のために命を惜しまなかった。これこそヤマト・ダマシイの現れじゃないですか。日本人の恥じゃなくて、むしろ日本人の誇りです。これこそ海外へ向けて正々堂々、紹介すべき立派な作品です』」

「この弁舌に負けて小磯局長は許可を与え、欧米で上映される運びとなった」

「昭和七年二月、神戸出帆の太平洋丸でアメリカへ向けて出立する」
「昭和十二年、日本は中国と戦争開始。暗い時代に入る。昭和十六年、太平洋戦争に突入した。戦争中の政十氏は、満蒙で民間宣撫班として活躍している」
「晩年の政十氏は、質素な家に住み、つつましい生活を送った」
「波乱に満ちた人生、彼は貴重な一巻のフイルムを作り、朝鮮、満蒙、中国、欧米を駆けめぐり、日本人にも、全世界の人々にも日本人の素晴らしい殉教者『二十六聖人』を、映像として紹介し、残したのである」

引用した書物の題名は『十七歳の夏』（聖母の騎士社刊、一九九六年第一刷発行）。著者は小崎登明、修道士である。

同書の帯に、「長崎で原爆を見た少年が修道者となり、被爆、病、コルベ神父との出会い、日本二十六聖人への思いを綴った自分史」とある。これだけで、本の内容の概要と著者の来歴は十分に伝わってくる。

この本は、義姉の息子が、「あなたのお父さんについて書かれている」との手紙を添えて送ってくれた。彼は私より一回りほど年上の神父である。

父が「日本の素晴らしい殉教者を世界に伝えようと映画製作を思い立った」という見方は、あまりにも皮相である。彼を制作へと駆り立てた背後には、彼が生きた時代と社会がある。それら背後との関係性を視野に入れてこそ、彼の制作の本意に正しく接近できる。それを欠いたところで映画の製作意図を論じれば美談に帰結するだけである。

彼は、日本にも殉教者が実在したことをもって、日本は欧米と肩を並べるに足る国であることを、世界に、とりわけ欧米に認知させたかったのである。そのことをアピールするには映画が最良と考え、映画製作に向かった。彼が完成品を持って最初に訪れた国が、アメリカ、次がヨーロッパ諸国であったことをみれば、制作意図は明らかである。

映画製作費と活動資金は、日本が植民地にした朝鮮での彼の事業から捻出した。そのことを誇らしく語ったとすれば、彼には植民地支配への痛みがなかったとみてよかろう。それどころか積極的な植民地経営論者ともいえる。

彼は長い年月をかけて欧米を回った後、日本が中国東北部を奪い自分のものとして建国した「満州国」に移住している。しかもその地では、住民の抵抗を懐柔する宣撫の活動に従事している。

こうしてみると、父の社会的人生の歩みは明治以来の日本国家の歩み、アジアを植民地化し欧米を相手に列強国入りを進めた歴史と見事に重なり合う。父は政府の役人や軍人としてではなく、民間人として脱亜入欧を積極的に推し進めた。彼が自由に操ったとされる朝鮮語、英語、仏語、中国語は、その歩みの中で身につけ、フルに活用していったものである。これが当時、父の社会的人生に対して私が出した結論であった。

クラスの仲間と下宿の友人

クラスの女性から手紙が届いてしばらくすると、クラス文集を編集した幹事役から便箋十枚ほどの手紙が届いた。大要は次のようであった

「自分は『平民会』の米ソ核実験や大管法の捉え方や反対運動に賛成である。共産党の主張は間違っていると思う。だから秋の横浜市内デモにも二度参加した。誰にも話したことのないことを君に初めて言う。自分の父は戦前、左翼運動に関係し逮捕された経歴をもつ。父はそれで仕事を失い、定職に就けず、やむ

なく今もやっている印刷屋を始めた。だが前歴を理由に注文が取れず、生活は大変だったと聞かされている。父の体験を知る自分には、これ以上『平民会』とは行動を共にできない。自分の気持ちを分かって欲しい」

父親が負う過去は、息子の行動や思考を大きく左右する。それは自分に照らしてみると理解できないことではない。だが彼はその縛りからの自由を目指すのではなく、その縛りに沿って自分を律すると述べている。

読後、これからは互いが交差する世界はもはやもてないであろうと感じ、返事は送らなかった。


大管法阻止を掲げた十一月の横浜市内デモと十二月の都内デモに参加した下宿で相部屋の岡村は、この手紙の主たちとはまた異なる個性の持ち主であった。彼は京都のカトリック系の男子高出身で、父親はもうこの世にはいない。プロテスタント系の女子高校で教師をする母親と、元教師をしていた祖父は共にプロテスタントの信者である。それもあって高校生になってからも時には母親の属する教会に顔を出していたとのことである。だが、どうしても教会とは肌が合わなかったそうだ。

「君が教会に行っていたなんて、教会にきれいな人でも来てたんか」とからかうと、「うん、そうなんだ。同じ学年の女性で、これがきれいな人で。心がこれまた天使みたいにきれいでな。それで自分なんかが来るところではないと思って、それからは行かなくなったわ」と真顔で答えた。

彼は映画「エデンの東」に出てくる主人公の青年への共感をよく口にしていた。天使と思える女性がいる教会、そして教会と一体に見える母と祖父の家庭、そこにすんなりとは入れない自分。ジェームズ・ディーンが演じた、自分の想いが通じずいつも孤独な雰囲気を漂わせていた青年の姿に、自分を重ね合わせていたのであろう。

そんな彼はただただ自分の存在を感じ取れる場所を探し求める風であった。つまるところ彼がデモに参加したのは、大管法云々よりも学生運動の世界に何があるのかを見てみようとしたからではないのか。だが教会と同じく、ここにも適合感をもてなかったのではないか。

彼はデモに参加して間もなく、何の予告や前触れもなく野球部に入部した。左利きで運動神経抜群の彼はすぐにレギュラーとなり、神奈川六大学準公式野球リーグで活躍するようになった。それからは部に伝わる猥歌を披露したり、酒豪の部員の飲みっぷりを紹介したりと多弁になり、何よりも明るくなった。

社会や時代と向き合う場として私が「平民会」を選んだように、彼もまた自分を注ぎ込む場を見つけたのである。

六〇年安保の理解

冬休みは、「平民会」活動に入る遠因となった六〇年安保闘争、さらには全学連や共産党の思想と行動をまとめて知る機会となった。

休みに入る前に藤田に「安保闘争を知るには何を読むべきか」と相談すると、「神田のウニタ書房で自分の問題意識に沿う本を探して、それを読めばいい」と助言してくれた。家庭教師で得た収入を懐に初めて訪れた書店には、安保や学生運動に関する多種多様な本がぎっしりと並んでいた。

それらの中から「前書き」を読んで興味を覚えた、『安保闘争―政治的総括』(武井健人編著)、『安保闘争―その思想的総括』(黒田寛一の表題の論文、吉本隆明「擬性の終焉」、谷川雁「定型の超克」の各論文を所収)、『日本共産党史』(田川和夫)、『現代における平和と革命』(黒田寛一)を買い求めた。

難解なところも多々あったが、各書のそれぞれに込められる安保闘争論や世界認識の特異さに魅せられ頓挫することなく読み進められた。

二冊の安保闘争本からは、六〇年の安保闘争の高揚が戦後の政治闘争、大衆運動を主導してきた社会党、共産党の手から離れた、学生、労働者、市民の広範にして急進的な闘いによって生み出されたものであると知った。逆に言えば両党の総破綻ぶりと、乗り越えられた前衛の姿が明らかにされた闘争でもあった。武井、黒田の結論は、社会党、共産党に代る前衛党の創出である。

高校時代に友人たちとの雑談で名前の上がった、谷川雁の論考をここで初めて目にしたが、同級生の父親が読んではいけない作家と名指しする理由は何一つ見当たらなかった。

谷川は、社会党、共産党主導の政治闘争を定型とし、安保で明らかとなった両党の破綻を超える超克を論じている。その結論を一言でいえば、党には入るな、頼るな、自分の居る場で共同して闘いを作り出せである。

吉本は、社会党、共産党主導下の運動は擬制であり、安保闘争でその破綻と終焉が明らかになったとした。その上で、学生運動は小ブルインテリゲンチャーの急進運動であり、そこに存在意味があると論じ、インテリは自分の中にある大衆の原像を見出し、自立したインテリたれと結論した。つまりは前衛党を目指すなということである。

これらの結論は、安保闘争を経験しない私には実感レベルではよく分からなかったが、総じて、物事を考える作法のようなものして自分の中に残った。

第二節　マル学同中核派横市大支部の誕生

1963年

「平民会」の分解

安保闘争当時、一年生であった「平民会」の先輩たちは、ブント主導の全学連のデモにではなく、共産党主導の全自連のデモに参加していた。高校時代から共産党員であった植島や藤田らは、当然にも全自連のデモに参加している。

それが六月一五日を境にして激変し始める。「学生に死者が出た」の情報が伝わると、全自連の隊列にいた植島らはその隊列から抜け出して国会前に駆けつけ、全学連の闘いに合流した。翌日のデモからは躊躇なく全学連の隊列に加わった。

その行動を共産党にとがめられ、彼らは除名処分にあう。自らの感受性に基づいて行動した彼らは、それを機に共産党の安保闘争の取り組み方や党の綱領に疑問を深めるようになる。そこにメスを入れながら、やがて共産党から独立した学生運動家集団、「平民会」の誕生へと踏み切る。

だが作ったのはいいが、バックボーンとなる明確な思想や理論があったわけではない。それらはすべて後付けである。軸となったのは社革新と革共同の考えであり理論であった。しかしながら両政治組織の考えにはあまりにも隔たりがあった。というよりも異質であった。彼らが四年生となる直前の三月頃になると、それらの考えを併存したままでは「平民会」が立ちいかなくなっていた。

藤田が革共同中核派を選び、三年生のメンバーにオルグをかけ始めた。植島を除く山上ら他の三年生たちは、「平民会」は一つの理論に服属すべきではなく、共産党から独立した多様な考えを包含した行動体であるべきと考えていた。そんな彼らは、革共同中核派の是非よりも、独走する藤田に強く反発。藤田とは距離を置くようになった。

植島は、もともと社革新を持ち込んだ当事者である。革共同の米ソ核実験に対する見方と反戦運動論には共感していたが、革共同の理論全般を受け入れていたわけではない。彼は藤田に対抗するかのように社革新でいくことを決め、これまた山上らにオルグを始めた。山上らは藤田に対するのと同様、植島とも距離を置くようになった。

ここに至って、「平民会」は分解状態となった。

私はこれらの動きを誰からも知らされず、完全に蚊帳の外におかれていた。ことの輪郭と深刻さを知ったのは二か月ほど後のことである。

それでも、これまでとは何かが違うと、いぶかしく感じられることはあった。三月の後期試験を終えても、藤田を除く三年生が誰も部室に顔を出さないのである。夏休みが終わる直前の二日間は会議がもたれた。冬休みが終わる直前の二日間はマルクスの「賃労働と資本」の学習会が行われた。それからすると四月からの新学年に入る前に会議や学習会が行われてしかるべきなのに、何も話がない。

一体どうなっているのだろうと思っていると、藤田から「北小路敏（前全学連委員長）講演会を入学式の一週間後に開催する。授業が始まる前日にビラや看板を作るので部室に来るように」と告げられた。

彼の案には大賛成であった。新入生に「平民会」の主張を伝える大きな機会となることは間違いないからである。「分かりました」と即答したが、先輩を前に「植島や山上たちはどうして姿を見せなくなったのか」

とは聞けなかった。

奥浩平との出会い

北小路敏講演会の狙いは当たった。安保闘争の高揚が去ったといっても、まだ三年である。当時の全学連委員長、北小路敏の名前の吸引力と全学連のインパクトはいまなお生きている。ビラと看板の告知だけで二百人が入る大教室は満席となった。

四年生、三年生、二年生、新入生の参加者の数は、大雑把に見て九十人、二十人、四十人、三十人といったところである。残る二十人は大挙して野次を飛ばしに来た共産党員である。

この日、北小路の話を初めて聞いた。彼は六〇年安保闘争で全学連の直接行動が果たした役割、共産党の民族民主革命論からする安保条約の捉え方の誤り、その論がもたらす自国政府との闘いの放棄と、政府と真っ向から闘う者への敵対、これらをほつれた糸をほぐすように明らかにしていった。

民族民主革命論の部分では、ドイツのナチス軍に制圧されたフランス、ポーランドなどの反ナチスの地下抵抗運動には民族的色彩が強かったことを指摘、そこからナチスからの解放後の地下抵抗運動は、戦後国家への抵抗を何らなしえずに解体したことを例に挙げ、その論がもつ国家との対決の喪失を批判した。

また現代のソ連については、文化の死せる国という面からアプローチし、スターリン主義の批判を展開した。

講演会の翌日からは、講演に感動したという一年生たち数人が部室に出入りするようになった。その中でひときわ目立ったのが文理学部に入学した奥浩平である。

浩平は細身で、身長は一六五センチくらい。鼻が高く少し鷲鼻で、飛び出したように見える大きな目には黒く大きな瞳が目立つ。歌えばテノールの音域ではと思わせる高い澄んだ声の持ち主である。第一印象は、物怖じせずにはきはきと応答する明るい後輩であった。

浩平は「平民会」の先輩達とは全く違ったレベルにあった。活動歴はもとより、理論蓄積の深さが違った。彼は都立青山高校二年生の時に六〇年安保闘争に出会い、首都圏の先進的高校生が集う「安保阻止高校生会議」の一員として全学連のデモに参加。のみならず同組織のリーダーの一人でもあった。安保闘争終息後に起きたブントの分裂と党内闘争、それへの「革共同」の介入と一部勢力の吸収。これらの歴史と時々の論争については諸文献を通してきちんと追体験している。

また、マルクス、レーニンの基本的文献はほとんど読了していた。ちなみにこの時に私が読んでいたマルクスの著作は『共産党宣言』『賃労働と資本』の二冊である。レーニンに至っては何も読んでいない。

高校時代に政治活動歴があるというだけでは単なる政治的早熟者である。ところが彼は安保闘争への参加体験を高校時代のエピソードに終わらせず、以後の自分の生き方に連結させていた。これからは自分と世界の変革に生きる、大学はその鍛錬の場である、と考えていた。

他方、四年生となった「平民会」の先輩たちは、北小路講演会を終えると一斉に授業に出始めた。彼らは皆、卒業すると決めたようである。部室に全くこないというわけではなかったが、顔を出したとしても何かを言い、何かをするわけでもない。五月半ばからは週一回くらいは顔を出す藤田を除いて、他の先輩たちは顔すら見せなくなった。

そんな先輩を見て、浩平は私に「四年生は皆プチブルでどうしようもないよ。その上、マルクスの古典、哲学を全然勉強してないだろう。ナンセンスだよ。先ずマルクスの『経済学・哲学草稿』からちゃんと勉強すべきだよ。『平民会』を斉藤君と僕の手で新しく作り変えないとだめだよ」と、憤懣やる方ないといった表情で語った。

彼は先輩達にアドバイスを求めることもせず、すぐさま二つの『経・哲草稿』学習会を発足させた。一つは、一年生だけで始めた同書の英語版での学習会、もう一つは日本語版を使っての「平民会」での学習会である。

一年生の部は、北小路講演会に来た同学部の同級生六名と始めていたが、なぜ英語版なのか分からない。理由を尋ねると「世界の革命を真剣に考えるのならこれからは英語版で勉強するのが当然だよ」と返された。ここまで考えているのかと驚いたが、浩平には至極当然のことのようであった。

もう一つは、「平民会」での日本語版での学習会である。そこには、浩平、浩平とは学部が異なる商学部一年生の竹下、それに二年生となった私と遠藤の四名が参加した。同書では人間史における生産行動から、生産物の疎外、労働の疎外、人間の疎外（類の疎外）が考察されており、そこから人間回復の論が深く展開されていた。

「マルクスはこんなことを言っていたのか。人間の問題を根底からつかみ取り、疎外の物質的基礎を解明したのか」と感動した。自身の問題意識である、自分が自分になるにはどうすれば良いのかとの問は、非人間化された人間が人間になることと重ね合わせる中にあると読み取れた。

また浩平がよく口にしていた「共産党の俗流マルクス主義には哲学がない。彼らの経済学の中には人間がない」という意味もよく分かった。

私は春休みに共産党員必読の書とされる、ソ連邦科学アカデミーの手になる『経済学教科書』と『マルクス・レーニン主義の基礎』に目を通していた。それらは、言葉や内容は平易で分かり易いのであるが、何しろ面白くない。その理由は社会主義の資本主義に対する優位性が羅列されているだけで、浩平の言う人間の問題、人間の解放とは何かが全く出てこないからである。

　私は浩平らとの学習を通して、「平民会」の先輩たちに欠けていたものは哲学であり、思想であると分かってきた。確かに彼らは共産党の民族民主革命論やソ連の核実験支持論を舌鋒鋭く批判してはいた。だが彼らから、共産党に欠けるのが人間と人間回復の根本問題の欠落であるとの指摘を聞いたことがない。ここにきて「平民会」の分解と四散の核心が見えた思いであった。

　新入生を迎え学生運動が激しさを増す春からの時期に、活動家が腰を据えて勉強ができるのは珍しい。それを可能にしたものは社会状況と学生運動の分裂にあった。

　昨秋の非共産党系学生運動は、米ソ核実験反対と大管法反対で盛り上がった。その核実験は中断され、大管法の国会上程は見送られ、学生はデモに向かう主題を喪失してしまっていた。さらに社会全般を見渡しても、安保のような社会を二分するような対立テーマがなくなっていた。時代と社会は弛緩状態に入っていた。

　こうした状況を反映するかのように、非共産党の学生運動を主導する各党派組織が分裂した。革共同は中核派と革マル派に、潜在的に分裂している社学同はやがて独立社学同、マルクス主義戦線派、ＭＬなどに分かれた。活動家のエネルギーは学生の大衆運動に向かうのではなく、内向きの論争に使われていたのである。

　この隙を突いて力を伸ばしてきたのが共産党であった。彼らは安保闘争で失った全国の大学自治会やサークルへの影響力の挽回に全力を挙げていた。『経・哲草稿』を学習して確信を深めた私は、無内容な共産党がなぜこうものさばるのだと苛立ち始めていた。だがこの状況をひっくり返すには自分は未だ非力とも分かり、自分への苛立ちも募らせた。

八・六ヒロシマ、革マル派の乱入

この年の八月六日に広島で行われる原水爆禁止世界大会は分裂必至の状態であった。昨年来続く「あらゆる国の核実験反対」の社会党と、「ソ連の核実験は平和勢力を守るため。あらゆる国の核実験に反対には反対」とする共産党の対立は沸点に達していたからである。

こうした情勢を突き破ろうと、マル学同中核派、社学同各派、社青同の三派は合同して八月六日に、「全国学生反戦集会」を広島で開くことにしていた。広島で「米ソ核実験反対、ポラリス米原子力潜水艦横須賀寄港阻止」を打ち上げ、秋の学生運動を盛り上げようとの狙いである。

私は四日夜に広島に着く中核派の第一陣に、浩平と藤田は五日夕着の第二陣にと分れた。

八月四日の夜、各地からやってきたマル学同中核派系学生の第一陣のおよそ五十人が広島駅で合流。宿にするお寺へ着いたのは午後九時頃であったろうか。疲れもあり、畳の大部屋で足を伸ばしてしばしくつろいでいた。周りを見渡しても、私が知る顔といえば、いつもデモで会う横国大の数人と一月前の「全学連総決起集会」で見覚えたマル学同中核派の幹部数名だけである。

隣に座る男女数人のグループに「どこの大学ですか」と声をかけると、「西南大です」「九大です」と返事が返る。福岡の大学にもこうした運動があるのかと感慨に浸っていると、廊下の辺りから多数の足音と怒鳴り声が聞こえてきた。何事かと思う間もなく、三十人くらいの集団が部屋になだれ込んできた。その内の何人かは中核派の幹部に殴りかかっている。何と彼らは革マル派の集団だったのである。

私は革共同の機関紙から革共同中核派の機関紙へと変わった『前進』を購読していたので、革共同が中核派と革マル派に分裂したことは知っていた。そこには時折、革マル派批判の論文も載るが、読んでみても何を言っているかよく分からない。

ただし、この日から一月前の全学連大会で革マル派が取った行動は、独善的で極めて閉鎖的と感じていた。この夜初めて目にした彼らについて、私が理解することはそれ位のものであった。

ところで、その全学連大会のことである。

私は全学連大会に参加するつもりで、藤田に指示された午後の時間に区立公民館に入った。やがて大会は始まるが、冒頭から「全学連大会を破壊し、全学連を私物化する革マル派を弾劾する」との発言一色なのである。発言者の一人は副え木をあてた左腕を、首からつるした三角巾で支えながら演説をする。

一連の発言を聞いて、本来、全学連大会会場となっていた公民館を革マル派が開館時から占拠し、やって来た中核派系学生の入場を実力阻止して衝突となったことを知った。全学連の分裂である。

藤田は衝突後に中核派系が集まる次の会場を、私に教えていたのである。全学連大会ならぬ中核派系学生の集まりでの革マル派弾劾の演説を聞きながら、学生運動の主導権争いはこんなにも厳しいものなのか、自分は続けられるであろうかと暗い気持ちになっていた。だが、こうした現実を潜り抜けなければ学生運動は担えない、共産党に打ち勝つ学生運動を実現するためにもここを離れてはいけない。そう思い定めて、二日間に渡る中核派系学生の集まる「全学連決起集会」に参加した。

衝突のあった次の日も集会が続くこともあり、その夜は浩平と共に藤田の自宅に泊まった。そこでの話で、午前の衝突には藤田も浩平も参加したと知った。藤田は、私を衝突が起きた会場に呼ばなかったことには触れなかったが、まだ私にはその衝突は担えないと判断してのことなのであろうと推察した。

広島到着直後の革マル派の乱入にはびっくりしたが、一か月近く前の両派の衝突を知っていたので動揺はなかった。経験すべきものがきた、だがもう少し党派の理論を勉強してからにして欲しかった、しかし早晩遭遇することだ、そんなことを考えながら乱入者と対峙した。

革マル派側のメンバーを見ると皆かなり年がいっている。年長の活動家の中から腕力組と理論組を選んでやってきたのであろう。中核派のリーダーを小突く者もいれば、罵倒する者もいる。対する中核派は幹部数名を除いては一、二年生ばかりなので困惑気味である。

革マル派のリーダーが、「それでは只今から討論を開始します。座ってください」と持参したハンドマイクで叫ぶ。だが討論というのは名ばかりで、二～三人の革マル派が連続して演説しては、居合わせる中核派の幹部、今回の分裂前の全学連書記長、小野田襄二に答えさせる。誰が見ても、まごうことのないつるし上げである。

それにしても、見るもの聞くものすべてが初物づくしであった。こうした緊迫した場面に出くわすと心身が昂揚する。だが肝心の双方の主張が解せないので唯々退屈であった。分かることは、小野田が入れ替わり立ち替わり追及する革マル派に、一歩も引かずに反論を繰り返していることだけである。聞いても無駄と思い始めると、しおらしく座っているのが無意味に感じられ思い切って横になった。

しばらくは手枕をして意味不明の言葉に耳を傾けていたが、いつの間にか寝入ってしまった。途中、二、三度目覚めたが、その都度革マル派が演説している。まだやっているのかと思う間もなくまどろむ。最後に目覚めたのは、革マル派が口々に捨てゼリフを言いながら引き上げる時で、窓からは陽が差し込み始めていた。何と、討論なるもののうち八割方は寝入っていたようである。

革マル派が去るのと入れ替わりに、誰に言うとなく「外にいると、蚊に刺されて参ったよ」と照れ笑いを浮かべながら二人の学生幹部が大部屋に戻ってきた。彼らは乱入と同時に逃げ出していたのである。

この二人と少し違う行動をとったのが学生担当最高幹部の清水丈夫である。彼は「新人だけを残すのはまずい」と思ったのであろう。革マル派が演説を始めて間もなく自分から戻ってきた。その姿を偶然に目にして、一旦は逃げたのだと分かった。

あるいは逃げ出したのではなく、小野田が、自分が残り三人を逃がすと即断したのかもしれない。そう考えられなくはないが、そのいずれにしろ、小野田は次から次に浴びせられる追及を切り返していたので、彼らがこの場にいてもいなくても関係なかった。

五日の日中は、本来ならば原水禁大会への参加者や広島市民に「米ソ核実験反対、社共に代る新たな反戦運動を」「ポラリス原子力潜水艦横須賀寄港阻止」「八・六、全国学生反戦集会へ結集しよう」と呼びかける、街頭宣伝とカンパ活動の予定であった。だが私を除いてみんなは寝ていない。それで宣伝、カンパは中止となり仮眠に切り替えられた。

この日の夕方、浩平や藤田の第二陣が予定通り到着した。藤田は開口一番、「昨夜、革マル派がやって来たんだって。で、どうだったの」と興味深げに尋ねてきた。「恥ずかしい話なんですが、実は討論中に寝入ってしまって。何も報告できないんです」と正直に答えると、「斉藤君らしいや。ハハハ」と大声で笑われてしまった。

六日は全国からやってきたマル学同中核派、社学同各派、社青同の三派約三百人ほどの学生で、「全国学生反戦集会」を開いた。ここでも初めて聞く両党派の発言内容を理解できない。だからと言って、一昨晩のように寝るわけにはいかない。他党派の理論を知り、その是非を自分の頭で判断できるようにならなければと、発言に集中した一日ではあった。

マル学同中核派横市大支部を結成

一九六三年の二学期が始まって間もない日、藤田が部室に立ち寄り「今日、君の下宿に行くよ」と珍しいことを言う。彼が下宿までわざわざやって来るのは、マル学同中核派への加盟を促すオルグ以外には考えられない。遠からずその話はあるだろう、その時には断る理由はない、と考えてはいた。

彼の話は案の定その件で、「私のレベルで良ければ加盟します」と応じた。それから数日後、藤田、浩平、私の三人が集まり「マルクス主義学生同盟中核派横浜市大支部」の発足を確認した。藤田と浩平の強い薦めで私が支部キャップということになり、藤田から、彼が毎週配布してきた革共同機関紙『前進』の定期購読者名簿と購読料納入状況一覧を渡され、同紙の配布の任を引き継いだ。

藤田は中核派を残すという使命を果たした。彼は、卒業単位取得と卒論作成に専心するためであろう、その日を境に部室に姿を見せることはなかった。

九月からの「平民会」活動の一切合財は、春から『経・哲草稿』の勉強を恒常的に続けてきた、私と同学年の遠藤、浩平、浩平と同学年の竹下との四人で担うようになった。やがてこの四人でマル学同中核派支部が構成されることになる。

秋の学生運動のメインテーマは原子力潜水艦横須賀寄港阻止である。九月からは月に一度くらいのペースで、それをスローガンに横国大と一緒に横浜市内デモを行っていた。山下公園で車座になって行う解散集会では、寄港反対のクラス決議を上げた横国大のクラス代表者が次々と立ち、決議に至る白熱した討論内容を報告する。何しろ横国大は常時百名を越す参加者で、しかも一、二年生がほとんどを占め、活気に溢れていた。

それに対して「平民会」の隊列は、常連の四名に、一、二年生の数名が加わるだけで、ちょうど昨秋の神大と同じような参加状態になっていた。

いつも来ていた神大生たちは社青同と聞き知ったが、「平民会」の先輩たちと同じように春からの横浜市内デモに全く姿を見せない。四年生になった彼らも卒業態勢に移ったのであろう。彼らに続く活動家を育てることはできなかったのであろうと推測した。

『ドイツ・イデオロギー』の合宿

冬を迎える頃、浩平は次の学習会のテキストにマルクス『ドイツ・イデオロギー』をあげ、二泊三日の合宿にして完読しようと提案してきた。

これには皆も大乗り気であった。「三食付でお金がかからず、しかも遠くない所はないか」と話し合っていると、浩平が「兄貴に頼んでみるよ。組合青年部で活動しているので顔が利くと思うよ」と言う。こうして、彼のお兄さんが勤務する会社の葉山にある保養施設を使わせてもらうことになった。お陰で費用は安く上がり、食事も良かった。

合宿スタイルでの学習会は皆初めてである。十二月の初めで寒いということもあったが、葉山の海岸に出ることもなく、部屋にこもりきりで勉強と討論に集中した。参加した一、二年生の六人は掴み取るものが大きいようで、勉強中の表情は明るかった。

私が得た成果は、共産党の言う「社会主義は歴史の必然」論は誤りだと知ったことである。マルクスは同書で、原始共産制・封建制・資本制と続く社会は世界史的に必然であり、いかなる人間もこの必然からは逃れられないことを明らかにしている。そして、こうした必然の支配から自由にならないかぎり、人間の自由はないと述べる。つまり社会主義は必然なのではなく、必然の歴史に終止符を打つ向目的行為と知った。

人間の意識や文化（上部構造）は、経済体制（下部構造）に規定され、虚偽意識（イデオロギー）や支配的思想になる、とする下りでは、文学や思索における想像力や認識力はイデオロギーから自由になれるのか、それを越えられるのか、が問題となった。意見を出し合った結論は、感動や普遍性はイデオロギーを超えたところから生まれるものであり、思想や文学や芸術の価値はそこにあるという結論に至る。

その視点から、文学作品の内容は、現実を革命的展開の中で捉え、労働者を社会主義の精神で思想改造し教育する課題と結び付けたものでなければならないとする社会主義リアリズム論、ソ連共産党が一九三二年に出したこの理論への全面的批判へと移った。

奥浩平の書記局入り

学習会で元気が出た数日後、私たちは晴天の霹靂ともいえる言葉を浩平から聞くことになった。

「俺、マル学同中核派書記局入りを要請されたよ。だから、これからは『平民会』で活動できなくなっちゃった」と言うのである。浩平の文章力、理論力、組織力、行動力は「平民会」の先輩達より上ではないかと感じていたが、そういう彼がマル学同中核派指導部の目に留まるのは当然のことであった。

彼が抜けることには誰しも反対であったが、中でも私と同学年の遠藤は「平民会」が受ける打撃が大き過ぎると強く反対した。それは十二分に分かるのであるが、私は遠藤ほどには反対できなかった。というのは、いくら頑張っても当面は共産党に勝てない、いくら頑張ってもすぐには横国大のようになれるものではない、横市大では浩平の力は生かされていないのではないか、という気持ちがあったからである。さらには肝心の浩平自身が、書記局入りも悪くないと感じているようにも見えたからである。

私が受け入れを表明したこともあって、浩平の書記局入りは致し方ないとなった。その代わり、四月の一か月間だけは浩平に大学に戻って活動してもらうという条件を出した。この案は浩平も、書記局も、了解してくれた。こうして浩平は六四年の一月からは登校せず、書記局で活動するようになる。

三月には「平民会」を創生した四年生の七人が卒業していった。

植島や山上らは四年生になった頃、中岡哲郎のノンフィクション『定時制高校教師』を小脇に挟んでいた。同書には定時制高校の生徒群像、教師と生徒の対立、やがて両者の間に芽生える心の通い合いなどが描かれている。多分そこらに惹かれてであろう。植島、山上ら四名は東京と神奈川の公立高校教員となった。他の二名は出版社と商社に決まった。

藤田のみが東京を離れ、広島の機器メーカーに就職。彼が広島を就職先に選んだのは、被爆地での新たな反戦運動の展開を軸に、その地に中核派を生み出そうと考えてのことである。

彼ら先輩は、私に時代と社会に向き合う入り口を示してくれた。だが彼らは「平民会」を解体状態に陥れ、その修復には当らなかった。私の中ではかつて感じていた彼らへの敬意は消え去っており、彼らとの別れにさしたる感慨はなかった。

第三節　新生「平民会」の躍動　1964年

一九六四年四月からの学生運動の中心課題は、原子力潜水艦寄港阻止、日韓条約阻止である。マル学同中核派書記局で活動していた浩平は、約束通り入学式から四月一杯を「平民会」で活動してくれた。ところが、五月の連休明けの初日のことである。校門前で朝のビラ撒きをする私達の前に、浩平が突然姿を現した。いぶかる私に、彼は少し照れたような笑顔で思いもよらない言葉を口にした。

「やっぱ、俺は書記局でやるより現場の活動の方がいいや。書記局の了解をもらって横市大での活動に戻ることになったんだ。また今日から一緒にやるよ」と言うのである。これにはびっくりであったが、一緒に活動できるに越したことはないので、あえて言葉の底にある真意は問わなかった。浩平の出現で「平民会」の活動が活気づいたことは言うまでもない。

ところで、当時のマル学同中核派の構成員は、革マル派、社学同、社青同などの活動家に比べると圧倒的に新人で占められていた。マル学同が中核派と革マル派に分裂した際、学生活動家古参組のほとんどが革マル派に流れたからである。

東京都学生自治会代表者会議

このため、中核派の学生運動の指導部である中央学生組織委員会は、新人を一人前の活動家に育てることに力を注いでいた。その養成機関が「都自代」である。これは東京都学生自治会代表者会議の略称であるが、中身はこの名称とはかなり異なる。「平民会」のように自治会を取れない大学もあれば、法政大や横国大のように、中核派が自治会を握る大学もある。それらをひっくるめて、首都圏大学の中核派系活動家に当面の学生運動の方針を伝え、活動方法を教える場として「都自代」が設定されていた。

月に一、二度、場所は法政大学自治会室。参加者は多い時でも三十人程である。「平民会」からは私と浩平が毎回出席し、活動家に育てようと思う新人を一人、二人と連れて行く。他大学も同じ考えで、リーダーが新人を連れて参加した。

会議冒頭の基調報告は小野田が行った。日本帝国主義の現段階の分析、それを基にした日韓条約締結の狙い、韓国内で展開される条約阻止の学生運動にどのように連帯するのか、総評などの日韓闘争の取り組み状況、社会党、共産党の日韓闘争の問題点などについて毎回提起する。

それを受けて、日韓闘争を高揚させている法政大や横国大などが、ビラやクラス討論資料の内容やクラス討論の成功例とそのノウハウを述べる。これは内容が具体的なのでとても役に立った。

革共同の学生運動対策の責任者の清水は、字義通り手取り足取りで活動の仕方を教える。

「ビラは一時間目に登校する学生に撒くこと。物事を真剣に考える学生は一時間目の授業から出る。この層に訴えなければならない。麻雀をやって昼から出てくるような学生はそもそもデモには来ない。一時間目にまかずに、昼休みにまくのは怠慢である」

「クラス討論に入る時には、学生服の襟をきちんと止め、ポケットに手を入れて発言しない」という具合である。

「都自代」で若手が育っていくように、「平民会」の二年生、三年生も力を付けてきた。藤田、浩平、私の三人で発足したマル学同横市大支部は、一年もたたないうちに倍の六名となった。「平民会」は、私が入学した頃の「平民会」に伍する力をもった活動体に育ってきていた。

早大七・二事件

「都自代」が七月二日に召集された時のことである。「平民会」からはいつものように私と浩平、そして今回は浩平と同学年の川口と大木が参加した。川口は三度目、大木は初めてである。

法大自治会室に入ると、小野田の顔がいつもと違ってどことなく硬く見える。それでも会議は時間通りに始まり小野田が報告を始めた。

「六月三十日に早大第一文学部の学生委員会総会が開催された。そこで新たな自治会執行部が選出されるはずであった。委員の多数派を構造改革派の一潮流であるフロントが占めており、このまま委員会総会が開催されると、革マル派は自治会執行部をフロントに明け渡すことになる。そこで革マル派は首都圏の革マル派を動員しフロント系の入場を阻止、自派の委員だけで総会を強行した。

それに対抗して、明日フロント系委員による第一文学部自治会再建委員総会が開催される。それに危機感を募らせる革マル派は、再び首都圏の革マル派を動員して、明日の委員総会を暴力的に粉砕しようとしている。外人部隊を含めた革マル派は今夜から早稲田に泊まり込む。

都自代に集まった諸君は、今から早稲田へ向かい革マル派部隊を追い出し、明日の第一文学部自治会再建総会を成功させよう。日韓条約阻止統一行動派の執行部を誕生させよう」

その提起を受けて、参加者全員が早大へ向かうことになった。革マル派は、早大内での社青同、中核派、フロントのビラまきやクラス討論活動を、集団暴力の力で封殺していた。私はそのことはよく知っていたので、今回の革マル派との衝突は理屈に留まらず、感覚的にも納得できた。

浩平はといえば、特に気負った様子もない。問われることに強く反応するタイプの川口は、分かったというような顔をしている。都自代初参加の大木には少し荷が重いのではなかろうかと見やると、案の定、不安げである。彼の今の気持ちはよく分かる。私が初めてデモに出た際、藤田と山上が腕を絡めてきて警官隊に突進しようとした時に感じた困惑と同じ気持ちであろう。その手を振りほどいて後退することはできなかった。彼もそんな心境なのであろう。

早大近くにある鶴巻公園で社青同、フロントと合流。三派総勢七十人ほどであろうか、先導するのはいつも革マル派の暴力に苦しめられている早大社青同である。

三派混成部隊は革マル派集団が控える校舎へと小走りで進み、一気に彼らの控える教室を強襲した。歓声と物音に驚いた彼らは廊下に飛び出してきたものの、何しろ浮足立っている。数十秒の小突き合いの後、彼らは背を向けて逃げ出した。気勢に押されて廊下に出そこなった数人は教室に逃げ込み、中に机と椅子でバリケーを築いた。それをすべて廊下に出し中に入ると、「分かった、分かった、もう分かった」と声を上げ、降参するように両手を挙げた。

私は逃げた連中の逆襲が気になり、ここはもうよかろうと彼らが逃げた出口の方へと戻った。

残した仲間のことが気になってか、それともこのままでは明日の委員総会を開催されると思ってか、革マル派部隊は態勢を整え直して、逃げた出口から戻って来た。二メートル間隔で対峙する。その時、私は先頭に押し出されていた。ふと横を見ると、浩平と川口、そして大木までもいる。彼らと言葉を交わす間もなく、後ろから「ワー」と掛け声が上がり、それを合図に一斉に突っ込んだ。彼らは反転し逃げ出す。何も見えない暗闇に追い出しホッとしながら戻ると、校内の廊下の壁にもたれて呆然とした顔で座り込む大木の姿が目に入った。近付いて見ると頭頂部から血を流している。「大丈夫か」の声に我に返った彼は不満と不安をぶちまけてきた。

「皆と一緒に奴等を追いかけて行ったんだよ。気がついたら、皆、後戻りし始めているんだ。なぜ俺一人を置いて戻るんだよ。それで俺も戻ろうとしたら、急に奴等が石を投げてきたんだ。怪我、大丈夫かな」

見るとたいした傷ではないが、ショックの方が大きいようである。そこで、皆のいるところまで連れていき、一番後ろで休んでいるよう指示した。

それからどれ位経ったであろうか。再び革マル派の部隊が列をなしてやってきた。今回も突進してくるのではなく、三メートル程前で立ち止る。

その時である。「机を持って来い」と川口が後方に向かって叫んだ。気勢に押された二人が机を持ってくると、「喧嘩はこうやってやるものだ。端を持て。よし、突っ込むぞ」と彼が叫ぶ。事態を飲み込んだ私達は歓声を上げて机部隊に続く。その瞬間、彼らは一目散に逃げ出した。

しばらくすると、逃げた方向から革マル派十人程がトコトコとやって来て、五メートル程の距離をおいて止まった。その中の一人が口に手を当て大声で叫ぶ。

「申し入れにやって来たので聞いて欲しい。残してきた学生の怪我の手当てをしたいので渡して欲しい。やがて警察がやって来るだろうから、今日はこれ以上の衝突は避けよう。今夜は自分たちは早稲田から撤退する」

三派指導部からは何も指示はないが、後方にいたメンバーが倒れている者たちを抱きかかえて前に連れてくる。迎えに来た連中の肩を借りながら去って行くその姿を見て、これでいいと安堵した。

負傷者を渡し終えると、三派幹部から「予定していた早大の泊まり込みは止める。これから全員、法大自治会室へ移動する」との指示が出る。

外へ出て暗闇に目を凝らすと、幸いなことに警察の姿はまだ見えない。ホッとするのも束の間、私達の行動は早大生の愛校心を痛く刺激したことを思い知らされる。衝突の度に飛び交う怒声と、追いかける際に上げる歓声に、何事かと、部室にいた、はたまた近辺に下宿する早大生たちが続々と集まって来ていたのである。暗闇の中に人だかりがあちこちにできており、そこかしこから罵声が飛んでくる。

「早稲田を壊しに来たのか」「早稲田を破壊する者は許さないぞ」「早稲田に何をしに来た」

まるで全早大生対三派学生の対立の様相になっている。蹴ってくる者もいれば、殴りかかろうとする者までいる。だが、彼らに今日の私達の行動の意味を説明する時間はない。とにかく警察がやって来る前にここを離れねばならないので、小走りで彼らの包囲を抜け出た。

たどり着いた法大では、三派指導部から「警察の事後逮捕も考えられる。その場合には今日の行動の一切を完全黙秘するように」との簡単な確認がなされ、解散となった。そう言われても、この時間では電車があるのかどうかも分からない。それに、これ以上体を動かすのも億劫だったので、「平民会」の四人は自治会室に泊まることにした。

黙りこくって座る浩平が少し気になったので、「革マル派もたいしたことないな。こちらが本気で構えると、拠点にいても、ああだもんな」と話しかけると、「うん」と頷き、言葉を引き取る。「俺、東大フロントの髭を生やしたあいつ、嫌いだよ。突っ込む時はいつも後ろにいるくせに、逃げ遅れた革マル派を捕まえて、率先して棒で叩いていた奴だよ」と口を尖らせる。

浩平の嫌悪感は理解できたが、「うん、うん」と聞くにとどめた。というのは、衝突の時には安全な場所に身を置き、逃げ遅れた者には容赦をしないというタイプはどこにでもおり、一々問題にすることでもないと思っていたからである。

翌日の朝刊各紙には、「早稲田大学で深夜の乱闘、自治会の主導権めぐり」というような大見出しが踊った。この日の衝突は、以後「七・二早大事件」と呼ばれるようになる。

その後の「都自代」では、かん口令が敷かれたわけではないが、七・二早大事件にかかわる報告や討論がなされることはなかった。

奥浩平の論文発表

この事件の半月ほど前に、浩平は「『経済学＝哲学草稿』への私たちの接近」と題する論文を『創造』（横浜市立大学学園総合雑誌）に発表していた。四百字詰め原稿用紙三十枚の力作である。

彼はその論文で、マルクスの思想的営為を貫く問題意識は『経済学・哲学草稿』にすべて内包されている、マルクス経済学と言われるものは人間疎外の根源を突きとめ、それを克服するための現実的方法を獲得するための研究であったと述べる。この主張を裏付けるために、彼は『経・哲草稿』以前のマルクスの三論稿、「木材窃盗取締法に関する討論」「ユダヤ人問題に寄せて」「ヘーゲル法哲学批判序説」を解析、その中にある問題意識を抽出し総合する方法を取っていた。

一読して、浩平は思っていた以上にたいした奴と感じた。こういう書物をいつ勉強し自分のものにしたのであろうか。いつ執筆したのであろうか。『創造』誌の公募にいつ応募したのであろうか。私は三論稿を読んですらいない。もっとも読んだからといって、自力では彼のように深くは読み取れない。こんな長文を書いたこともないし、彼の流れるような文章は逆立ちしても書けない。そんな読後感であった。

この論文発表に示されるように、この間の「平民会」の哲学的、思想的立脚点は浩平がデザインし推し進めてきた。そこで私は「平民会」活動に必須なもので、浩平が全く手を付けていない領域で強くなろうと、日本資本主義の現状分析をやることにし、『国家独占資本主義論』（姫岡玲治）、『日本資本主義論』（小野義彦）などを読み始めた。

七、八月は、秋からの「平民会」活動をスムーズに展開するための準備期間である。七・二早大事件直後の「平民会」会議で、私はこの期の活動として三つのポイントを提起した。

一つは、「革共同」と「関西ブント」の統一行動である大阪反戦集会、京都での全国学生集会、そして同所で行う前段の中核派系全国学生集会、つまり七月の終りから八月の初めにかけて関西で行う連続五日間の集会に、この間デモに参加したメンバーを参加させる。そのために個人オルグの計画を立て、担当を決める。

二つは、八月の終りに三泊四日のスケジュールで、マルクス『資本論』の合宿学習会を行う。

三つは、春からの確認通り十月にはバスを借り切り、五十名を都内デモに参加させる。それに要する宣伝費用調達のため、『資本論』合宿学習会明けに街頭カンパを行う。

以上を述べると、浩平が奮然として口を開いた。

「七・二早稲田での闘いの意義を最初に打ち出すべきだよ。学生はバイトでほとんど大学にはいないけど、それでも来ている学生に七・二早稲田闘争の意義をビラにして配るべきだよ。この問題の討論会も開くべきだよ」

「学生にすれば、また活動家同志の喧嘩か、くらいのものだ。ほっとけばいい。そうではなく、関西での反戦集会と全国学生集会の意義、つまり全学連の再建へ繋がる意義を打ち出し、その集会に参加させる個人オルグが現下の最重要課題だよ。その中で必要とあれば、七・二早稲田を語れば良い」

この反論に、浩平はまたかという目で私を見る。というのは、一月前の六月にもこれと似た論争が浩平との間にあったからである。

十月の部内デモに五十名参加させようという遠大な計画実現のためのステップとして、横市大単独で市内デモを六月に行おうと計画した。

私の単独市内デモ推進理由はこうである。市内デモは都内デモよりも参加し易いせいか、デモ初参加者の登竜門になっている。単独での市内デモを途中に入れることは、十月の都内デモを担う活動家の産出にプラスになると考えてのことである。

浩平の考えはそれとは異なる。都内デモに五十名を送り出すには、それを担う私達自身を強化しておかねばならない。そのための強化策として単独市内デモを一度やっておく必要がある、という考えである。

遠藤の理由はまた異なる。彼は自分達で考え、計画し、実行することこそが学生運動であるという点から出発する。中核派の学生書記局が決める都内デモに参加するだけでなく、横市大だけで決めて行なうことに意味があるとする考えである。

六月市内単独デモの一週間ほど前である。私はそれの中止を提案した。理由は、私の推進理由に合致するようには事が進んでいないからである。一年生のオルグが進まず、一年生の参加は全く期待できない。したがって、単独デモをやる意味はなくなったと提起したのである。だが浩平と遠藤は「それでもやるべき」と主張した。小一時間ほどの討論で、単独市内デモは中止となった。

七月の活動方針討論では七・二早稲田事件だけを採り上げた内容のビラ作りはやらないこととなった。

ところで、論争となって表われた「平民会」の二者二様、三者三様をどう見るべきか。私には参考になる発言があった。

市内デモ論争の直前にあった「都自代」で、清水は「マル学同中核派は、今は学生戦線では小数派だ。しかし、小野田の理論力、高木の実務力、小野の人間的誠実さ、この三者の力があれば、近い将来、我々が全国の学生戦線を必ず制覇できる」と述べた。この三者は学生組織委員会の幹部である。そうだ、その通りだと頷きながら彼の話に耳を傾けていた。三者の異なる個性と力の集合がもたらす力の大きさに触れていたからである。浩平、遠藤、私の意見は、確かに三者三様であるが、こうした異見や個性を内包する組織こそ生命力をもつと考えていた。だからこの間、二度も起きた浩平との論争を気に留めることはなかった。

竹下の離脱と関西集会

七月末から八月初めにかけた五日間を関西で過ごすメンバーは、その費用を調達しなければならない。そのために、私、浩平、川口、遠藤、大木は、東京の中核派学生が一斉に銀座で行う街頭カンパに出ることにした。その話し合いの折、竹下は自分の参加費用分はバイトで賄うと言う。多分、参加費以外の生活費も稼いでおこうと考えてのことであろうと彼の独自行動を認めた。

いつ頃からであろうか、浩平は竹下を「竹ちん」と呼ぶようになった。竹下はデモ現場ではとにかく臆病で、機動隊と衝突しそうになるといつも自分から後方に退いていた。私は見て見ぬ振りをしていたが、浩平にはそれはできないことである。浩平は自分の弱さを克服しようとしない者を嫌悪する。竹下を「おい、竹ちん」と呼ぶのは、そうした心情の表われであった。対する竹下は「なに、奥ちん」と返事していたが、彼にすれば自分と浩平とは五分と五分と考えてのことであろう。

竹下は工場でアルバイトをしていたが、慣れない作業のせいか、左腕の腱を切る事故に遭ってしまう。バイトを断念しなければならない上に、暫くの間は通院して治療を受けなければならなくなっていた。竹下が「平民会」の定例会議に出て来ないのはそのせいだろうと、先ずは回復を待つことにした。

だが関西行が近づくと、そうも言ってはおれない。集合場所や時間などの最終打ち合わせには参加してもらわねばならないので、彼を下宿まで迎えに行き部室に同道した。

彼は私達を前に、「俺、消耗しちゃったよ」と当時マル学同中核派内で使っていた言葉をつぶやき、「俺は理論勉強を全くしてこなかったので、これからは理論勉強をやりたい。それに彼女も欲しいし。今のままじゃ青春がないよ」と続けた。

浩平は「確かに君はもっと勉強しないといけないよ。だから八月の『資本論』合宿学習会は、君のためにあるんじゃないか」と目をむいて切り返した。私は私で、八月の関西での諸集会の意義、十月の都内デモへ五十名を組織する意義、そのために彼がもう一段飛躍すべきところにきていることなどを述べた。竹下が言った「彼女と青春」問題には触れず仕舞いの二人の原則的なオルグが一段落すると、川口がイライラした口調で竹下を一喝した。「女が欲しいというのは、お前の主体性ではない」。

川口は、主体性は即自的自己を対自的自己へと高める中にあるものである、竹下は即自的に過ぎる、と言いたかったのであろう。

あまりにも直截な川口の言葉に苦笑いするだけの竹下を見ていると、彼には川口の言う意味が分からないのではないか、彼女が欲しいと思う気持ちを封印するように迫られたと捉えているのではないか、と思わざるを得なかった。

いずれにしろ、竹下は私達の説得を受け入れようとせず、この日を境に「平民会」と行動を共にすることはなかった。

しばらく後になって、竹下が中核派からの離脱を考える引き金は、七月二日の早大での革マル派との衝突であろうと思い至った。彼は、自分にはこうした衝突はとても担い得ない、と感じ取ったに違いない。

こうしたゴタゴタをはさんで、新人一名を加えた六名が関西に向かった。全国の中核派系学生が京都に総結集した全国学生反戦集会、革共同と関西ブントが合流した大阪での反戦集会、その両者に社青同を加えた三派による学生反戦集会と、五日間に渡った関西での諸集会は、秋からの学生運動の核となる原子力潜水艦寄港阻止闘争の陣形と、三派による全学連再建の道筋を作り上げた。

奥浩平からの手紙

関西から戻って数日後、浩平から便箋二十枚ほどの手紙が届いた。

その内容は、七・二早大事件をビラにしてまくことに反対した際に、そして市内単独デモの中止を提案した際に出した私の意見に対し、彼の到達した考えを全面展開したものである。

手紙は、彼自身の判断にはこれとこれが足りなかったと、その内容を詳述している。この総括作業を通じて、彼は自分が高まったとも述べている。そしてたどり着いた地平から、私の意見への批判を展開し、私にも一緒に高まろうと呼びかけたものであった。

その手紙から数日後、再び浩平から便箋十枚ほどの手紙が届いた。

内容は論争時の私の姿勢を批判したものである。私の意見の出し方は、相手の意見の間違いを指摘して、自分の意見の正当性を主張するというやり方である。それは相手を変える、相手を高めようとしないやり方である。先ずは、その在り方を変えるべきで、そうしないとより高い次元への成長はない、というよう

なことを述べたものであった

二通の手紙からは、変革者・革命家として生きようとする浩平の息遣いがジワジワと伝わってきた。その上、文章が巧く字がきれいである。こういう手紙を読むと、かなわないという思いが先に立ち、返事が書けない。やむなくハガキに「手紙を読んだ。よく分かった。八月の終わりに行う『資本論』の勉強会を実りあるものにするため読み進めておく」というようなことを書き送った。

『資本論』の理論合宿

夏休みも残り少なくなった八月末の四日間、六人で山梨県都留市のお寺でマルクスの『資本論』の勉強合宿をした。そこは浩平の英語クラスの同級生の実家で、彼が探し出した場所である。

お母さんは食事の連絡にやってくる度に、勉強に専念する私たちの姿を見ては、「本当によく勉強されますね」と唯々感心し、「うちの子は遊び中心の合宿に行っているのに」と嘆いていた。もっとも『資本論』の勉強会と知ったなら、果たしてそう言ったかどうか。

合宿での『資本論』の学習は、一文ずつ音読し、その意味を討論する方法で進められた。遠藤がもち込んだこのやり方は、木を見て森を見ていないように感じた。そこで「段落毎の大意をつかみながら進めようよ。そうでないと進まないよ」と提案すると、遠藤は「いや、この方法でやると理解が深まるんだ。宇野経済学派の勉強の仕方もこうなんだ」と応じた。

そんなものかとやり続けてみると、遅々とした運びではあるが、確かに内容はよく理解できる。結局この方法で勉強を続けたので、四日間で三十ページ程しか進まなかったが、それでも、かの『資本論』の勉強に着手できた満足感で一杯であった。

『資本論』の合宿学習会を終えた翌日は、桜木町駅前で署名カンパ活動を行った。署名の画板に下げるスローガンは「日韓条約実力阻止、韓国の学生の闘いに連帯しよう、横浜市大平民会」と「米原子力潜水艦横須賀寄港阻止、日本帝国主義の核武装阻止、横浜市大平民会」である。

活動開始早々、ゼミの教官の今井清一助教授（当時、岩波新書「昭和史」共同執筆）が通りかかり、「頑張っているね」と二百円をカンパ袋に入れ署名してくれた。駅へとやって来た俳優の西村晃は、職業欄に俳優と記し、二百円をカンパしてくれた。

この日の署名とカンパには開始直後から好反応が続いていたので、午後三時からの三時間程で冬までの宣伝活動に必要と思われる三万円を調達できた。ちなみにこの額は、当時の大卒初任給の一か月半分に相当する。あまりの快調さに嬉しくなり、思わず浩平と遠藤に声をかけた。

「すごいな。話は聞いてくれるし、進んでカンパしてくれたよ。労働者や市民の方が、学生より遥かに意識が高いと思わないかい」

「うん、労働組合などで、日韓問題の討論が結構行われているんじゃない。今日はたくさん集まったみたいだから、たまには夕食代に使ってもいいんじゃない。俺、腹減っちゃった。お金、今日ないんだ」と浩平が応じ、「奥君、カンパは闘争に必要な物を買うためのもので、食事代に使ってはいけないよ」と遠藤が応じた。食事代を否定した遠藤の言葉に浩平はちょっと不満げな顔をしたが、それ以上は言わなかった。

カンパ翌日は全員でワラ半紙、謄写インク、模造紙、墨汁、朱墨、看板用のベニヤ板と垂木の買い出しに出かけ、二学期初日に配布するビラ、クラス討論資料を作成、大看板を完成させた。

遠藤の苦学

二学期開始と同時に、午前中は朝七時十五分からの校門ビラ撒き、一年生のクラス討論、昼休み食堂前でまく新しいビラ作りと配布。午後は個人オルグ、夕方からはクラス討論と個人オルグの進捗状況の点検と政治討論、翌朝のビラ作りの毎日が回り始めた。

この頃の遠藤は塾で毎日バイトをしていた。そのため、会議やデモの途中で、「帰る時間だ。悪いね」と寂しそうな顔をして抜け出していた。九月の半ば過ぎであろうか、浩平が「遠藤君の活動形態、なんとかならないの。そんなに毎日バイトしないと駄目なの。斉藤君、話してみたらどう」と提案してきた。

話が話であり、それにじっくりと話し合わなければならないことでもあるので、鎌倉にある彼の下宿を初訪問することにした。九時過ぎに訪ねてみると、塾のバイトから帰った彼はちょうど夕食の準備中だった。茹で上がったスパゲティにケチャップをかけたもの、これが今日の夕食のようである。私は下宿で夕食を済ませていたが、それでも勧められるままに一皿平らげた。落ち着いたところで、肝心の話を切り出した。

「今の塾バイトではあまりにも時間を制約され過ぎだと思う。俺がやっている家庭教師だと、曜日と時間はあってないようなものだから、君も家庭教師に切り替えたらどうかなあ」

「埼玉の俺の実家は農家で兄貴が親父の後を継いでいて、副業で養鶏をやっている。本当は俺に送金できる状態ではないんだ。仕送りはごくわずかで、残りはバイトで稼がないといけない。塾だと時間が長い分、まとまった金が入るんだよ。だけど、君や奥君を見ていると、中途半端に活動していることが歯がゆくてね。塾の回数減らして、活動に支障がないようにやってみるよ。切り詰めれば何とかなるよ」

「俺、遠藤君は三年生になってから凄く変わったと思う。自分から発言するようになったし、意見を求められると直ぐに答えているよな。何か転機になるようなことがあったの」

「藤田さんに昔、言われたことがあるんだ。『聞かれた時に黙っていては駄目だ。稚拙な考えでもいいから答えないといけない』ってね。聞かれる前に一生懸命考えることにしたんだ。そうしたら、自分の意見を言えるようになったよ」

遠藤の話から、学費から生活費に至る費用は、全て自分の力で捻出していることが分かった。学費全額と生活費の四分の一にあたる額を母親からの送金に頼る私からすれば凄いことである。

数日後、遠藤は活動に時間を割くようになった。聞けば、バイトを半分に減らしたそうである。ところがしばらくして部室に来なくなった。何事か起きているのではないかとかえって心配になる。見かけなくなって四日目の土曜日の午後、浩平を誘って遠藤の下宿を訪ねてみた。彼は布団から起き出して、登校しなかった理由を話した。

「塾の経営者の先生と話していたら、僕が急に倒れてしまったんだって。びっくりした塾の先生が親戚の病院に連絡して担ぎ込んだんだよ。その時のことを全然覚えていないんだ。栄養失調が原因で、その日は点滴を受けて、一晩入院させられた。林檎を食べるようにって、医者に言われたよ」

「一体何食べているの」と浩平が責めるような口調で尋ねると、「手持ちのお金が少なくなったので、節約しようと、うどん玉に醤油をかけて食べてたけど、体がもたなかったみたいだ」と遠藤。

そこで彼に栄養を取ってもらおうと、浩平と私で彼の夕食を作ることにした。浩平は米を研ぎ、私は肉屋へ向かった。その夜は三人ですき焼を腹一杯食べ、各自読み止しの本を開き、雑魚寝と相成った。

翌朝、十時近くに目を覚ますと、遠藤が「御飯炊いたよ。おかずは何もないけど、体を心配した実家からちょうど卵が届いたところなので、これで食べようよ」と声をかけてきた。「遠藤君こそ栄養取らないと」と言いながら篭を見やると、溢れんばかりの卵である。こんなにあるのなら遠慮することもなかろうと、卵かけ御飯をかきこんだ。

昨夜より血色が良くなったように見える遠藤に送られ、浩平と鎌倉駅へ向った。その道すがら、遠藤が下宿の壁に貼っている島崎藤村の詩を話題にした。

「まだあげ初めし前髪の／林檎のもとに見えしとき／前にさしたる花櫛の／花ある君と思ひけりやさしく白き手をのべて／林檎をわれにあたへしは／薄紅の秋の実に／人こひ初めしはじめなりわがこころなきためいきの／その髪の毛にかかるとき／楽しき恋の盃を／君が情に酌みしかな」

『初恋』を部屋に貼るなんて純粋だよな」と感想を述べると、浩平はキットした目つきで「少女趣味だよ、ナンセンスだよ」と返してきた。

浩平の答えは意外であった。遠藤の純朴さと浩平の純粋さには通じ合うものがあると思っていたからである。だが遠藤を一刀両断にする言葉を聞いて、浩平への見方はまだまだ甘いと思い知らされた。変革精神と結び付いていないこの藤村の女性への憧憬詩は、浩平にとっては破棄すべきものなのである。

浩平が私の下宿に泊まった折にも、これに似た思いを抱いたことがある。彼は寝るまでの時間を惜しむようにして『資本論』を開く。そうこうする内に、カーテン越しに相部屋の岡村の寝息が聞こえ始める。すると声をひそめて浩平が話しかけてきた。

「斉藤君、ナンセンスだよ。なぜ岡村君をオルグしないいんだよ。プチブル関係をいつまで続けるつもりなんだよ」

この浩平の詰問には、「いや、一年の秋には岡村は二度もデモに出たんだよ」と押さえた声で答えるに止めた。互いにそれ以上は触れなかったのでこれで終わったが、人間関係の作り方についての考え方には深い溝があると普段から感じてはいた。

浩平は、自分をマルクス主義者、革命家、変革者、学生運動家と規定している。そこから自他の関係、人間関係を築こうとする。これは理解できるし、自分もそうしなければと心していた。ただしここからが違うのである。彼は、他者は自分と一体化しなければならないし、一体化できると考えているようであった。

私は、そもそも人は誰しもが革命家、変革者、学生運動家になるものではない、またなれるものでもない、人間は一体化するように見えてもそれは瞬時のことであり本来的には一体化できるものではない、もともと人間関係は重層的で流動的なものと考えていた。

浩平は私の下宿にいる時も、部室にいるようにピリピリとしていた。彼はどこにいても、革命家、変革者としての意識を弛めることはなかったのである。

素のままの浩平

それでも、月曜の朝にまくビラを早目に準備し終えた土曜の午後だけは少しリラックスして見えた。

「コーヒーおごるよ」と声をかけると、彼は満面に笑みで「うん」と頷く。ラプラターズの曲しかかからない喫茶店でコーヒーを飲み、持参する本を読むだけのことであるが、この一時だけは普段と少しばかり違っていた。彼は私と違って煙草を吸わないが、「一本ちょうだい」と嬉しそうに吹かしてみたり、時には快活に独演する。

ある日は、「この資本論第二巻、万引きしちゃった。プロレタリア解放運動を前進させるためには許される」と自慢気に本を見せびらかした。確かに、私達は都内デモや「都自代」に行く時はキセルをしていた。労働者、人民の役に立つことをしているからとの大義名分を付けてのことである。だが私の本音は東京往復の電車賃で学食のBランチが四回食べられるからであり、まともに払うのはもったいなかったからである。浩平はそう考えてではなく、変革者、革命家のキセルと万引きは自然法的に許容されると、心底確信しての行為であるように見えた。

さらにある日は、「マルクスは音楽の造詣の深さなんかも一流だったらしいよ。本当の革命家は音楽や美術などを最も理解できるはずだろう」と語り、そしてまたある日には、「革命家はセンスが良くないとだめなんだよ。服装なんかもきちんとしていないといけないんだ。マルクスは結構おしゃれだったと思うよ」と愉快そうに語った。

その場では聞き流したが、後で考えてみると、これこそが浩平が思い描く革命家像であり、このような革命家になろうといつも意識しているところから生まれる言葉であると気付いた。

またある日は、「革共同の岸本さんは安保闘争の時にオルグに行った東京女子大で、ついでに奥さんも獲得したらしいよ。革命家って、もてるものなんだよ」と満面に笑みで語った。果たして私達はもてているのであろうかという疑念もあったが、それよりも彼の中で飛び跳ねる革命家像を語る彼自身を見るのは楽しいことであった。

直感と決断の川口

川口とは何度か一緒に飲んでいる。川口が私の下宿に泊まる時は、駅前の屋台に立ち寄り泡盛りを一杯ずつ飲む。相当強いお酒のようで、二杯目を注文するとコーラ瓶に詰めたものを渡されお勘定となる。川口の自宅で飲んだことも数回ある。法政大での「都自代」の後、下宿に帰らずに川口の自宅に泊めてもらう時には、お金を出し合ってサントリーレッドを買う。続いて彼お勧めのレモンやチョコレートを買い足して帰るようにしていた。彼の飲み方を真似て、それらをかじりながらウイスキーを飲むとクイクイといける。

その翌朝は、お母さんが味噌汁を出してくれる。特別な具が入っている訳でもないのにとても美味い。「君のお母さんの作る味噌汁は本当に美味しいよ。なんでかな」と尋ねたことがある。すると彼は「うん、亡くなった俺の親父は遊び人でね。家に帰らないことが多かったんだ。それでお袋は親父を家に引きつけるために食事に力を入れたんだよ。だからお袋の作るものは何でも美味しいんだ」と、事もなげに答えた。

彼は高校時代からずっと続けている演劇活動のせいか、服装は個性的で演劇青年風であった。男子学生のほとんどが学生服と黒革靴の中で、彼は皮肘当ての付いたブレザーかセーター、豚革製のおうど色の靴である。そんなファッションに加え、身長が私を十センチは越える一メートル八十何がしかあるので、まるで映画「のっぽ物語」のアンソニー・パーキンスか、「ユニコーン」に主演したプロレスラーのプリモ・カルネラのようだとからかったりしていた。

浩平は自らを活動家、変革者、革命家と規定し、そこからギリギリと考えて自分の言動を生みだしていた。それに対して、川口は突き付けられる課題を凝視し、自分に何が問われているかを考え、そこから取るべき行動を作り出していた。彼は行動するまでの時間がとても早いので、直感、洞察、決断の領域では人並みはずれた力をもっていると思わずにはおれなかった。その上に大人びて洒落てもいるので、学生運動に専念すれば早晩、私などを越え、浩平とはまた違った、異色で凄みのある活動家になるだろうと感じていた。

川口は活動の重心を演劇部から「平民会」へと移した。彼の力を加えた「平民会」は、十月後半の首都デモには必ず五十名を参加させようとクラス討論に力を入れていた。デモ日が近づくに連れて、必ずしも意図してそうしたわけではないが、クラス討論で使う私達の言葉に変化が生じていた。

日比谷へ、貸切バス

この頃の私たちは「都自代」での小野田からの薦めもあって、アジア・太平洋戦争末期に戦没した学生達の手記を集めた、『きけわだつみの声』を読んでいた。原子力潜水艦横須賀寄港と日韓条約締結に対する学生の反戦、反核、反植民地意識を掘り起こす素材として活用する意図からであった。ところがそうした意図を超えて、私達自身が同書に大いに感動してしまい、クラス討論では特に感激した部分の手記を読み聞かせたり、自分の感想を述べ始めていた。それに伴って、ビラにも自分たちの反戦、反植民地の気持ちを素直に書くようになっていた。

このように私達が脱皮するにつれて、クラス討論のムードが日々変化してきた。デモの五日前からバス参加券が一挙に売れ始めたのである。一年生の中には、行きたいが必修授業をさぼれないと訴える者達も現われ始めた。彼らにはチケットをカンパとして買ってもらい、昼休みの中庭集会には必ず参加してもらうようにした。デモ前日の集約では確実にバスに乗る者がついに五十名となり、バスには乗らないがカンパとしてチケットを買った者も二十五名に達した。この数字に元気が出た「平民会」メンバーは、デモの前夜は学校に泊まり込み、バス胴体に取付ける大垂れ幕、プラカード、朝のビラを作った。

正午にはチャーターした貸切バスが中庭に到着、早速バスの胴体に「日韓条約粉砕、原子力潜水艦横須賀寄港阻止、全国学生統一行動へ、横浜市大平民会」の大垂れ幕を取付けた。バスの周りにはチケットを買った学生達が三々五々集まり始めた。プラカードを手に座り込む五十人の周りを、何事かと百名を優に越える弥次馬学生達が取り囲む。一番びっくりしたのは共産党のようで、様子を見に来ては人数を数えていた。

浩平の演説、全員でのシュプレヒコール、「国際学連の歌」と型通りの集会を終え学内デモに移った。遠巻きに取り囲む弥次馬学生の周りを「日韓」「粉砕」、「原潜」「阻止」の掛け声を上げながらジグザグデモをして気勢をあげた。

バスに乗り込んだ学生達の内、四十名近くは初めてのデモ参加である。そこで車中では、政治的問題点の指摘以外に、「国際学連の歌」と「インターナショナル」の歌の練習をした。そうこうする内に、バスは予定通り二時半に日比谷公園に着いた。

会場の野外音楽堂に入場すると到着大学名が放送され、先着している学生達に拍手で迎えられる。これまでの「平民会」の都内デモ参加者は毎回十名余だったので、到着を放送されたことはなかった。今日こそ放送してもらおうと、「横浜市大平民会」の赤旗を先頭に、横三人のデモ隊列で掛け声をかけながら音楽堂に入場した。

ところが隊列の元気の良さと旗の「横浜」に早大社青同の司会者が早とちりしてしまい、「只今、横浜国大の諸君が到着しました」と放送してしまった。それにめげずに音楽堂内のデモを続け、訂正を促しに浩平が走った。「訂正します。只今到着したのは横浜市大の諸君です」と再放送があり、やっと溜飲を下げた。

しばらくすると二百名を越える横国大の大隊列が到着、さすがである。この日は各大学とも今までになく学生の結集に成功していた。社青同が中心の早稲田、社学同各派の東大、明治、中大、中核派の法政など、それぞれが二百から三百の隊列で陣取り、日比谷野外音楽堂は満席となっていた。学生の群れを見回しながら、この高揚の一端を担った満足感にしばし浸った。

「平民会」の躍動と共産党

「平民会」が、九月、十月の日曜と前期テストの一週間を除いた二か月間、休むことなく朝のビラを配り、クラス討論に入り、個人オルグを続けていた間、共産党は私達への対応を二転、三転させた。九月頃、彼らは「平民会」の活動を冷ややかに無視していた。だがクラス討論が根付いてくることに不安を感じたようで、十月も半ば近くになると一年生の授業にやってきて、ビラを配りアジテーションを始めた。

ビラとアジテーションは、「学生だけで原潜寄港阻止や日韓条約阻止を叫んでも、阻止はできません。巾広い民主勢力との共闘の力で阻止できるのです。『平民会』のように学生だけで跳びはねるのは、民主勢力の団結を破壊する行為です。彼らの挑発に乗ってはいけません。さらに皆さん、『平民会』は毎日ビラを撒いていますが、そのお金はどこから出ているのでしょう。彼らは職業的挑発者として、アメリカ帝国主義からお金をもらっているのです」と、いつもの内容なのだが、続くアジテーションには目を剥いた。「皆さん、『平民会』の斉藤君と奥君の目を見ましたか。目つきが悪いと思いませんか。あれがトロツキスト、挑発者の目です。彼らの挑発に乗ってはいけません」

「目つきが悪い」と言ったこの演説者を殴りつけなかったのは、五十名の都内デモ実現に気持ちが集中しており、共産党のどんな言動も気にならなかったからである。浩平もこのアジテーションは知っていたが、全く意に介してもいなかった。

それでも目つきの件は、少しは気になったので、下宿で相部屋の岡村に聞いてみた。

「岡村君、共産党の連中が、俺の目つきが悪いと演説して回っているんだよ」

「お前、ちゃんと飯食ってるか。毎日、下宿の晩飯一食だけじゃないのか。お前も奥も、最近はガリガリになっているぞ。目つきじゃなくて体が心配だよ。帰ってきてもぐったりしているし、布団も敷かずに寝入っていることもあるだろう」

「時間が取れない時は、活動の合間に牛乳を飲むかチョコレートをかじるようにはしてるよ」

「とにかく飯は食えよ。痩せたから目つきが鋭くなったように見えるんとちゃうか」

岡村の言うように、確かにこの間は活動にかまけてきちんと食事を取っていなかった。気付かぬうちに痩せてしまい、目つきが険しくなっていたのであろう。

岡村とこの会話をした時には、共産党員がなぜ目つきのことを言うのか理解できなかった。低水準な言辞に呆れていただけである。ところが都内デモに五十名の参加が現実味を帯びてきた段階で、共産党は「平民会」は目標を実現できると読んだのではないか。それでなりふり構わぬ言動をとったのではないのか、と気付いた。

五十名の首都デモを実現できたことで、それ迄のもやもやしていた気持ちが晴れた。私達もやればできる、共産党の制動を打ち破れる、この二か月で学生の心に響く言葉を使えるようになった、横市大も捨てたものではない、こんな気持ちになっていた。

サークル活動からの底上げ

十一月からの「平民会」の課題は、都内デモに五十名参加させた成果をしっかりと定着させることに移った。

この件を巡る会議では遠藤がリードした。彼は次のような持論を述べた。

「共産党は文系のサークルというサークルにメンバーを送り込んで押さえている。僕らはそれに対してクラス討論を軸に今回のデモを盛り上げたけど、彼らに比べるとまだまだ底が浅いと思う。サークルは毎日顔を合わせるけど、クラスは週一回。だからサークルには影響力が浸透し易いし持続もする。これからはサークルメンバーを獲得したらサークルで活動させて影響力を広め、サークルに入っていないメンバーを獲得したらサークルに入れて影響力を作り出すことも必要だと思う。このようにして、底の方から影響力を拡大することだと思うよ。クラス討論をサークル活動と結び付ける必要があると思う。もう一つは、活動がどんなに忙しくても研究会と学習会を諸分野に渡ってきちんと組むことが必要だと思う」

確かに「平民会」は五十名の首都デモ参加は実現したが、それで共産党支配状況を、広く言えば学内停滞状況を全面的に打破したわけではない。これからは共産党支配の土台の変革に向かわなければならないし、そのためにはサークルに影響力をもたなければならないという遠藤の意見には聞くべきものが多かった。

改めて首都デモに参加した五十名のメンバーを見てみると、「国際研」(国際問題研究会)からは五人も参加しており、また川口のいる演劇部からは三人参加している。文系サークルが、軒並み共産党主導下ないしはその影響下に置かれている中で、「平民会」メンバーのいる国際研と演劇部は、共産党とも対決する異色のサークルに育っていたのである。

もう一つの遠藤の意見は、現代帝国主義、ソ連と中国のスターリン主義、日本資本主義などの現状分析を自分たちの手で研究し論文化することが必要ということであった。浩平が横浜市大学園総合雑誌『創造』三号に発表したような論文を、「平民会」メンバーは書けるようにならなければならないと考えていた。またそのためには、「平民会」内に課題別の研究会が必要とも考えていた。

遠藤の意見をもう少し詳しく聞く機会がすぐにやってきた。会議の後、彼が登校してこないのである。二か月前のように栄養失調で倒れたのではないか、風邪でもひいて食事もとらずに寝ているのではないかと気になり、牛肉二百グラムを買って下宿を訪れてみた。案の定、彼は風邪で寝込んでおり、聞けば今日は何も食べていないと言う。ここは出番と持参した肉で早速すき焼を作ると、彼はよく口にする「悪いね」を連発しながらフライパンを空にした。それでも体調はあまり良さそうにはないので、この日は長居せずに一点だけ質問をして引き上げた。

「そういえばこの前の会議で、我々の力で現状分析をやらないといけないと言っていたよね。確かにそれは正しいと思うけど、俺にそんな力なんてないよ」

「うん、教授の力や研究を利用したらいいと思う。革共同政治局の分析レベルはとても高い。我々も政治局論文を読むだけじゃなくて、そのレベルに近付く勉強をして自分たちで論文が書けるようにならないと、共産党に本当に勝つことにはならないんだ」

遠藤は「平民会」の理論力を上げるために教授の力の活用までも考えていた。この発想は私にはなかった。教授は学生運動には関係のない存在ではあるが、確かにその学問レベルは私達の力になる。教授の活用という遠藤の提案はとても有意義に思えたので、浩平に紹介すると彼も賛意を示した。

田中正司助教授

「平民会」ではちょうどレーニン『帝国主義論』の学習を終えるところで、十二月の初めには二泊三日でレーニン『国家と革命』の合宿学習会を行うことになっていた。早速この学習会で教授の力を活用しようということになり、遠藤が専攻するゼミの田中正司助教授（社会思想史）に白羽の矢を立てた。ここは礼を尽くしてお願いした方が良かろうと、遠藤、浩平、私の三人で助教授宅を訪問することにした。

私には助教授に出席してもらえる確信はなかった。なにしろ出席の場が「平民会」の合宿、非共産党の戦闘的学生運動推進体の合宿だからである。加えて現代ソ連はマルクスやレーニンが目指した国家廃絶のための過渡的国家ではなく、それとは全く異なるスターリン主義国家となっており、帝国主義と共に打倒すべきと考える政治性の高いグループである。

しかし案ずることはなかった。助教授は、「私は泊まるわけにはいきませんが、一日だけなら授業を終えた時間から終電の時間まで参加できます」と即座に応諾してくれた。助教授の出席回答は、学園総合雑誌『創造』掲載の浩平論文を評価してのことと推測したが、果たしてどうなのであろう。

助教授宅を出ると、浩平は誰に言うとなく「広い庭のある家、奇麗な奥さん、本に囲まれた生活、書斎で一日中勉強。ああ、大学の先生っていいよな。ああいう生活に惹かれるけど、でも書斎派にだけはなりたくないな」と陽気に声を上げた。

田中助教授の快諾を見て、浩平が構想している「科学技術論研究会」もこの手でやろうと思い立ち、「俺は板倉聖宣という若い講師の『科学論』の授業を受けているけど、授業内容は間違いなく『ドイツ・イデオロギー』をベースにしているよ。精神労働と肉体労働の分裂、思考と実践の分裂から、科学と技術の分離を説明しているんだよ。マルクスの疎外論と史的唯物論を土台にした科学論だと思う。要はスターリン主義理論じゃないんだ。彼を顧問にして研究会を作ろうよ。一緒に会って話してみないか」と私見を述べてみた。

浩平の「科学技術論研究会」構想には、理学部学生を「平民会」と戦闘的学生運動に引き込む導水路にしようとする意図があった。理系にはどうしても「平民会」の影響力が広まらずにいたからである。

他方、共産党は科学には良い科学＝人民のためになる科学と、悪い科学＝人民のためにならない科学があり、人民のためになる科学を勉強しようという、科学の本質論を欠いた俗な理論で理系学生へ浸透していた。

浩平は「うん、会って話してみようよ」と大乗り気になった。だが週に一度しか授業にやってこない講師では、「平民会」の活動内容や問題意識を知っているかどうか不安なので、会えた際には考えをきちんと説明することにした。

講師を前に、私たちはこもごも「近代科学は自然を征服し人類に幸福をもたらしたとされていますが、核兵器や公害のように今や科学技術は人間に刃向かうものになっています。こうした科学技術の現状は人間疎外の集約でもあります。だから、科学論は近代への批判、人間疎外の克服の視点からなされるべきだと私達は考えています。科学技術論研究会をこの様な立場で準備しようとしています。先生の力を借りて、勉強内容を掘り下げていきたい」といったようなことを語った。

話を一通り聞いた講師は、「大変立派な研究会ですね。私が授業に来る日だと、いつでもというわけにはいきませんが、大体一緒に勉強できます。顧問ということでいいですよ。頑張ってください」と激励までしてくれた。

望外の進展に私達は意気揚々と引き上げ、「科学技術論研究会」発足の予告ポスターを掲示した。だが、協力を快諾してくれた板倉講師は、翌年には横市大に出講しないことになり共同勉強計画は頓挫した。ずっと後になって、講師は仮説実験授業理論の第一人者になったことを新聞で読み知ったが、それにしても研究会が実現しなかったことは残念であった。そのせいではないが、以後も理系への浸透は果たせなかった。

理論合宿

レーニン『国家と革命』合宿学習会を前に、合宿に備えて私が読んだものは、マルクス『ゴーター綱領批判』『フランスの内乱』であった。前者からは、社会主義社会における労働の対価（＝労働証書）は、労働時間を尺度にすることで生産性の多寡の束縛から人間は解放されることが分かった。後者からは、フランス労働者の一斉蜂起と権力奪取への躍動、コミュニズムの語源的意味が自治主義であることなどを知った。

教授の力を活用しようと白羽の矢を立てた田中助教授は、一日目の夕方から終電間際まで参加してくれた。合宿会場の逗子青年の家は米持参の自炊方式である。初日の昼食は食パンと缶詰で済ませており、夕食は具なしのインスタントラーメンと御飯にしていた。助教授は内心はびっくりしたであろうが、平然と合宿所備品のアルミ食器で私達と同じものを食べてくれた。

学習会での助教授は進んで語るのではなく、私達のレポートと討論を聞く態度に徹していた。それでも時折「私が論文中で使った『ロシア革命の一般意志』の部分は、実体と結び付けて『ソビエト・労働者評議会』の意志とすべきという指摘はとても参考になりました」「労働証書制から現代ソ連を論じる点は、とても興味深いですね」「民主主義を越えるものは直接行動という考えには刺激を受けました」というようなコメントを挟んでいた。帰り際には「君達は『ゴーター綱領批判』や『フランスの内乱』などをちゃんと読んでいるんですね。よく勉強しているのでびっくりしました」との感想があり、参加した七名は残りの二日間を張り切って勉強できた。

マル学同書記局入り

合宿で自信を付けた直後、マル学同中核派首都圏支部代表者会議が招集された。普段は会議日時の連絡があるだけだが、この日は浩平と一緒に参加するようにとのことであった。会議終了後、直近にマル学同中核派初代委員長となった秋山（横国大）から、「斉藤君はマル学同中核派書記局に入るように。横市大は奥に任せればいい。奥君もそれでいいだろう。斉藤君もそれでいいだろう」と、思いもよらない話があった。

「まさか自分に書記局員の話がくるなんて」と思いながら浩平を見やると、彼は「やりなよ」とけしかけるような目をして強く頷いた。浩平が一年前に書記局入りを要請されたのと同じ時期に、今度は私の番というわけである。

だが、私と浩平では理論力、文章力、オルグ力、演説力、行動力のどれをとってみても彼の方が上である。その彼を差し置いて、どうして自分が指名されたのであろう。そもそも自分に書記局員がつとまるのであろうか。そんな疑問や懸念が頭をよぎったが、それを押し返して「はい、分かりました」と返事をした。即答できたのは、この頃には自分の進む道はこの道と、気持ちが固まっていたからである。今回の書記局入りの話は、その意志が本物かどうかを試されているようにも思えたので、「考えてから」や「相談してから」

のような言葉は必要なかった。

自信は何もなかったが、気持ちだけは前向きに持とうと、翌日から一挙に書記局入りの準備を進めた。二年半通った家庭教師は円満に辞めた。難題は書記局のある池袋付近に安い部屋を探すことであったが、池袋から二つ目の駅に三畳間を見つけ解決した。入学以来お世話になった下宿のおばさんと、六畳間をカーテンで仕切り一緒に生活した岡村には、東京に引っ越して学生運動に専念すると正直に述べた。岡村は「もう学校にもあまり来へんのやろう。デモなどで怪我せんようにな」と言いながら、引越の荷造りを手伝ってくれた。

マル学同中核派書記局は革共同機関紙『前進』を発行する前進社の中にある。もっとも前進社といっても、木造二階建ての二階部分の十坪程の部屋を事務所にしているに過ぎない。ここに『前進』編集局、革共同政治局、同中央学生組織委員会、同中央労働者組織委員会、マル学同中核派書記局、マル学同の労働者版にあたるマルクス主義青年労働者同盟（略称、マル青労同）書記局などすべての機関が集中しており、その構成メンバーが出入りしていた。

新参者の私でもすぐできることをと考え、皆がやって来る前に事務所とトイレの掃除を済せておくことにした。机の上の片付けと床のモップかけだけのことであるが、これは毎日続けた。

初めての逮捕

書記局に通いだして間もない六五年の年明け、「アメリカの原子力潜水艦の横須賀寄港を受け入れる」との外務省見解が出された。その決定に即刻抗議の意志表明をすべく、緊急の学生デモが行われることになった。

書記局員はいつもデモの先頭に立つので、逮捕される確率が高いことは知っていた。この日は書記局入りして初めてのデモなので、念のために歯ブラシ、歯みがき、チリ紙、タオル、お金少々をズボンのポケットに入れ、ジャンパーの下には厚めのセーターを着て学生証は下宿に残しと、万端整えて集会場の清水谷公園へ向かった。

この時期の学生達は後期試験準備に追われていてデモどころではない。加えて緊急に設定したデモなので、三派併せても三百人程であった。だが参加数の少ないデモは活動家だけなので意外に強い。警察もデモは荒れると想定してか、外務省前の道路部分には座り込み防止のための散水がなされており、豪雨の直後のようになっていた。

抗議の意志を貫くためには、尻が水浸しになるのは致し方ないこと。私を含めたデモの最前列は一気に座り込んだ。続けて後ろの数列が座り込むと、機動隊が一斉に襲いかかってきた。引きずり出され蹴とばされ、解散地まで押しまくられた。

解散地の日比谷公園入口の百メートルほど手前で、「こいつだ」の声がかかった。同時に飛びかかってきた四名の私服に左右の腕と肩を掴まれパトカーに押し込められた。逮捕である。

パトカーは小一時間程走って止った。看板を見ると「板橋区志村警察署」とある。ここで一体何が始まり、何をされるのか、皆目分からなかった。私には逮捕者の体験談が伝承されていなかったからである。もともと「平民会」の先輩達には逮捕経験者はいなかった。浩平は書記局に出ていた一年前、時の韓国外相、金鍾泌来日阻止の羽田デモで逮捕されてはいたが、なぜかその折の体験談は聞いていなかった。何が待っているのだろうと不安感をもって過ごすのは嫌なので、この未知なるものをじっくりと見ておこうと思い定めた。

私服から「今夜の夕食はもう出ないので、店屋ものになるが、それで良いかい。君から領置したお金から払っておくよ。かつ丼でいいかい」と問われ、それを食べることになった。逮捕されたら完全黙秘と教えられているので、諾否を返事しようがない。

食事後、取調べとやらがあり、東京都公安条例違反と道路交通法違反の容疑で逮捕したと告げられた。「逮捕された時に言うように」と教えられている「前進社に連絡して、前進社が指定する弁護士に連絡を取るように伝えてください」と言うために、ここで初めて口を開いた。住所・氏名などの調書取りでは「黙秘します」と語るのも面倒なので、黙ってやり過ごした。左右の指の指紋と写真をとられ、それから地階にある留置場なる場所に連れて行かれた。毛布を五～六枚あてがわれ、板の床で就寝となる。天井の仄暗い電気がついたままなのが少し気になったが、気疲れのせいかすぐに寝入った。

二日目は午前、午後、夜と三回の調書取りがあったが、ただ黙っていた。午前の取調べ刑事は開口一番、「君は今はデモをしているけど、大学を出ると自分達の上に立って命令するようになるんだろうな」と語りかけてきた。一瞬「そういう人もいるかも知れないけど、自分はそうはなりません」と返事しそうになり、あわてて言葉を飲み込んだ。雑談にも応じないと分かってか、それ以後は何を聞いても無駄だろうと、質問の仕方が投げやりになっていくのが分かった。「名前は？　はい黙秘ね。住所は？　はい黙秘ね。年齢は？　はい黙秘ね。調書にはサインしないの？　はい拒否ね」と独り言で処理していた。

夜の取調べを終えて房に戻ると、どの房からかは分からないが、「完全黙秘しているんだって、頑張れよ。警察は狡いからな。だまされるなよ」と声がかかった。「はい、頑張ります」と明るく答えたいところだが、なにしろ黙秘中なので返事のしようがない。落ち着いた話し方、野太い声からすると、私より何回りも年上に思えたが、一体何者なのか分からず仕舞いであった。

三日目は手錠に腰縄をうたれマイクロバスに乗せられた。バスには既に他の警察署からの連行者が乗っていたが、さらに二つの警察署に立ち寄って連行者を拾った。着いた先は東京地方検察庁である。各警察署から連行されてくる者は、到着順に地検の地下にある講堂に連れて行かれ、手錠のまま長椅子に着席させられた。

一体何があるのか分からずにいると、着席者全員の点呼が始まった。名前を呼ばれると立ち上がって「はい」と返事するだけなのだが、百五十名ほどの点呼なので一時間はかかったであろう。私は、志村署での呼び出しや点呼では「志村署一号」と呼ばれていたが、ここでも同じように呼ばれた。署と番号だけの呼び出しに返事を返す者がいるので、その方を見やると、皆デモの度に見かける活動家であった。この場の点呼で、一昨日のデモではマル学同中核派からは私と早大生、名前は知らないが社学同と社青同からもそれぞれ二名が逮捕されたことが分かった。デモグループの六名以外に番号で呼ばれた者はいなかった。

点呼を終えると何もすることがない。手錠をはめられたまま背もたれのない椅子に座り、ただ時間が過ぎるのを待つだけなのである。あまりの退屈さに、端から順に着席者を一人一人眺めてみた。私達六名を除くと二十代に見える者はほとんどいない。三分の二が四十代、残りが三十代と五十代に見える。ほとんどの者は逮捕時の着衣のままであろう、黒色や茶色のジャンパー姿が圧倒的に多い。表情を見ると、必ずしもうち沈んではおらず、疲れているようにも見えない。見るからに悪人を感じさせる顔付きの者や、近寄り難いタイプもいない。どう見ても逮捕された者の集まりには見えず、田舎の駅の待合室がそのまま移動してきたかのような感じであった。彼らは一体何をして逮捕されたのであろうか。一人一人の顔を見遣りながら想像を巡らしたが、見当すらつかなかった。

マーガリン付きのコッペパンの昼食を済ませた午後、検事が控える部屋に連れて行かれ、机をはさんで対座させられた。検事は私を一瞥した後、暫くの間、書類に目を通していた。広い窓を背にやおら立ち上がると、「ペエペエのくせに黙秘なんかしやがって。誰に黙秘しろと指示されたんだ。名前は斉藤政明、住所は豊島区椎名町云々番地の云々、中村方。十二月からマル学同中核派の書記局員になったことも全部分かっているんだ。日本の警察をなめるんじゃない」と大声を上げ、顎で連れて行けの所作をした。これが検事尋問なるもののすべてであった。

引っ越して間もない住所を正確に言われた瞬間は気味が悪かった。だがよく考えてみると、警察に近況や居所を調査されるのは活動家として公認された証であり名誉なことである。そう気付くと、警察権力をバックに人を威圧しようとしたこの検事が単なるピエロにしか見えなかった。

名ばかりの検事尋問を終えると、マイクロバスに乗せられ志村署に連れ戻された。このまま留置場に直行かと思っていると、私服から「これは奥浩平という人からの差し入れ品だ。夕食まで時間があるからこの部屋で食べて行きなさい」とチョコレートとビスケットが入った紙袋を渡された。取調べ室でそれらを交互にかじっていると、外界との接触が一挙に回復したような感じになる。差し入れがこんなに嬉しいものなら、浩平が逮捕された時には必ずお返しをしようと考えながらゆっくりと食べた。

就寝時間になり毛布にくるまっていると、どこの房からか、「お母さん、お母さん」と呼ぶ声と、それに続けて小さな嗚咽が聞こえてきた。

孤独に耐えきれず思わず出た言葉であろう。声からすると若年と思われる。きっと気のいい若者に違いないと、しばし感傷的になった。

四日目は東京地方裁判所に連れて行かれた。ここでも昨日と同じように各警察署から連行された留置者の氏名の点呼があったが、署と番号で呼ばれたのは昨日と同じく私達六名のみであった。この日は前進社が選任した弁護士の接見があり、「今日の判事尋問では、氏名と住所だけ答えてください」と指示された。判事は氏名に始まり本籍や職業に至る身上内容を聞いてきたが、指示された通りに氏名と住所だけを答えた。

夕方近くに廊下に連れ出され「釈放だ」と告げられ、手錠をはずされた。まさか今日釈放されるとは思ってもいなかったのでホッとしたが、それも長くは続かず困惑が襲ってきた。志村署にお金を領置されたままなので一円もないのである。電話もかけられず、電車にも乗れない。タクシーで書記局に乗り付け居合わせた者に立て替えてもらおうか、お金がもったいないから池袋まで歩いて戻ろうか、と思案していると、釈放されたばかりの早大中核派学生に出くわした。聞けば、留置されていた警察署が近い。タクシーでそこまで行き、領置金の入手を考えているとのことなので、渡りに船とタクシーに同乗させてもらった。彼は警察署で受け取ったお金でタクシー代を清算。こうして二人一緒に前進社に辿り着いた。

その場に居合わせた中央学生組織委員会の先輩が、「君達、大変だったね。今日は銭湯にでも入って、明日からまた頑張ってよ」と声をかけてくれたので、タクシーに乗せてもらった彼から電車賃を借りて下宿へ戻った。

大家が住む家の脇を通って自分の部屋へ入ろうとすると、待ち構えていたように大家のおばさんが声をかけてきた。

「今日、警察が来ましたよ。斉藤さんがこちらに住んでいると言っているが、本当かどうかを確かめに来たと言っていました。わけを尋ねたら逮捕されていると言っていましたよ。住んでいますと答えておきました。警察に逮捕されるような人に部屋を貸すわけにはいきません。またそんなことがあったら出てもらうことになります」

「原子力潜水艦横須賀寄港反対のデモに行ったら、たまたま逮捕されてしまいました。悪いことをしたわけではありません。心配しないでください」

「警察の世話になんかになったらだめよ。将来があるのだから」

おばさんとは月に一度、部屋代を手渡す際に顔を会わすだけであった。これからはもう少し話すようにしよう。普段接触していれば、また逮捕されることがあっても、今回よりは落ち着いていられるだろう。そんなことを考えながら銭湯へ向かった。

部屋で横になってこの四日間を振り返ってみると、留置場、警察の取調べ、検事尋問、判事尋問の体験は、とても得難いもののように思えてきた。留置や黙秘に重圧を感じなかったのは、自分は正しい行動をしたという確信があったからであろう。また差し入れや弁護士の接見はとても心強い支えになることも実感できた。

椎名外相訪韓阻止・羽田デモ

釈放の翌日からは普段通りの書記局活動に戻った。もともと春までの学生運動の焦点は、二月十七日の椎名外務大臣訪韓阻止羽田デモと定まっていた。

椎名外相は訪韓して条約締結の詰めに入ろうとしている。羽田でのデモは政治主張を宣伝するためのものでは全くない。外相を韓国へ行かせないための阻止行動である。

十七日が近づくにつれて書記局の緊張感も日に日に高まっていた。そんな状況の中で、デモの前日、二件の指示を受けた。何れも椎名外相訪韓阻止にかける中核派の意気込みを示すものである。

学生組織委員会の小野田からは、「明日のデモは徹底的にやる。逮捕者が多数出るだろう。君には逮捕者の救援活動をやってもらう。だからデモではどんな時も後ろにいて、絶対に逮捕されないようにしてもらう。社青同も社学同もやる気でいるので、三派統一救援対策本部を明大自治会室に置くことにした。君はデモを終えたら明大に直行し、マル学同中核派の代表として他党派の担当者と一緒に救援対策活動をやるように。明日からは前進社にではなく明大に行ってもらう。分からないことや相談事があったら、帰りに前進社によって高島に相談するように」と任務を指示された。高島は救援対策部の責任者を務める学生書記局員である。

革共同幹部の北小路からは、明日のデモでかぶるヘルメットを入手してくるようにとの指示であった。手渡された地図を頼りに中央区人形町にある会社を訪れると、使い古された作業用のヘルメット二十数個が持ち運びやすいように縄で縛られていた。渡されたヘルメットを両手に、私はそのまま東大駒場へと向かった。

椎名外相は翌日早朝の飛行機で訪韓する。遅れを取らないために、デモ本体は東大駒場に泊まり込みとなっていた。横市大からは浩平、遠藤、川口の三人が合流し、三派二百名ほどが呉越同舟で泊まり込んだ。東大駒場宿泊組と直接現場入りした三派学生三百余のデモ隊は、空港近くの公園から羽田空港を目指した。デモの先頭部行動隊には昨日入手したヘルメットが配られた。二十名強とはいえ、デモ隊の前列がヘルメットで自衛したのはこの日が始めてであった。ただしデモの力が強かったのはヘルメットのせいではない。後期試験を気にしながらも前日から泊まり込み、椎名外相訪韓を実力阻止しようと決意した活動家の集団だったからである。

デモ隊は何度となく機動隊の阻止線突破を図って衝突を繰り返した。ついに一部が阻止線を突き破り、空港に通じる橋に横付けする装甲車の阻止線に辿り着いた。機動隊は慌て阻止線を装甲車まで下げた。

阻止線の百メートルほど手前の路上には脱げた靴と投げた石が散乱していた。私はその場に立ち止まり、事の成り行きを見つめた。先頭部隊は仲間の肩を足場にして装甲車をよじ登っていた。ついに上に立った者達は、下にいる機動隊目がけて飛び降り始めた。私の横を機動隊の隊列が装甲車に向かって駆け抜け、パトカーと救急車がけたたましくサイレン音を響かせて走り回っていた。結局、椎名外相を乗せた飛行機は飛び立ち、デモは終わった。

解散集会では警察の弾圧を弾劾し、逮捕者の救援活動に全力で取り組む旨の発言が続いていたが、私は途中で抜け出し明大へと向かった。

三派統一救援対策本部

自治会室には社青同、細分化している社学同各派、明大自治会救援担当、そして私と六名が揃った。だが会議を誰が主催するのか、肝心なことが決まっていない。逮捕経験がなければ救援の諸取り組みは分からないと考え、「逮捕経験のある人いますか」と尋ねてみた。誰もいないと言うので、「では、逮捕経験のある自分が会議を主催します」と開会を宣言した。

全員初対面同士なので各自の自己紹介をしてもらった後、今日から何をすべきかのタイムスケジュールを示した。一か月前の自分の逮捕体験が、ここで活きたのである。

先ずは今日の任務を手始めに、これからの三日間の仕事内容を紹介した。

一つは、逮捕者が留置されている警察署と留置番号を掌握すること。彼らは全員活動家なので、デモ出発前の集会で確認されたとおりに「明大自治会の指定する弁護士を選任する。明大自治会に連絡するように」と警察に要求するはずである。警察からその旨の電話が入る。

二つは、明日と明後日の差し入れ態勢を作ること。逮捕された者は、恐らく都内全域の警察署に一人ずつ分散留置されたはずである。政治確信犯が二人、三人と同一署にいると、警察は手に負えないからである。だから差し入れ担当者数は逮捕者と同じ人数が必要になる。明日と明後日の二日間の差し入れ担者数は羽田現地での解散集会で各派に割り振っており、昼には担当者が明大にやって来る。四日目の判事尋問後に初犯者は釈放される確率が高いので、この日だけは差し入れをしない。

三つは、差し入れ品は弁当とする。弁当は明大生協食堂へ発注し、昼には自治会室へ搬入してもらう。

以上の三点を述べ、明日はこのメンバーで弁護士へ接見依頼の電話をすることを確認し、一旦報告を終えた。皆素直に聞いてくれたのでホットしていると、都内各所の警察署から弁護士の選任依頼の連絡が入り始めた。総て留置番号での連絡なので、逮捕者は皆きちんと黙秘していることが分かった。連絡内容は模造紙に書き写され掲示された。

壁に張り出された留置署と留置番号は最終的には三十件を越えた。何とデモ隊の一割の人数が逮捕されていたのである。逮捕者数が確定したところで、会議出席党派と明大自治会に明日と明後日の差し入れ担当者数を割り振り、明大生協食堂にも同一人数の弁当数を事前に注文した。こうして早朝からの長かった一日を終えた。

中核派学生書記局に電話してみると、横市大組は誰も逮捕されていないと分かり安心した。羽田現地デモや外務省前座り込みのようなデモでは、浩平は一歩も退かず前へ前へと出る。この日の装甲車越えでは先陣を切ったと思われるが、うまく逮捕を免れたのであろうと都合のいいように解釈した。

救援対策活動の初日を何とかこなしたので前進社へ戻り、救援対策を担当する書記局の先輩、高島に今日の活動報告をした。

彼は「君が会議を主宰したことはとても良かった。他党派は結構無責任だからね。明日は各党派が一斉に街頭で逮捕者救援のカンパ活動をすることになっていて、集めたお金はすべて明大に持ってくるから受け取らなくっちゃね。その中から、明後日の差し入れの際に現金を差し入れしないとね。お金をあまり持たずに逮捕された者もいるだろう。歯ブラシや歯磨、タオルを持たないで逮捕された者もいるだろうしね。それらの購入費程度は差し入れるようにしよう。弁護士へ接見依頼の電話かけもあるし、明日の午後は明大に顔を出すよ」と助言してくれた。彼から言われるまでは、お金の差し入れが必要とは気付いていなかったので、早速実行に移すようにした。

逮捕された二日目の午後になると、差し入れ担当が次々に自治会室を訪れてきた。明大のある御茶ノ水駅から遠い署順に、弁当を手に三々五々と散って行った。

横市大「平民会」からも、一年生の駆け出し活動家が差し入れ担当としてやってきた。彼が羽田デモに参加しなかったのは、直後に控える後期テストを気にしてのことだったのであろう。

その彼から意外なことを知らされた。浩平は機動隊から警棒の乱打を浴び、救急車で蒲田の病院に運ばれ入院していると言うのである。後からやって来た横国大の差し入れ担当者からも同じ話を聞いた。すぐに見舞に飛んで行きたいところだが、明大自治会室を離れるわけにはいかない。浩平のことは横市大に任せる以外にない。そう割り切って気にかけないようにした。

三十名余の差し入れ担当者を送り出した後は、弁護士に留置者への接見依頼の電話かけである。学生書記局で救援対策を担当する高島もこの頃には顔を出した。

夕方近くなると、中核派、社青同、社学同の三派の使者が十円玉と百円札で一杯になった紙袋を持ってやって来た。昼間、それぞれの党派が街頭カンパで集めたお金である。昨日の夕刊と今朝の朝刊三面には、

「荒れた羽田デモ、三十名逮捕」というような報道がなされていたので、逮捕者救援を訴える街頭カンパには強い反応があったのだった。

彼らが自治会室から引き上げると、入れ替わるように一人の革マル派学生幹部がやって来た。部屋には私と高島、他に他党派四名の計六名がいた。皆、何事かと一瞬身構えると、緊張といずらさに顔をこわばらせた革マル派の口から意外な言葉が出た。

「今日やった街頭カンパで集めたお金を持って来た」

革マル派は革マル派で、昨日は羽田現地デモをしているが、いつものように逮捕者はいない。そんな彼らが逮捕者救援で街頭カンパをやり、集めたお金を自派の活動資金にすれば香典泥棒の類になる。それではあまりにも虫が良すぎると考えたのか、街頭カンパで集めたお金の一部を持って来たのであろう。受け取るべきなのか、たたき返すべきなのか。私はチラッと高島の方を見た。ところが、彼にも予想外の出来事であったようで、皆と同じように困惑顔をしているだけである。それならば独断する以外ないと感じたので、どんなお金であろうともお金はお金と受け取り、その上で嫌味を言おうと決めた。

「額が少ないじゃないか。逮捕者救援で集めたんだろう。集めたカンパは全部出せよ。安保闘争で共産党がやったような香典泥棒をやるんじゃないよ」

「何言ってんだ。今日集めたカンパをちゃんと持って来たんじゃないか」

「お前ら、逮捕者ゼロだろ。ならもっと全力でやれよ。少ないがこれは受け取る」

「ふざけた言い方をするんじゃない。じゃあ、渡したからな」

彼が帰った後、高島は「うん、さっきの対応でいいんだよ」と話しかけてきたが、取った対応の是非にはもはや関心はなかった。党派対党派の最前線にいる緊張感と面白さに興味が移っていた。

ところで、差し入れ担当は差し入れを済ますと報告に戻る必要はないのであるが、社学同の一人が「差し入れを済ませてきました」と紙袋を差し出してきた。彼が差し入れに行った署は、私が一月前に留置された志村署であった。その際に、残してきた領置品を託されたそうである。紙袋を見ると、歯ブラシ、歯磨、チリ紙、タオル、たばこ、ベルト、現金数百円、そして浩平が差し入れてくれたチョコレートとビスケットの食べ残しが入っていた。帰り道でもないし急ぐ物でもないのに、彼はわざわざそれを届けに立ち寄ってくれたのである。

社学同の好意といい、革マル派のカンパ持参といい、大学内の学生運動では味わえない党派体験に、私は浮き浮きしていた。こんなこともあって、負傷入院している浩平への心配は、ますます後景に退いていった。

逮捕から四日目は判事尋問後の釈放が考えられるので差し入れ行動は組まなかった。案に違わず「◎◎署の△番です。釈放されました。毎日の弁当、現金の差し入れ、有難うございました」と次々に電話が入ってきた。電話が入る度に、模造紙掲示板の該当者欄に横線が引かれていく。結局、この日は逮捕者の半分が釈放された。

この日の釈放を受けて、逮捕五日目からの差し入れは明大自治会の担当とした。それからも毎日、一人、二人と五月雨式に釈放が続くようになった。そのせいか、社青同と社学同の常駐者は顔を出さなくなった。釈放されたと電話が入り、用意した差し入れの弁当が数個、不用になるときもあった。そんな時は、私や明大の担当者が夕食として食べたりもした。逮捕八日目で留置者は六人となり、彼らへの差し入れは所属する党派で対応することとなった。この日で私の明大通いは終わった。

保釈金集めの議院回り

彼らが起訴されれば、後は保釈金と裁判闘争ということになる。そこで小野田から与えられた次の任務は保釈金集めであった。

彼から「これを持って、議員控室の社会党衆議院議員を回ってカンパを集めるように」と一冊の奉賀帳を渡された。表紙には「椎名外相訪韓阻止二・一七羽田闘争、救援カンパ趣意書」とある。表紙をめくると保釈金カンパを呼びかける文があり、末尾には社会党の国民運動本部長であった大原衆議院議員（当時）のサインとカンパ金額参万円也の記入があった。

早速「趣意書」をもって国会内の社会党衆議院議員控室を順に回った。趣意書を示すと、議員が在室している時には議員が、不在の時には秘書が議員に代ってサインしカンパ額を記入、カンパをくれた。中にはサインだけしてカンパ欄を無記入にし、月末に取りに来るようにと指示する議員もいた。議員も秘書も不在の場合は日を変えて訪問、再々訪問し、結局一週間で全社会党衆議員議員、ないしはその秘書の七割方と会うことができた。

カンパを拒絶した者は一人もいなかった。カンパ額は概ね一万円であるが、中には二万円出す議員もいた。幹部や長老議員となると一様に三万円であった。「趣意書」末尾に記された社会党国民運動本部長のお墨付きのサインが効いたのか。それとも多数の逮捕者と浩平のような負傷者を出しながらも椎名外相の訪韓を実力阻止しようとした三派学生達の羽田デモに心が動いたのか。そのどちらがカンパ行為へと繋がったのかは計りかねたが、百五十万円を越えるカンパが集まった。こうして、二月十七日の羽田デモから始まった救援対策活動の任務を終えた。

前進社の人々

前進社に二か月以上も通うと、機関紙『前進』を読むだけでは分からない、常任たちの素顔を知ったりもした。

例えば、革共同中核派機関紙『前進』に署名論文を発表する岸本健一の本名は陶山健一、北川登は小野田猛史、山村克は白井朗、野島三郎は木下尊梧、武井健人は本多延嘉。彼らは、普段の会話では本名で呼びあっていたからである。

また面白いと言うには、はばかれる兄弟や親子もいた。岸本の兄は、あろうことか革共同革マル派の書記長の森茂、小野田猛史と学生運動を指導する小野田襄二の革共同両幹部は長男、次男の関係で、三男の弟は何と革マル派の東大生で革マル派全学連の幹部というのである。親子関係では、安保闘争時に全学連委員長を務めた北小路敏の父親は共産党の地方幹部と聞いた。

互いに相入れない思想を生き、思想にかける彼らのような兄弟や親子を見聞したのは初めてであった。だが彼らならずとも、思想を徹底化すれば行き着く先は自分一人であり、それが思想であるとして納得する他なかった。

昼間のひととき、彼らと二人だけになる時は、私の個人的関心事を聞いたりもした。本多には、かねてから気になっていた共産党の新聞観について尋ねてみた。

「本多さん、共産党員は、『朝日』や『読売』のようなブル新（ブルジョア新聞）は読む必要はない、『赤旗』だけ読めばいいと言いますが、どう思いますか。資料や勉強になる記事もあるので、僕にはどうも釈然としないんですが」

「共産党は逆だね。『朝日』や『読売』は数百名の記者がブルジョジーの考えや動向を追っている。だからそれらの新聞は、我々がブルジョアジーを分析するうえで第一級の資料になるんだよ。むしろ、じっくり読むべきものだね」

実際「平民会」では、日韓条約締結反対闘争の資料として、李承晩ラインに関する毎日新聞の記事をそのままクラス討論の資料に所収したことがある。このように討論の切り口として使えるものもあると考えていたのであるが、本多からは敵の考えと動向を解析する第一級の資料という見方を教えられた。

北川は教師をしていると聞いていたので、彼には大学卒業の是非について聞いてみた。私は書記局員となった十二月からは全く大学には行っておらず、そのために三月の後期試験は放棄することにしていた。このままだと卒業はどうなるか不明なので、卒業に関する自分の考えを確立しておこうと思ってのことであった。

「北川さん、大学は卒業した方がいいのでしょうか」

「うん、卒業できるなら卒業した方がいい。就職して労働運動をやるにしても、大学は出ておいた方がいい。今はブルジョア社会であり、革命後の社会じゃないからね」

思想的立場を現実の社会と複合させて説明した彼の意見を聞いてとてもすっきりした。

浩平が一年前にマル学同中核派書記局員であった頃には、彼らとどんな話をしていたのであろうか。理論問題中心だったのか、それとも私のように個人的関心事を尋ねたりしていたのであろうか。

彼が書記局から大学の活動に戻った折に、『日本共産党史』（現代思潮社）の著書もある田川和夫が語ったという話を紹介してくれたことがあった。

「田川さんが言ってたよ。共産党の常任たちはすごく保守的だって。党内論争になると、反主流派になることをすごく恐れる。常任を解任されるかもしれないからね。常任費を貰えなくなる。生活のことを考えて意見を言わなくなったり、どちらが主流派になるか様子見したりする。常任費を貰うのは、だから問題なんだって」

この話を聞いていたので、前進社の常任活動家達の生活費に関心があった。しかし「革共同の常任活動家は生活費をもらっているのですか」とは問い難かった。ただこの点にからむ、幹部間の生活問答を小耳にはさんだことがあった。

「どうにも生活が苦しいので、女房が昼間の勤めを止めて、収入が多い水商売に出ようかと言っているんです。どう思いますか」

「それは止めた方がいい。奥さんの意識に影響するし、人生を安易に考えるようになる。人間は新しい背広を買うと、それに合ったネクタイやシャツが欲しくなる。人間の欲望には際限がない。だから収入が増えたからといって、生活が楽になるというものでもない。苦しくても今の枠内で生活できるようにした方がいいと思う」

幹部は物質と欲望の相関関係から、収入と生活と活動の関係を原則的に論じていた。この問題解決の考え方と回答に私も思わず頷いていた。

こうした会話を側聞して、革共同幹部に寄せる信頼感は膨らんだ。彼らに一歩でも近付きたいと考えるようになった。そんな気持ちになっていたので、秋山から「革共同への加盟書を書くように」と言われた際、革命党員として生きるとスムーズに書くことができた。

奥浩平との会話

前進社にはこうした先輩達が出入りしていたので、いつのまにか自分の下宿の部屋よりも落ち着ける場所になっていた。それでレーニンの『帝国主義と民族植民地問題』を一気に読もうとした時や、マル学同中核派の月刊機関紙『中核』に載せる原稿「レーニン、民族植民地問題を読んで」の書評書きの時などには前進社に泊まり込んだ。

ところが浩平はその逆で、私が移り住んだ部屋をとても気に入ったようである。一月の半ばに前進社で開かれた首都圏のマル学同中核派支部代表者会議に浩平が出席した折、私の部屋に泊まったことがある。「誰からも干渉されないこんな部屋、僕も欲しいな」と声を上げたので、「この部屋、何時でも勝手に使っていいよ」と、数字合わせの錠の番号を教えておいた。

次に浩平と顔を合わせたのは二月十七日の羽田デモの一週間程前で、横市大の購読者に配布する機関紙『前進』を受け取りに立ち寄った時であった。学校帰りの夜七時頃だったので「晩飯食いに行こうか」と声をかけると、「うーん、今日はやっぱ家に帰るよ。俺、後期試験の勉強全然やってないので、今日は帰って試験勉強するよ」と、思わぬ返事が返ってきた。食事や雑談の誘いには満面の笑みでうなずく浩平なのに、今日はまたどうしたことだろうと一瞬戸惑いを覚えた。

クラス討論や個人オルグにかまけてあまり授業に出ない私たちは、テスト前には授業ノートを借りて写したり、テキストを何度も読んだりと、他の学生達よりも勉強時間を取らねばならなかった。浩平はテストの準備量の多さに圧倒され追い詰められているように見えたので、「うん、じゃあ頑張れよ」という以外にかける言葉はなかった。

負傷が癒えた浩平が退院したと伝え聞いたのは保釈金集めの最中であった。負傷入院と後期試験を乗り切った彼とそろそろ会えるだろうと思っていた矢先、横浜市大のメンバーから書記局に電話が入った。この間の活動報告であろうと思いながら渡された受話器を受け取った。

第二章　奥浩平の自殺

第一節　一九六五年三月六日

「もしもし、俺だよ」

「奥君が自殺した」

「え、本当か、本当にか」

「うん、本当だ」

「本当にか」

「本当だ」

「分かった。これから俺はすぐに奥君の家へ行ってみる。夕方には戻って来るから、その頃もう一度電話してくれ」

居合わせた学生書記局員に、「奥君が自殺したと横市大のメンバーから連絡があった。とにかく彼の家に行って来る」と伝え、彼の住所をメモして渡し、表へ飛び出した。

手帳の住所を頼りにひばりが丘にある浩平の自宅を探し当てた。引戸を開けて「奥浩平君の友達の横市大の斉藤です」と声をかけると、玄関の左手にある小部屋へと通された。

永遠の眠り

そこで布団に横になっているのは確かに浩平であった。普段の彼と違って見えるのは、顔色が青ざめているところだけである。その顔をじっと見つめていると、涙が一挙に溢れだした。

部屋の隅には先にやってきていた二人が座っていた。一人は初対面の女性である。彼女は込み上げる気持ちを押さえるように小さく嗚咽していた。もう一人は書記局からの急報で駆け付けたのであろう、中央学生組織委員会の先輩である。彼は拳を握り締めて中空を睨んでいる。私は構うことなく、浩平の枕元で声を上げて泣いた。

やがて案内者が私に向かって口を開いた。

「どうも有難うございます。浩平の一番上の兄です。浩平は覚悟の自殺のようでした。父の話だと、いつまでたっても起き出してこないので、不審に思って部屋に入ったそうです。枕元には空になった睡眠薬の瓶が、そして手には今も手にしているこのカーネーションが握られていたそうです。その時にはすでに絶命していたようで、駆け付けた医者も手の施しようがなかったそうです。遺書はありませんでした。ただ、この机の上に大学ノートがありましてね。見ると浩平の日記のようなものでした。それを読みますと、やはり覚悟の自殺だったようです」

お兄さんの言葉を聞いて、問うべきことは何もなかった。

浩平は自殺したのだ。

明日十時からお葬式という話をお兄さんから聞き、「奥君が入学して以来、彼とは二年間いつも一緒に学生運動をやってきた仲です。横市大や他の大学の仲間に彼の死を知らせなければならないので、今日はこれで帰ります。明日のお葬式には奥君の仲間と来ます」と、やっとの思いで言葉を口にした。帰り際に、隣室に控える浩平のお父さんとお母さん、そして二番目のお兄さんを紹介された。悄然とした彼らに何を言っていいのか分からず、ただ頭を下げるだけであった。

駅へ向かう道すがら、涙顔を伏せて「おい、奥君。なぜ死んだんだ。なぜ死んだんだ」と何度もつぶやいた。前進社に戻り、居合わせた学生書記局員と『前進』編集局員に、浩平の自殺は事実であること、明日十時からお葬式があることを報告し、ついでに「今夜皆が帰った後、前進社で奥君のお通夜を横市大の仲間でやりたいんです。奥君を偲ぶにはここが一番いいと思います。お酒を飲みながらやりたいのですが」と前進社での飲酒に諒解を求めた。

編集局員から「いいよ」と返事をもらった直後、浩平の自殺を電報で知った遠藤から電話が入った。彼にお兄さんから聞いた話をかいつまんで紹介し、「明日のお葬式には、横市大の連中にできるだけ参加してもらおうよ。試験明けなので連絡がつき難いだろうけど、今からやれるだけやってみてよ。それが終わったら、今夜ここで、川口君と三人でお通夜をやろう。お酒、用意しておくよ。明日の朝、ここから奥君の家に行こう」と付け加えた。

二人がやって来るまでの間、先ほど会った浩平の家族の姿が浮かんできて仕方なかった。浩平への深い愛情がにじみ出ていたお兄さん、浩平を大事に思ってきたことが全身に表われていたお父さんとお母さん、その残映が入れ替わり立ち代わり現われた。その度に、こんなに優しい家族に囲まれていたのになぜ死を選んだのだろうと、繰り返し思われてならなかった。

三人だけの通夜

八時を回る頃、遠藤と川口がやって来た。編集局員が「今日はここで奥君のお通夜をやるんだってね。じゃあ俺、帰るかな」と誰に言うとなく声をかけた。それを機に、居合わせたメンバーも帰り支度を始めた。彼らは私達に気を使ってくれたのである。

三人とも晩御飯はまだだったので、先ずは食事と、階下の焼肉店から定食を取り寄せた。お腹を満たしたところで、用意した一升瓶の栓を開けた。

私は酒を口にしながら、お兄さんから聞いた話に加え、もはや目覚めぬ浩平の脇に見知らぬ女性がいたこと、中央労働者組織委員会の常任活動家と東大病院の精神科医が一緒にやってきて、お兄さんに羽田デモでの警棒の乱打による負傷と彼の死との間に因果関係があるのかどうかを確かめようとしていたこと、そして家族を紹介されたことなどを話した。二人は話にじっと耳を傾け、時折、酒を口に含んだ。

報告を終えた後は互いに言葉はなく、酒を注ぎ合い黙々と飲んでいた。半分くらいになった一升瓶を眺めていて、私だけでなく、川口も遠藤も、酒が全く回っておらず酔っていないことに気付いた。私は酒が入るとしばらくは心臓が早打ちするのであるが、それが全くない。川口は酒が入ると少し眠そうな目に変わるのだが、普段の目と同じである。遠藤はチョコ一杯の酒で真っ赤になり直ぐに寝入ると聞いていたが、顔色が変わらないどころかお茶を飲むように平然と飲んでいる。不思議なことがあればあるものだと思っていると、遠藤が思い詰めた表情で口を開いた。

「奥君が死んだのは、斉藤君が書記局に出たことが大きいんだ。奥君が書記局から大学に戻ってきたのは斉藤君と一緒に活動したかったからなんだよ。ところが君は書記局に出ただろう。それ以後の活動は奥君にはすごい重圧だったんだ。それまでは君がいたから奥君もやれたんだと思う。君がいなくなった後、集まっていた連中も離れていったんだ。奥君はうまくいかないことに凄く焦っていたんだ。

それに、彼はあまり授業にも出ていないだろう。そこに入院だから後期試験もうまくいかなかったと思う。そういうことが重なっていたんだ。俺達が彼をしっかりと支えていれば、死ぬことはなかったと思う。俺も奥君に任せっきりにしていたんだ。それを俺は今、凄く後悔している」

「彼が書記局から大学に戻ってきた理由をちゃんとは聞いていないけど、俺と活動したいからなんて、そんなことあるはずないじゃないか。第一、彼の方が活動家としては俺よりずっと上だよ」

「いや、俺は奥君から、大学に戻ってきた理由を直接聞いたんだ。君と一緒に活動したいから戻ったって、はっきりそういっていたよ」

「そうかなあ。俺は彼といつも角突合わせていただろう。君も知っているとおり」

「違うんだ。奥君は君のことをすごく頼りにしてた。だから君がいなくなった後、彼にかかった重圧は凄かった。一生懸命やろうとしていたけど空回りしていた。俺達がきちんと支えなかったからなんだよ」

私達は「自分の問題として捉える」という言葉をよく使っていた。遠藤は浩平の死を、自分が浩平を支えてこなかったからと、字義通りに自分の問題として捉えていた。それはよく分かったのであるが、浩平は私と活動したくて大学に戻ってきた、私を頼りにしていた、という下りは釈然としなかった。私が接してきた浩平は好き嫌いで活動場所を選んだり、人に寄りかかったりすることの全くない、日々の革命に生きる革命家だったからである。

川口は酒を口に含みながら、黙って遠藤と私の会話に耳を傾けていた。川口が二人の会話に介在しないのは、遠藤の受け止め方とは異なるレベルで浩平の死を考えているからに違いなかった。川口は鋭敏な感受性と人間を見抜く眼力を持ち合わせているので、浩平が足を踏み入れ身動きできなくなった世界が何であったのかを、じっと探っているようであった。

遠藤との話が一段落した後は、浩平の印象などを語り合った。三人が浩平の人となりに感じていたものは「純粋」で共通していた。

そうこうする内に酒も底をついてきたので休むことにした。木のベンチを横に並べただけの急造ベッドだったが、心の揺れに疲れたせいか、回らないと感じた酒でも寝酒になったのか、私はすぐに眠りに入った。

浩平の葬儀

翌日のお葬式には横市大の七人に加え、横国大、都立大、埼玉大、東大、早大、東工大などのマル学同中核派メンバー三十人余が駆け付けて来た。革共同からも武井書記長がやってきた。一時間近い読経の間、私達学生は玄関脇の路上で「インターナショナル」「国際学連の歌」「ワルシャワ労働歌」「同志は倒れぬ」を押さえた声で歌った。

歌の合間に、遠藤が小声で、「大木が、奥君は少し前に自殺未遂したって言っているよ。僕達が知らないことを知っているみたいなので、彼から直接聞くといいよ」と話しかけてきた。遠藤が言っている意味がよく分からないまま、大木に「遠藤君に話したことを、俺にも言ってよ」と促した。ここで大木の口から、浩平に関する全く未知のことを聞くことになった。

「俺、昨日連絡を受けた時、とうとうやったかと思ったよ。奥は一か月ほど前に斉藤さんの部屋で睡眠薬を飲んで自殺を図ったんだ。一月の終り頃、斉藤さん、部屋に帰らない日があっただろう。その日だったんだ。奥は吐き気で目を覚まし、飲んだ薬を全部吐きだしたんだって。それから泣きながら家に帰ったたって言っていたよ。さっきお焼香した時に、奥の家族に抱きかかえられるようにしていた女性がいただろう。奥と彼女は高校の同級生で、彼女は早大の学生になっていて、革マル派と一緒に行動しているらしいんだ。奥は彼女が好きだったらしいけど、振られたと言っていたよ。さっきの彼女がその女性なんだ。奥の自殺と一番関係があると俺は思うよ」

「なぜ自殺未遂を聞いていながら、遠藤君か川口君に教えなかったんだ」

「だって、奥に、誰にも言うなと言われていたんだ、だから俺」

「お前、自分がとった行動の意味が分かっているのか」

「俺、まさか直ぐに二度目をやるなんて思ってなかったから」

さらに聞き質すと、この一月と二月、浩平は大木の下宿に何度か泊まっており、大木が述べたことは、その折に浩平から直接聞いたことだと言うのであった。

大木の話は初めて聞くことばかりであった。浩平は作り話をするような人間ではないので、自殺未遂や彼女に関する話はすべて事実であろう。それにしても浩平は、なぜ大木のような薄っぺらで軽い人間に自分の内奥を見せ、自殺未遂を告白したのであろう。いや、浩平にとっては、人柄は良いが物事を軽くしか受け止めない大木だからこそ、告白相手に相応しかったのかも知れない。そう思い至ると、大木をこれ以上難詰する気にはなれなかった。

大木の話からすると、昨日、目覚めることのない浩平の側で嗚咽していた女性こそ、浩平が心から好きになった女性ということになる。そう知った瞬間、彼女に強い憎悪を感じた。なぜ浩平の気持ちを汲み取らなかったのかと、とんでもない考えが浮かんできたのである。彼女に対するこの憎悪感はお門違いで、間違っていると分かってはいた。この歪んだ感情を消し去ろうと躍起になっていた時に、参列者へお礼を述べるお兄さんの声が耳に入ってきた。

「浩平の棺には、浩平がいつも手にしていた『資本論』と、皆さんと浩平の旗、革共同旗を入れました」

ここでお通夜を共にした遠藤、川口と分れ、私は奥家の人々、そして彼女と共に野辺の送りへと向かった。

横市大への復帰

書記局へ戻ると、二つの指示が待っていた。

一つは『前進』編集局員からで、機関紙『前進』に載せる奥浩平の追悼文を、支部名で原稿用紙三枚に書くようにというものであった。「マルクス主義学生同盟中核派横浜市大支部」の名で書くにあたっては、先ずは、自分を奮い立たせねばならなかった。浩平の高校、大学での活動の歩みに加え、「奥浩平が目指した反帝国主義・反スターリン主義の世界革命、日本革命の旗を守り、我々は勝利の日まで闘い抜く」というようなことをその場で一気に書いた。

もう一つは秋山からで、「大学に戻って、横市大支部と横市大学生運動の再建にあたるように」というものであった。浩平がいなくなった以上、秋山の言う通りにするしかないだろうと受け止めた。

お葬式の翌日、書記局へ出る日まで過ごした下宿へと向かった。下宿のおばさんに、浩平が自殺したこと、それで横市大学生運動再建のために大学に戻ることになったことを率直に話し、以前の部屋に戻りたいとお願いした。幸いにもおばさんは快く申し出を受け入れてくれた。野球部の合宿から戻ってきたばかりの岡村にも同じ話をした。彼も相部屋生活の再開を歓迎してくれた。こうして、私のマル学同中核派書記局生活、東京生活は、およそ三か月で終わった。

第二節　浩平死後の私たち　1965年

私と遠藤が四年生、川口、大木が三年生となったばかりの四月の日曜日、中目黒にある奥家の菩提寺で、三年生になることなく逝った浩平の納骨式がとり行われた。

浩平が心から想い続けたという女性も出席していた。彼女は浩平の想いと死を一人で背負おうとしているのか、さらには自分を責めているのか、その重みに耐え兼ねるように何度も崩れ落ちそうになっていた。そんな彼女を支えるように、安倍が手と肩を貸していた。浩平と彼女と安倍の三人は都立青山高校の同学年生で、安倍は横市大に浩平に一年遅れで入学していた。今の彼女を支えられるのは、両人を知る安倍をおいて他にはいなかった。一瞬にしろ彼女に憎悪を感じた私に、それはできないことであった。

お墓に向かって、「おーい浩平、会いに来たぞ。へこたれずにやりぬくからな。見守ってくれよ」とつぶやきながら杓で水をかけた。

納骨式を終えたところで、浩平のお兄さんに、浩平から届いた十通ほどの手紙を手渡した。

月刊誌『現代の眼』

この頃の私を支えていたものは、浩平の死を冒涜する者は誰であれ許さないという突っ張った気持ちだけであった。毎日のビラ配りと資料を作ってクラス討論入りをする意欲は出てこない。それでも「平民会」

の存在証明のために週一度のビラ配り、看板でのデモの告知だけはやるようにしていた。時あたかも、日韓条約の批准を巡る国会での攻防が始まっていたからである。

そんな折、月刊誌『現代の眼』の発売日がやってきたので、いつものように大学前の書店に入った。目次を追うと「ある活動家の死」のタイトルが目に入った。もしや、と胸騒ぎを覚えながら該当ページを開くと、そこには何と浩平が残したノートが掲載されていた。何はともあれ遠藤と川口に知らせねばと学校へ急いだ。彼らに『現代の眼』を見せた後、学生ホールに腰を落ち着けページを開いた。

あらゆる時間と場所において、浩平は革命者、変革者たろうとしていた。初めて目にする浩平のノートには、その姿、生き様がはっきりと出ていた。さらには脚本家の福田善之が「奥浩平は日本のチボー家のジャックだ」のタイトルで、ノートの読後感を寄せていた。

掲載全文に目を通した後、このノートは私達仲間内だけではなく、横市大生の広くに読まれるべきものであると感じた。もとより、変革者、革命家としての浩平の一瞬一瞬の実像を知ってもらいたいという思いもあった。だがそれ以上に、彼の生き方には今を生きる我々一人一人に引き継がれるべきものがあると感じられたからである。

そこで、浩平のノートを掲載する『現代の眼』を横市大生に紹介するにはどうすれば良いのか考えてみた。ビラの後ろに紹介文を書くことしか浮かんでこない。それだと仲間内の枠を越えられない。どうしたものかと考えても妙案が浮かんでこない。

『現代の眼』発売の翌朝、「日韓条約批准実力阻止、国会デモへ」の大看板を校門前から食堂前へ移動中に、カメラとバッグを肩から下げた青年と大きな風呂敷包を両手に下げた青年の二人連れと擦れ違った。カメラ氏が「奥君の仲間ですか」と声をかけてきたので、「はい、そうです」と答えると、彼は「現代の眼専属カメラマン、中平卓馬」の名刺を差し出してきた。その名前は『現代の眼』のグラビア写真のところでよく見かけていたので、「ああ、奥君の取材ですか」と尋ねると、「いえ、今日は取材ではありません。大学の書籍部を訪ねてきました」と妙な返事が返ってきた。取材でないとすれば一体何であろうと思いながら生協書籍部のある建物を教えた。

昼時、時間潰しに書籍部に立ち寄って、思わず足を止めた。何と『現代の眼』が一番目につく場所に平積みされているのである。三十数冊と端数になっているのは、既に購入した者がいるからなのであろう。それを見て、朝出会った青年が書籍部を訪問した目的が遅まきながら分かった。浩平のノートが『現代の眼』に掲載されたのを機に、彼らは同書を書籍部の常備雑誌にしてもらおうとセールスに来ていたのである。もっともその営業のお陰で、浩平のノートは広く横市大生に読まれることとなった。

『現代の眼』を読んでもらうにはどうすれば良いかのかと思案していたことが、一日にして思わぬ形で実現したのであった。

奥浩平追悼集会

公表された浩平のノートに関心をもつ者たちを、現下の日韓条約阻止デモに結び付けなければならない。そう考えて、六月の初めに「安保闘争五周年、奥浩平追悼、日韓条約阻止、学内集会」を開催することにし、この場に浩平のお兄さんを招く手筈を取った。

集会にはサークルの「国際研」(国際問題研究会)の一部メンバーと演劇部の一部メンバー、浩平の同級生、『現代の眼』を読んだという浩平を知らない一年生など二十数人が集まった。

浩平への黙祷の後、挨拶に立ったお兄さんは浩平の高校時代の活動を紹介した後、打ちひしがれている私達を思いやってであろう、「皆さんが生きる意味は、浩平が目指したものの中にあるはずです。浩平の死に負けないで、浩平の死を一人一人の中に生かしてこれからも闘ってください。皆さんの戦線を伸ばしてください」と励ましの言葉で発言を結んだ。この結語を聞きながら、私のみならず参会者は声を上げて泣いた。

駆け付けてくれた革共同の北小路敏も私達を元気付けようと、浩平との交流に始まり、六〇年安保闘争における全学連の闘いの意義、日韓条約反対闘争への学生の決起の重要性を噛んで含めるように説いた。

『現代の眼』を読んで浩平を知り、この集会に参加した一年生の一人が中西であった。彼は北小路の話が良かったと語るだけでなく、安保闘争や共産党についても詳しかった。不思議に思って突っ込んで話すと、父親が共産党党員の中西功であるという。その名は『日本共産党史』(田川和夫著)を読んで知っていた。共産党が日本革命の性格を民族民主革命と規定した折に、「中西功意見書」を出して真っ向から社会主義革命を提起した党員である。

彼を中核派に獲得できるかどうか。それが自分に問われていることと気持ちを固め、三派学生の日韓条約反対のデモに、この夏に行われる都議会選挙に杉並区から立候補した北小路敏の選挙のポスター貼りにと同道した。だが、彼と私の関係はそこまでであった。彼は八月、私が知らぬ間にアジア、アフリカからの留学生が学ぶソ連の大学に留学したからであった。

彼とソ連論を話すところまではいっていなかったが、今の共産党は革命の党ではないと語っていた彼が、ソ連に留学したことには納得がいかなかった。彼は父親をとても尊敬していたので父親の指示に従ったのかもしれない。

彼の名前は非常に特徴のあるものなので、いずれかの分野で活躍して新聞にでも出ればすぐに分かる。

だが今日まで彼の名前を見かけたことはない。

この集会に前後する四月から六月にかけた一連の日韓条約反対の三派系の首都学生デモには、「平民会」からは常時十名ほどが参加していた。解せないことに、その中にいつも安倍がいた。

安倍と浩平、そして浩平が想い続けたとされる女性は同じ高校の同期生で、三人とも「安保阻止高校生会議」のメンバーとして全学連と行動をともにしていた仲であった。

浩平は私に、「安倍はナンセンスだよ。プチブル評論家でどうしようもない奴だよ」と、あからさまな言葉で彼を批判していた。それもあって、私は安倍とはじっくり話すことをしなかったが、安倍の言葉を何度か耳にすることはあった。

彼は聞いてもいないのに、「安保で演説が巧かったのは、北小路敏より大瀬振や西部邁だね。格好いいんだ」と話しかけてきたり、姫岡玲治の「日本国家独占資本主義論」を読んでいると、「彼の本名は青木昌彦と言ってね、ブントを離れた後は近代経済学の学者になっているんだよ」と知らないことを言ったり、七・二早大事件には、「結局、目的は手段を浄化するか、だね」と、埴谷雄高の言葉を借りて語りかけてきたりしていた。

安倍が発するこのような醒めた見方や物言いは、浩平とは対極を生きる宣言であろう。彼は自らが体験した安保闘争の世界に、希望やロマンではなく何を見たのであろうか。

そんな安倍が、四月からの日韓条約阻止のデモに「平民会」と一緒に参加していたのである。彼が日韓条約阻止デモに、今さら価値や意義を見いだすとは思えなかった。とすれば、それは彼からする浩平への最後の連帯、訣別的追悼行為と見る以外になかった。

留年

この頃、私は来春卒業すべきか否かを悩んでいた。大学近くの中学校で教育実習をしている七月の二週間は特にどうしたものかと考えていた。活動から離れ、授業と卒論に時間とエネルギーの大半を注げば卒業はできそうである。だが今の精神状態で卒業することは、空洞のままの自分を建て直すことからの逃避であるとも分かっていた。しばしの時を経て、浩平と活動したこの横市大で、この場所で、自分の建て直しを図る以外にはない、そのためには留年以外にはないと決断した。

遠藤とは、卒業か留年かについての相談はしなかった。人の意見を参考にする問題ではなく、自分で選択し決断することだからである。遠藤も人知れず考え抜いていたようで、二学期の初め「僕は留年することにした」と告げてきた。

留年仲間ができたのが嬉しく、その夜、遠藤を下宿に訪ねた。この日は今後の「平民会」の在り方と名称変更、秋の日韓闘争態勢作りを含めた活動全般の話になった。

遠藤は以前からの主張を練り、より具体化していた。

「革共同の世界情勢論は正しいと思うけど、それを立証する世界経済の情勢分析は自分達の手でやらねばならないと思うんだ。それで秋に横市大で開催される『関東経済学部学生ゼミナール』の場で、我々の視点からミュルダール批判のレポートを発表しようと思う。『平民会』にいる商学部の連中と研究会を作ろうと思うんだけど、どう思う。どんなに日韓闘争が忙しくても、こうした学習会はやらなければと思うんだ。六〇年の三池闘争の時も、闘争の渦中で組合はきちんと『資本論』学習会をやったらしいよ」

「ゼミナールでの発表は我々の主張を深める機会になるからいいと思う。ところで、ミュルダールって誰なの。俺、知らないよ」

「スウェーデンの経済学者で、近代経済学の立場から南北問題を論じる権威者。彼が使う数字も批判的に使って、南北問題と言われるものを、我々の手で帝国主義と新植民地支配の問題として明らかにしようと思う。そうしないと南北問題の本当の解明と批判にはならないんだ。そこを、一、二年年達と勉強して、彼らに発表させようと思う」

「成程。ところで俺も去年の合宿以来『資本論』は読み進めているけど難しいよな。三池の労働者達って読んで分かるのかな」

「分かるんだよ。自分達のことが書かれているから」

彼との話で「平民会」の名称を変更することとし、それが決まり次第、告知を兼ねて機関誌を出す、十月前半ばに「日韓集会」を開くことなどを決めた。その後はゴロンとなって雑談をした。

浩平が言った「プロレタリアートのためになるなら万引きは許される。この『資本論』万引きしちゃった」という言葉を紹介し、私はその言葉を実践して万引きしたと、分厚い『現代政治の思想と行動』（丸山真男）を見せびらかしながら、初体験の成功を自慢した。

それを聞いた遠藤は、キッとした目で「それは間違っているよ。お金を払っていないから、万引きした本は真剣に読まないんだ。ただ揃えただけだ。本当に読みたい本は食事を抜いてでも買うべきだよ」と批難してきた。万引きの是非ではなく、本を真剣に読むかどうかから万引き批判をした彼の言葉はとてもこたえた。読みたい本や必読書は食事を抜いてでも購入して読むべきだと諭され、それ以後は本の万引きは止めた。

この日の遠藤を見て、彼は浩平の死から立ち直っていると感じた。それを裏付けるように、秋の「関東経済学部学生ゼミナール」では、彼と一緒に勉強した「平民会」の商学部の二年生が帝国主義と新植民地の視点からする南北問題のレポートをした。

遺稿集『青春の墓標』

日韓集会の準備活動に入っていた十月初旬、たまたま立ち寄った大学前の書店で奥浩平の遺稿集『青春の墓標』(文芸春秋)が目に飛び込んできた。引き合わせなのであろうか、仲間内で気付いたのは『現代の眼』に続いて今回も私であった。

同書には浩平が大学入学以来書き残した文章のほとんどが収録されていた。『現代の眼』にその一部が掲載された大学入学以来記してきたノートの全文、昨夏発刊された横市大学園総合雑誌『創造』に掲載された論文、昨秋の大学祭で展示販売した「中ソ論争」のパンフレットに収めた社会主義社会に関する論文、マル学同中核派機関紙『中核』に発表した全国合宿学習会の総括論文、学内で撒いたビラの中の数点、お兄さんに宛てた手紙、納骨式でお兄さんに手渡しておいた私宛の手紙、そして彼女に宛てた手紙、それらのすべてが日付順に収められていた。

さらに浩平と高校、大学を共にする安倍が執筆した高校時代の浩平像、革共同の北小路敏が書き下ろした学生運動の課題と展望が所収されており、巻頭と巻末にはお兄さんの手になる「はしがき」と「あとがき」が添えられていた。

書中の全ページに、革命家、変革者たろうとした浩平が厳然と立っていた。彼女に宛てた手紙には、革マル派に近い彼女を必死にオルグし、その上に二人の新たな関係を形作ろうと苦闘する姿がにじみ出ていた。それはむなしい所業にも思えたが、革命者として己を貫こうとする浩平には避けて通れない営みであった。

お兄さんの「あとがき」には、浩平への尽きることのない愛惜の情があふれ出していた。闘う浩平をいとおしみ、どこまでも信頼していく姿に触れて涙が止まらなかった。

同書に登場する横市大の人物の苗字と名前は一字ずつ変えられており、「平民会」の近くにいなければ分かり難い部分や学生運動の特殊用語、省略用語には注釈がつけられていた。同書の発刊には「平民会」のメンバーは全くタッチしていないので、この作業を引き受けたのは浩平と彼女の両者を知る安倍であろうと推察はできた。

日韓条約阻止学内集会と大学祭

同書が生協書籍部の書棚にも並べられた数日後、「日韓条約阻止学内集会」を開催した。異色で魅力的な発言者を揃えて学生を集めようとしたが、クラス討論をまともに行っていないので二十数名ほどの集まりに終わった。ちなみに、当日の講師は『現代中国論』（青木書店）を上梓したばかりの少壮学徒、中島嶺雄（後に東京外国語大学学長）、在日朝鮮人の立場から『統一朝鮮新聞』編集委員、革共同から岸本健一、（三派）東京都学生自治会総連合（略称「都学連」）委員長、山本浩司（早大、社青同）の四名であった。

集会に社青同所属の山本委員長を招いたのには訳があった。「都自代」の折に小野田から「今夏、三派の力で都学連を再建した。我々の支えでそれを実質あるものにしていかなければならない。そのためには、山本委員長が他党派ではあっても我が派の大学内集会に呼んであげることだ」と言われていたからである。学生運動全体の前進の中にマル学同中核派の利益があるとする考えを、「平民会」は忠実に実行しようとしてのことであった。

この集会参加者の中にこれまで見かけたことのない一年生がいた。声をかけたところ、名前を名乗った上で、「名前は日本名ですが在日朝鮮人です」という。

その頃の私、あるいは私たちは、日韓条約がもたらす韓国人民への抑圧は論じてはいても、それが在日朝鮮人には何をもたらすのかについては全く目を向けていなかった。ましてや彼らを束縛する日本での法的地位や入管令については全く知らなかった。それでも直観的に、彼を性急にデモに誘うことは控えて、じっくりと付き合っていくことがいいのではないかと感じられた。しかしその後、彼と一度も学内で出会うことがなく、話し合えず仕舞いであった。

この日からなんと四十二年の歳月を経て彼と出会ったのである。大学のゼミ教官であった今井清一名誉教授の『横浜の関東大震災』(有隣堂出版)の出版を祝う会の席であった。日韓集会での、たった一度だけの、しかも数分の立ち話でしかなかったがお互いをすぐに分かった。

「あの集会で統一朝鮮新聞の編集委員と話をしました。卒業後そこに就職しました。今は民団新聞にいます」と彼は言うのである。デモに一人でも多く組織しようと催した集会が、考えもしなかった繋がりを生み出していたのであった。時を経ての彼との深い交流がその日から始まった。

「平民会」が開催した「日韓条約阻止集会」と相前後して、学生達は一斉に大学祭の準備に向かっていた。この秋の大学祭のメインスローガンは「花と開けぼくらの文化」、サブスローガンは「真の独立と平和を目指して」である。メイン、サブとも一片の知性も問題意識もない共産党色丸出しのスローガンに、見聞きするにつけ恥ずかしく、こうした状況を突き崩せない自分の非力を嘆かずにはおられなかった。

そんな大学祭の中で、川口は上演する芝居の稽古に忙しそうであったが、その合間をぬって「平民会」

の会議に参加し、会議後には私に芝居の内容を説明したりもした。

「人間疎外をテーマにした『歯』という芝居の稽古に入っている。脚本を書いたのは群馬の高校教師だけど、結構深くて面白い作品でね。知ってるかい、芝居を上演する時には、脚本家に演出の視点をまとめた手紙に五百円を添えて送るものなんだよ」

こうした芝居の話だけでなく、「この文、面白かったよ。ノーマンメイラーのものだけど、彼は現代アメリカをエスタブリッシュという単語で考察しているんだ。貸すよ」と気に入った本を渡してくれたりもした。彼が推奨した本には、現代アメリカにはもはやエスタブリッシュ（確立する）という社会変化の動きはなく、エスタブリッシュメント（確立されたもの）による停滞と虚構が支配する抑圧社会になっている、というようなことが展開されていた。

確かにこの論文は面白かったが、それよりも上演する芝居を説明したり、本を渡してくれたりする川口を見て、彼も遠藤と同じように浩平の死から立ち直ったように思えた。次へと進み始めた彼らと対照的に、私の放心状態は続いていた。

そんな自身に苛立ちを募らせている折、「国際研」が大学祭の出し物に映画「日本の夜と霧」（大島渚監督）の上映と吉本隆明講演会を準備していると知った。能動的、意欲的に活動している時であれば、非共産党系学生運動の裾野の拡がりと歓迎したであろう。だがそのように考える余裕はなく、「国際研」のメンバーに悪態をついてしまった。

「共産党と正面から闘おうとしない君らには、『日本の夜と霧』など上映する資格なんてないよ。日韓条約批准阻止デモに来たり来なかったりする君らに、吉本なんか分かるものか」

大学祭に「平民会」としての出し物を今年は用意しなかったので、この期間、私は何もすることがなかった。そんなこともあり吉本講演会には顔を出した。

講演内容は、吉本が折に触れ展開していた国家に対抗、拮抗する力は、政治党派が構想し指導する運動にではなく、大衆が自分の私的利害を基にして動く行動の中にしかない、とする論であった。

講演を終えると質問に移った。誰も質問しないので、「吉本さんは日韓条約をどう思いますか」と尋ねてみた。彼はまたそんな質問かとウンザリした表情で、無愛想に「君はどう思うんですか」と問い返してきた。「日韓条約は朝鮮民族に抑圧をもたらすことになります。他民族を抑圧する民族は自由ではない。この点から反対しています」と答えると、「私の本を読んでください」と突き放された。

木で鼻を括るようなこの回答に吉本らしさを感じた。もともと彼は政治党派の呼びかける政治闘争には価値を見出さないからコメントなどしないであろう。私も義務のように聞いてみただけのことなのでそれ以上は尋ねなかった。

この日の吉本講演会に出席した者は「国際研」と「平民会」のメンバーだけで、横市大学生の知的水準、文化度、戦闘的学生運動の未成熟ぶりが写し出されいると感じられた。

講演会に顔を出した夕、国際研が開くバーに立ち寄ってみた。そこで目を剥くシーンに出くわした。浩平が想いを寄せた彼女が、何と割烹着を着てかいがいしく接待役を務め、お葬式の日に「浩平の自殺は二度目」と得々と語り、それ以後は活動を止めた大木がシャツに蝶ネクタイ姿で水割りを作り、その横ではシャツにチョッキ姿の安倍が氷を割っていたのである。

動転した次の瞬間、一体これは何なんだ、これが『青春の墓標』に登場する人間達のやることかと、悲しみが込み上げてきた。それでも、出された水割りを飲み干し、黙って帰れば彼我ともに救われたであろう。だが、どうしても自分の感情を押さえられずに「何考えているんだ、お前ら」と声を荒げ席を立った。

外へ出ると満天の星であった。それを見ていると、「浩平自殺後の彼女の心労を思いやるべきであった。彼女は浩平の死を私以上に悲しんでいるはずだ。浩平の近くにいた私がそうしたことを分からなくてどうするのだ」と自責の念に駆られた。「安倍は横市大の大学祭に彼女を招くことで、彼女を少しでも救済しようとしたのではないか」とも思われ、吐いた言葉は彼女を、そして安倍の善意を傷つけただけではないのかと悶々とした気持ちになっていた。

私は自分のなした一連の狭い言動を反省しながらも、イライラする感情を抑制できないでいた。こうして翌日、一人でビラをまく共産党員の前商学部自治会委員長を何も言わずに殴りつけてしまった。その翌日からの二日間は、二年生の夏に共産党員を殴った時と同じように、「帝国主義の手先、民主勢力の破壊分子、トロツキスト斉藤の暴力を許すな」「暴力集団を大学から追放しよう」の自治会名のビラが散乱した。

「共産党は確かにナンセンスだけど、殴っても何もならないよ。殴るのは止めようよ。君のために言わせてもらうよ」と声をかけてきたのは、「国際研」を非共産党のサークルに育て上げた同学年の鈴本であった。「平民会」と距離をおく鈴本には、共産党員への殴打など気にすることでもなかろうが、それでも私の愚行は見ておられなかったようである。「うん、分かったよ」と忠言を受け入れたが、実際にはそれ以後も自分を立て直せずにいた。

自治会選挙に立候補

四月からの自分を思い起こしてみると、浩平の追悼会や日韓条約阻止集会を準備している間は追い込まれたような感覚からは自由でいられた。この単純な事実に気付いて、直後に控える文理学部後期自治会委員長への立候補を思い立った。選挙戦に入ると自分の考えを訴えて回るので、少なくともその一週間だけは前向きな自分になれる、そう考えてのことであった。

委員長と副委員長のペアー立候補が常なので、川口に副委員長選への出馬を誘ったところ、即座に同意してくれた。それを受けて石田に、川口の立候補推薦人と推薦演説を引き受けてもらおうと下宿を訪れた。石田は川口、浩平と同学年生で、昨秋辺りからデモに参加してきた遅咲きの活動家であった。加えて一本気な性格ということもあり、学生の中に飛び込んでオルグするという活動家としての基本態度は未形成であった。そこで今回の選挙活動に絡ませることで、自分の殻を破らせようとする意図もあった。

石田は川口の選挙応援に関わる全活動への参加を了解した後、姿勢を正すように座り直し口を開いた。

「好きだとか、自分の彼女にしたいっていうのは、突き詰めればその人とやりたいということでしょう。奥君も彼女とやりたかったんでしょう。僕は奥君のことを特別視しません」

石田は、浩平の死はどこにでもある死の一つと言いたかったのか、あるいは私が特別視、神聖視していると指摘したかったのかよく分からなかったが、いずれにしろ浩平の死に意味を与えることには不満なようであった。

石田が述べた意味を考えていると、坂下の体験談を嬉々として話す浩平の姿が浮かんできた。

浩平の話によると、坂下は宮崎の高校三年時代に同級生と同一の女性を好きになった。どちらが彼女と付き会うかを同級生と話し合ってみたが共に譲らないので決闘で決めることになった。殴り合いでも勝負は決まらず、最後にはナイフでのやり合いになり坂下は股を刺された。

「いい奴だよな。決闘して女性を獲得しようとしたんだよ。股の傷跡も見せてくれたよ。決闘までされたその女性は幸せだなあ。彼は今、その女性と付き会っているんだって」と、浩平は目をキラキラさせていた。

私は紳士と荒くれ男の間で繰り広げられる、ヒロイン争奪の西部劇のワンシーンを見る思いで話に聞き入った。

坂下は浩平の一年下で、文理学部の理学部コースに所属していた。「平民会」の影響力が及ばない理系を何とかしようと浩平がクラス討論に入った折、坂下は「平民会」に好意的発言をした。それで浩平が間髪を入れずに下宿をオルグ訪問した際に出た話であった。

浩平の話を聞きながら私は二つのことを考えていた。自分を巡って二人の同級生に決闘された女性は、果たして嬉しいと感じたであろうか。まして自分が好きでもない男性間の決闘であれば、迷惑至極であろう。彼女が坂下を選んだのは、彼が決闘に賭けたことやその結果とは何ら関係なく、坂下に魅力を感じたからではないのか。

もう一つは、こうした決闘世界を崇高なものとみなす浩平についてであった。浩平はデモとなると前へ前へと進み、警棒を打ち降ろされても退こうとしなかった。彼にとってデモは戦場であり、そこからの後退は自らの存在と誇りを捨て去ることと同義であった。

革マル派に近い女性を自分の方に手操り寄せようとしていた浩平にとって、女性の獲得を巡って展開された坂下と同級生の決闘は共感そのものだったのである。そう考えると、好きになった女性を諦めることは、自分の生き方、つまり生を放棄することに繋がるのではなかろうかと思われてならなかった。石田の発した「僕は奥君のことを特別視しません」という言葉を聞きながら、それは違うな、浩平の自殺は戦死と捉えられるべきではなかろうか、とも考えていた。

石田は期待通り、選挙活動を機に「平民会」活動に力を注ぎ始めた。川口と組んだ委員長・副委員長選の結果は、六四年秋の奥・川口コンビが獲得した二〇〇票から五〇票を減らす一五〇対三〇〇で共産党コンビに敗北したが、目論んだ自身の元気回復はできた。久しぶりにすっきりとした気分になれたので「平民会」の名称変更と機関誌の発行に手を付けた。

「平民会」から「学生会議」へ

遠藤との話し合いで、「平民会」を「学生会議」へと改称し、機関誌『学生会議』の発刊をもってそのことを告知することにした。

機関誌は二本の論文で構成することにした。一つは『平民会』から『学生会議』へ」と題する巻頭論文、もう一つは共産党批判の論文である。メインをなす巻頭は本来は私が書くべきであるが、今の精神状態では未だ書けないと知る遠藤が「自分が書くよ」と言ってくれたのでそれに甘え、これならいけると思えた「共産党の自主独立論批判」を書くことにした。

当時共産党は、一貫して「中ソ論争など存在しない。それは帝国主義がデッチ上げたものである」としていた。ところが暫くして、党内のソ連支持派を除名し、続いて中国派を除名した。除名された党員達はやがて「共産党・日本の声」、「共産党・左派」などの組織を作り始めた。共産党はそうした動きに対抗して、自分達は「自主独立の党」であると標榜していた。中ソ論争に対する共産党の態度はこのように二転、三転していたのである。

共産党の右往左往ぶりと、帰結した自主独立論の批判を書こうとしていた矢先、雑誌『展望』でマルクス主義哲学者、梅本克巳の共産党批判論文を目にした。梅本の視点は自主独立論の内容批判にではなく、党の変遷に対する個々の党員の態度を問題にしたものであった。党員は党の路線変更をどのように納得していったのか、自分の頭で思考することなく党中央の発表内容をオウム返しするに過ぎないのではないか、自己決定する主体性がなくなっているのではないか、という展開であった。

梅本が指摘する主体性なき党員像は、大学内で日常的に目にする党員達の姿そのものであった。わが意を得たりとこの立論を援用して、共産党員達の主体喪失を批判した上で、全世界の革命なき「一国社会主義論」の帰結と自主独立論を批判することにした。

遠藤は年来の主張を論文化していた。学生会議は学生を取り巻く政治・経済・社会・文化・思想の全状況を個別的全体的に考察、討論、文章化し、それを土台に自前の行動、学生運動を作り出す。こうして学生会議は戦闘的学生運動の一翼を構成する。学生会議の構成員は既存のサークルの中で、または新しく作るサークルで、学生会議で得た考えを定着させる、この様な内容であった。

遠藤の問題意識のポイントは、学生運動の本筋は自前の活動をするところにあり、多数の一般学生が日常を送るサークルで活動しなければならないとすることにあった。そうすることで最終的には、学生に対する共産党の影響力を打破できると考えていた。

彼と私の二つの論文を掲載したガリ版刷りの小冊子『学生会議』を百五十部作り、「平民会」のデモに一度でも参加した者たちに先ず読んでもらおうと、顔見知りに出会う度に一部三十円で買ってもらった。

小冊子の販売は、国会で日韓条約が批准され、国会へのデモがなくなった政治闘争の空白期を利用した。その直後、早大で学費値上げ反対闘争が始まり、学生会議の名の最初のビラは「早大学費値上げ反対闘争に連帯しよう」となった。

卒業する同学年生

年が明けた六六年、一月半ば過ぎの学生会館ロビーには、卒論を提出し終えた同学年生達が所在なげにたむろしていた。彼らとは今後、会うこともなかろうとも思えたので輪の中を回遊した。

昨秋、私が自治会の委員長選挙に立候補した際、推薦人と推薦演説を引き受けてくれた哲学専攻生は、都立大の大学院でハイデッガー哲学の勉強を続けることになった。

国際研を非共産党系の異色のサークルに育て上げ、共産党員の殴打をたしなめてくれた鈴木は大手出版社に就職する。

私と浩平にコークハイをおごってくれた空手部部長の上ちゃんは、希望通りに故郷で高校教員の職を得た。

デモに二度参加し、「父の過去の苦労を知る自分には、これ以上『平民会』と学生運動には深入りできない。自分の気持ちを分かって欲しい」と手紙を寄越したクラス文集幹事役は、デパートに就職することになった。

クラス文集に載せた私の随想を読んで、「あなたのように成長したい」との手紙をくれた女性は、結婚すると風の便りで聞いた。

一年生の折に市内デモに参加したメンバーの中で、一人だけ、異色とも思える職場に就職する者がいた。神奈川県警である。心理学を専攻した彼は、「県警が心理学専攻生を募集している、これからの警察は犯罪者の心理を解析して犯罪抑止策を作る、自分はその任にあたる」と淡々と語った。すべての犯罪は社会的犯罪である、犯罪は社会の歪みと密接に結びついたもの、人間の不条理性だけで捉えてはいけない、と考える私には、納得のいく進路ではない。だが、そんな話を持ち出すのはもはや手遅れであった。

学生生活との別れを惜しんで、学生ホールに毎日たむろする同期生達と話しても、自分が取り残されたとは感じなかった。むろん寂しさもなかった。浩平の死から一年近く経ても、呆然とした状態から抜け出せない私には留年の選択しかなかったからである。

それでも、ほぼ四年に渡って下宿生活を共にした岡村との別れには寂しさを感じた。彼は浩平の死後、元気の出ない私に「ちゃんと飯食ってるか。バイト料が入ったさかい寿司おごったる」「今から野球部の友達と泳ぎに行くけど、一緒に行こう。元気になるよ」「元気ない顔してるなあ。キャッチボールしよう」などと声をかけてくれた。岡村のこうした思いやりのお陰で心が落ち着くこともたびたびあった。

彼はダムや道路建設を主とする大手建設会社に就職が決まっており、四月からは新宿にある会社の独身寮に入ることになっていた。彼が下宿を去る日、寄せてくれた心づかいへの感謝を込めて駅まで送った。

第三節　大学五年生とラディカルな新入生　1966年

五年生になった私には、それまで受給していた二つの奨学金がなくなった。塾のバイトで学費と生活費を工面する遠藤のように、その分を塾で補填できないものかと探してみたところ、日曜日の午前と午後の担当で、これまでもらっていた奨学金と同額の実入りになる塾を見つけることができた。もっとも塾といっても、中学を定年退職した教員が自宅の八畳間で営む小規模のものである。話が決まると直ぐにその塾の近くに部屋を見つけ、これまた遠藤を真似て自炊を始めた。

新学期が始まると、遠藤は誰の力も借りずに「スペイン革命研究会」を発足させた。彼は「学生会議」機関誌上で自らが述べた、恒常的で自主的な研究サークルを忠実に発足させたのである。

この年は、ちょうどスペイン革命から三十年目にあたり、大手書店には関連書物のコーナーもできていた。そんなことも追い風になってか、掲示板の告知だけにもかかわらず、研究会には十名ほどの新入生が参加してきた。会では「カタロニア賛歌」（ジョージ・オーウェル）、「スペイン革命」（トロツキー）をテキストとして使用していた。

新入生の彼らは、高校生時代にすでに浩平の遺稿集『青春の墓標』を読んでおり、物事を根底から捉え行動する力を有していた。私が六〇年安保闘争の闘いで命を落とした樺美智子の遺稿集『人知れず微笑まん』を読んだのは、デモに参加した一年生の後半であったことを思うと隔世の感を抱かざるを得なかった。

そんな彼らだから、学生運動の焦点になっていた「アメリカのベトナム侵略戦争反対、北爆反対」の三派系学生デモにも当然のように参加してきた。

私は彼らを特別に優秀な連中と見ていた。確かにそうではあったが、この年に入学してきた新入生の意識は、ここ数年見かけてきた学生達とは違って物事を根底から捉えようとし、しかも行動に直結させようとする。共産党の批判などしなくとも、はなから体制内党として相手にしていない。総じて急進的、ラディカルであった。「スペイン革命研究会」に参加するメンバーは、入学してきた学生達が共通してもち合わせるラディカルな意識を、より強く体現したグループだったのである。

林教授追放闘争

この確信を深めたのは、不正入学追及で学生達が盛り上がった秋のことであった。

共産党が牛耳る自治会執行部が珍しくビラを撒いた。「商学部では長年に渡って不正入学が行われている。商学部教授会は真相を究明しよう」と書かれており、学生会議にとっては寝耳に水の話であった。ビラを見たその日の夜、遠藤と川口、私の三人で、情報収集のために田中助教授宅を訪問した。問題が問題だけに研究室ではない方が良いと判断してのことである。

助教授は、一昨年秋に行った「平民会」の「国家と革命」の勉強合宿にチューターとして参加してくれた。その場でのレポートや討論で私たちの考えをよく知っており、自分の与える情報が学生会議にどのように使われるかも想定しているはずである。それを承知の上で、助教授は内部の者だけにしか分からない生々しい事実を淡々と語ってくれた。

話の結論は商学部に不正入学ありであった。合格得点に欠けた者でも毎年数人を入学させているとのことである。それを取り仕切るのは、在校生なら誰でも想像できる商学部のボス教授、商学部部長の林であり、そのボス教授に話を持ち込む学外実力者がいることも分かった。

話のついでに、自治会執行部が入手した不正入学に関するニュース源についても尋ねてみた。助教授は直接それについては答えず、大学内外の出来事を説明してくれた。

それによると大学事務職員（市職員）の一人が、仲間との酒席で「うちの大学には情実入学がある」と口を滑らせ、その話が回り回って市の幹部の耳に入り、彼には不穏当な発言を理由に近々処分が下されると噂されているそうである。「ただですね、その職員が共産党員か党のシンパだそうです」と、これ以上は語らなかった。

助教授宅を辞し、喫茶店に場所を移して鳩首会議を開いた。問題は学生会議がこの問題に取り組む視点と行動である。

私は「不正入学を正す運動とはしない。それなら共産党と同じだろう。林追放を実現目標にしよう。そして次回の商学部教授会現場に『不正入学弾劾、林追放』をスローガンにデモをかけ座り込もう。実力行動で林追放運動を起こそう」と行動方針を提起したが、どういう視点で取り組むかについては説明できないでいた。

少し間をおいて、遠藤が口を開いた。

「行動方針は君が言った通りで良いと思うよ。その上で、今回の闘いは反権力の闘いとして考える必要があると思うんだ。不正入学を持ち込むのは、横浜市議会で政治権力をもっている人間だろう。それに応じるのは大学運営の実権を握る林だろう。権力に絡む両者が連合して不正入学を生みだしている。だから不正入学弾劾、林追放は反権力の闘いそのものだ。学生会議は反権力闘争として闘う必要があると思うんだ」

私は「これだ、反権力の闘争だ」と納得した。学生会議は「不正入学弾劾、林追放」を掲げ、「不正に加担した教授会へ座り込みで抗議しよう」と走り始めた。

対する自治会共産党は「教授会は真相究明をしよう」を掲げ「全学討論集会へ参加しよう」と訴えていた。共産党は、教授会の討論内容を見てから次の行動を考えていたようで、教授会の翌日に「全学集会」を設定してきた。

「スペイン革命研究会」の一年生は、教授会現場での座り込みを当然視した。不正を黙認してきた教授会は不正加担者である、だから学生の実力行動なしに是正などあり得ないと、即座に認識した。加えて、市議会と大学の権力を握る二者連合を追及してこそ、真の不正追放になることも即座に理解した。

教授会当日、考えもしなかった二つの出来事に出合った。一つは、「スペイン革命研究会」メンバーを含めた一年生三十人余が学生会議の呼びかける集会とデモに参加してきたことである。

不正入学問題はクラスで訴えても討論にならないテーマであった。日韓条約に賛成か反対かは、それをどう捉えるかにかかる。不正入学については悪い以外になく、それが事実ならばの条件が付くだけである。そんなこともあり、手ごたえを掴めぬまま教授会当日を迎えていた。

二つは、共産党の予想外の出方であった。中庭での集会を終え四十名余で学内をジグザグデモし、その勢いで、「林」・「追放」、「不正」・「弾劾」のかけ声をかけながら教授会の開催される会議室へと向かった。

ところが、である。間もなく教授会が開催される二階の会議室へ通じる階段には、三十人余の共産党員がスクラムを組んで通行できないようにしていたのである。恐らく遠くにある別の階段にもスクラム部隊を配置しているのであろう。彼らを殴りつけて妨害スクラムを突破しようと一瞬考えた。

だが、その必要はないと考え直した。珍しく冷静に振る舞えたのは、一年生が多数結集したことでこの闘いは勝てると直感したからである。

共産党の妨害で座り込み場所を階段下のロビーに変えざるを得なかったが、「不正入学弾劾」「林を追放するぞ」「不正を放置した教授会弾劾」のシュプレヒコール、それに前後する林と教授会を弾劾する演説は、教授会には十分すぎるほどに聞こえていた。共産党の三十人余はといえば、二時間に渡った教授会の間、スクラムを組んでつっ立ったままであった。

翌日開かれた全学部自治会主催の「不正入学の真相究明を求める全学集会」は、夕方五時から開始というのに会場の体育館椅子席は満席、立ち見の学生も出る千人近い集まりとなった。実に在校生の半数にあたる。その中でも一年生の参加数の多さは際だっていた。

前日の学生会議の一年生を中心とした座り込み行動といい、この日の集会への一年生の多数の集まりぶりといい、私には経験したことのない盛り上がりであった。

だが共産党は自らが主導する集会に於いても、集まった学生達が独自の動きをしないよう二つの仕掛けを準備していた。一つは、事前発言通告制である。質問がある者は予めその内容のメモを提出、議長はその中から発言者を指名するというもので、そもそも討論にならない仕組みとなっていた。二つは、それらの質問に何と不正入試の張本人、林が答えるというのである。

この結果、集会での林の追及は中途半端なものとなった。自治会、新聞部の共産党員の「不正入学はあったのでしょうか」という愚問には、あったともなかったとも答えず、「騒がせて申し訳ない。誤解を招いたのは、私の不徳の致すところである。以後誤解を招くことのないようにしたい」と変に低姿勢な対応であった。学生会議を代表した川口の、林と市議会幹部との交際歴の有無を切り口にした追及には、「私を個人攻撃するような質問には答える必要はない」と居丈高であった。

集会は不正について何一つ明らかにしないまま閉会した。それでも参会者は不正入学はあったと感じ取った。そして同時に、これからはなくなるのであろうと了解したようでもあった。

それから数日して、「今後は疑いをもたれるようなことがないよう、厳正、公正な入試をする。学生は勉強に専念するように」といった内容の商学部教授会声明が掲示され運動は終息した。つまりは、林にはおとがめなしである。

この掲示を見て、自治会を握る共産党の今回の一連の行動を考えてみた。彼らの言う真相究明には、不正の当事者である林の責任追及が完全に抜け落ちている。彼らのビラで煽る真相究明なるものは、不正の有無のみを問題としており、集会での林への問いかけも不正の有無だけである。

この一連の行動から推測すると、彼らは共産党員の事務職員を処分させないことを第一義とし、そのための切り札として林の追及を手控え、まして林の処分は要求しないという戦略で真相究明運動なるものを展開したのではないのか。要は相打ちを避けた、暗黙の取引を含めた運動展開をしたのではないか、という結論に達した。

だが、ことはそれで終わったわけではなかった。学生会議に集まる一年生と、「真相を求める全学集会」に参加した多くの一年生たちは、クラスはもとより、既存のサークルの中でも共産党の影響を断つ主体となり、ついには共産党の学生運動に拮抗する戦闘的学生運動を横市大に作り出すのである。

仲間との別れ

年が明けた六七年一月、私は「国家論ノート」と題する卒論を提出した。国家論を構築する方法論は、柴田高好『マルクス主義政治学序説』を援用。国家発生史、国家本質論を展開するベースにしたものは、マルクス『ドイツ・イデオロギー』、エンゲルス『家族、私有財産および国家の起源』、森本和夫『家庭論』、黒田寛一『社会観の探求』。国家実体論のベースにしたものはレーニン『国家と革命』。それを踏まえ、俎上に上げ批判した国家論は、津田道夫の国家暴力装置論、浅田光輝の国家イデオロギー論、吉本隆明の国家共同幻想論、増島宏の共産党（スターリン主義）の国家論、イギリスのニューレフト（新左翼）学者が主張する国家二重性論であった。

書き始めるまでは「卒論なんて」と思っていたが、終えてみると、強制されてのこととはいえ国家とは何かを集中的に勉強できたこと、現下の国家論の論争点が少しは見えてきたことで「やって良かった」に変わっていた。

卒論の提出で私は卒業できることになり、採用試験に合格していた福岡、長崎の公立高校、実家の近くにある私立大付属高校の中で、最初に声がかかる学校に行くことにした。

遠藤も卒論を提出した。彼はある商学部の教授のゼミの卒業生が経営している予備校に就職先が決まったと言っていた。

「平民会」で暫くの間、浩平と共に活動した大木と竹下も卒業となった。浩平に自殺未遂を告白されながら私達にそれを伝えなかった大木は、誰しも知る大手の食品会社に決まったと嬉しそうであった。「竹ちん」と浩平に呼ばれていた竹下は公務員になると胸を張った。

川口は留年する。マル学同中核派横市大支部は彼をキャップとし、浩平の死を特別視しないと語った石田、羽田デモで浩平が入院したことを教えてくれた差し入れ担当者をメンバーにスタートした。その後ろには、学生会議に集う二年生となる分厚いラディカルなメンバーが控える。かつて藤田から革共同機関紙

『前進』の配布を引き継いだように、今度は私から川口にその任を引き渡した。

卒論を提出した者達は卒業式を待つだけであったが、私は式を欠席と決めていた。五年がかりとはいえ卒業できるのは、浩平の死を機にマル学同中核派書記局から大学へ戻ったことが大きい。それが分かるだけに、式にはとても出席する気にはなれなかった。もっとも他人へ語る欠席理由は、学生運動で掴んだ世界観、社会観をもってこれからも生きるのだから、学生生活を終える式典に出る意味はないとしておいた。

さらば東京

九州へ戻る私には、卒業式よりも大事に思う人達との別れの挨拶の方が重要である。

真っ先に連絡を取ったのは浩平のお兄さんである。お兄さんとは浩平の自殺を聞いて急ぎ駆け付けた自宅で、浩平から来た手紙を手渡した納骨式で、大学内で催した浩平の追悼会でと、三度、言葉を交わしている。今後はいつ会えるかも分からないので、これからは川口と繋がりをもっておいてもらおうと、彼をお兄さんとの待ち合わせ場所に同道した。

新宿駅近くの小さな中華料理店で、お兄さんから進められるままにビールや老酒を飲みながら、浩平との二年間の交遊を披瀝した。お兄さんは頷いたり相槌を打つだけであったが、懐かしい人に再会しているような感じを抱かせる彼の人柄に引き込まれていた。

九州へ戻る前々日、学生会議の一年生達が遠藤と私の「追い出しコンパ」を開いてくれた。大学近くの下宿に住む一年生の部屋に、一年生の男女十人が勢ぞろいし、ビールならぬ茶菓子を用意していた。

林追放運動や共産党のナンセンスさを語り合う彼らは、よくしゃべり、よく笑う。四年生ならぬ五年生の二人を前にしても、何ら臆する風もなく伸び伸びとしている。そんな彼らを見ながら、学生運動の活動家のタイプも随分と変わったものだとの思いをいっそう強くした。

話題も尽き時間も遅くなり、女性陣四名は遅い電車で引き上げた。男性陣八名は下宿や自宅にこれから帰るのも億劫と、部屋で夜を明かすことになった。そう決まると、部屋の主が「親父の引き出しからこっそりくすねてきた」と嬉しげに紙袋を持ち出してきた。見ると数十点の女性のヌード写真である。わいわいと騒ぐ輪に、私と遠藤も加わり写真を回し見た。

それから五年後であったろうか、事件名や罪名は覚えていないが、部屋の主が公安事件の首謀者として令状逮捕されたことを新聞で知った。記事によると、彼の肩書きは京浜安保共闘議長であった。

明けた翌日、前進社を訪問。労働者組織委員会の常任から、組合運動へのかかわり方と九州で会うべき二人の人物についての指示を受けた。

その足で、お別れ挨拶行程の最後に組んでいた岡村との合流場所へ向かった。仕事を終えた岡村と新宿駅近くの食堂で対座すると、瞬時にして一年前までの相部屋生活の間柄に戻った。

「岡村君、会社でもてとるんか」

「うん、この前のバレンタインデーなんか三人からチョコレートもろうてな。三人もやで。俺、結構もてるんや。お前、教員になっても運動続けるんやろう」

「うん、教員はいつまでやるか分からんけどな。運動はやれるとこまでやってみようと思ってる」

「俺、お前から渡されたマルクスの『共産党宣言』読んでもさっぱり分からへんかったわ。大学管理法阻止デモで、お前に無理やり日比谷公園に連れて行かれたことあったやろう。あの日、公園の出口で機動隊と押し合いになった時に靴が脱げてな。仕方なく片足は靴下のままで帰ったんやで。ま、お前のことやから最後までやるやろうな。お前のやることとやったら、俺、何でも応援するわ」

生き方を異にする二人にはもはや出会う場所はあるまい。互いにそんな想いもあってか、空になった銚子が並ぶほどにしんみりとなっていった。その夜は岡村が起居する独身寮に泊めてもらい、明けて翌朝は会社へ向かう彼と新宿駅で別れた。

私はその足で東京駅へ向かい、鹿児島行の急行列車「高千穂」に乗った。車窓に映る東京を見やりながら、次に上京するのは何時のことだろうなどと考えていると、隣に座る女性が『青春の墓標』をバッグから取り出した。

読みさしのページに手をかける彼女に、はやる気持ちを押さえきれず、「僕は奥浩平君と友達でした」と話しかけると、彼女は笑顔を向けてきた。彼女は明大の卒業式を終え熊本の実家へ帰るところだった。社学同系の明大自治会の一員として何度か三派の学生デモにも参加していた。

浩平が鼻骨を砕かれた二年前の羽田デモの折、逮捕者の救援活動で明大自治会室に一週間以上通ったと話すと、彼女はその時に差し入れを一度担当したという。

「熊本では父の親戚の自動車会社で事務員をやるんです。本当は中学の先生になりたかったんですが、あまり勉強もしていないので諦めました。実家に帰る私には、やがて親が薦める人とお見合いして、結婚して、子供ができてというような平凡な生活しか待っていません。東京と学生運動のことはいい思い出です」と、これから始まる郷里での生活に宿る寂しさを語り始めた。

東京で学生生活を送り、数回とはいえデモにも参加したこともある彼女にとっては、帰郷は自らの青春の終りを痛感させるものとなっていた。

学生運動は時の政府の抑圧や非道に対する直接行動である。それを個人レベルに置き換えれば、宿命にも見える人生をひっくり返しながら生きることになるが、彼女はそこまでは突き詰めていない。彼女との間に横たわる落差を埋める世界に浸ってみたいという気持ちを抑え、「田舎に帰ってからもたくさん本を読もうよ」と言うに留めた。

第三章　七〇年安保・沖縄闘争へ——福岡での常任活動

第一節　二年間の教員生活

心に決めたこと

就職先に教員を選んだ。何らかの抱負があってのことではない。「平民会」の先輩や共産党員が教員になるのを見て、採用試験にあたっては学生運動歴はあまり問われないように感じられたからである。

就職地を九州としたのは、実家の一階を貸間にして五年間に渡る大学の授業料を納め、生活費の一部を送金してくれた母親へのささやかなお礼の気持ちと、革共同の未耕地を開拓してみたいという思いであった。

六七年の春からは実家から通える私立大学の付属中学・高校で、翌六八年は福岡県の山間僻地にある県立高校で社会科系を担当した。

教員生活は三か月ほどで慣れたので、それを機に四つのことを自身に課した。もとより頭の隅には、革共同の常任活動家になるべき時がきたら転身しよう、今はそのための助走期間との考えがあった。

一つは、教員は長くはやるまいである。

教職に就いた者は、昨日のような今日、今日のような明日を繰り返しながら誰しも定年まで勤める。その在り方に、はたまた「先生」という呼称に、少しでも居心地の良さを感じたとしたら、その瞬間から人間的退化が始まると思われたからである。

二つは、教員をやっている間は結婚を考えないである。

教員は次のステップへの助走期間とする以上、教員との結婚を望む女性との付き合いは避けねばならない。そう考えて自制してはいたものの、偶然に出会った女性との間でその世界に触れたことがある。それは当然にも、安堵と寂しさが混在する別れの結末となった。二年連続二度の類似した体験は、教員であったからこそ起きたことと胸に納めた。

雑読

三つは、雑読することである。

私がクラス討論や演説で得たものは、自分の内側から出た言葉や、自分のものになった言葉は必ず相手に通じるということであった。

また中ソ論争をめぐって、党中央の見解が変遷するたびに、それまでの自分の意見を二転三転させる共産党員の姿を見るにつけ、自分で考えることの大切さを痛感していた。

それらの体験から、分野や立場を問わず、自分の考えをもっていると思われる著者の本を雑読しようと思い立った。本の「はしがき」を見て、あるいは読むべきと知ってはいたがまだ目を通していなかったものに何の脈絡もなく手を付けた。

松田道雄（小児科医）、加太こうじ（脚本家）、むのたけじ（『たいまつ』紙主宰）、佐藤忠男（映画評論家）、斉藤竜鳳（映画評論家）、栗田勇（当時の肩書は建築評論家）、長田弘（詩人）、梅本克己（哲学者）、吉本隆明（詩人）、谷川雁（詩人）など在野の人々の評論集。大島渚の映画脚本集や宮本研の演劇脚本集。橋川文三（日本思想）、丸山真男（政治思想）、宇野弘蔵（経済学）などのアカデミズム学者の論文。『中国の赤い星』（スメドレー）、『世界を揺るがした十日間』（ジョン・リード）、『ロシア革命』（菊池章典）、『アリランの歌』（ニム・ウェールズ）、『パリー燃ゆ』（大佛次郎）などの現代革命のドキュメント。さらには社会運動世界では手にしないと思われる『共産主義批判の常識』（小泉信三）、『日本国家改造計画』（北一輝）にも手を広げた。

この頃、写真家、岡村昭彦の『続ベトナム戦争従軍記』を書店で見つけた。学生時代に彼の『ベトナム戦争従軍記』を読み、ベトナム戦争の実相をルポする写真家の目に引き付けられたので、早速、続編を買い求めた。同書を読み進むと、植民地支配地域の拡張はキリスト教、とりわけカトリックの布教、浸透と一体で進められると述べられていた。それを証明するいくつかの書籍の一冊に、なんと父の手になる編著の書名が挙げられていた。

そこに出る書、『蒙彊カトリック大鑑』は私の実家の棚に飾られていた。B5版で3センチくらいの厚さ、化粧箱入りの豪華本であったが、箱も表紙も時を経たせいで茶色に変色していた。

父の編著の書名が出ていたからといって、その書を紐解いてはみなかった。同書の中身が推測できたからである。日本が奪った「満蒙」地区に暮らす住民の抵抗を和らげる宣撫の活動をしていた父が、同地住民のキリスト教化をもって日本の植民地化をスムーズにすすめようと、地区の布教状況の調査やそれに応じた教会の設置場所などをレポートしたものであろう。

父をこれまで、脱亜入欧を目指し朝鮮と中国の植民地化を積極的に支えた民間人ととらえていたが、岡村の指摘はその理解をさらに補強してくれるものとなった。

四つは、自分の見解を書いて考えを深めることである。

これは卒論を書いて、考えを深めるには書くことが不可欠であり、書くことで考えが深められると分かったことによる。

私立高校を辞めた折に「学生運動私論」のタイトルで四百字詰め原稿用紙六十枚、県立高校を辞めた折に「学校への挑戦」と題する百二十枚を書いた。

前者は学生運動で感じ取ったことをまとめた。大要は以下のごとくである。

学生は人生や社会を考える存在である。物事の抽象化や本質の把握ができる。時代の動きや波にもっとも鋭敏である。行動する時間がある。自己表現の場をもつ。

学生が有するこれらの特質が、時代や社会と鋭角的、根底的に対決する行動を生む。究極的には学生運動をつくり出す。したがって学生運動がマルクスの根底性と人間解放の思想に結びつくのは必然である。そこから、スターリン主義の批判を経て共産党と決別した戦闘的学生運動が生れるに至った。その上で、六七年に再建された(三派)全学連によるベトナム反戦運動の根底には、学生がもつこれら全ての特質が凝縮されていると結んだ。

後者は高校生と教員と学校に目を向けたものである。県立高校では、定期テストを利用して記述回答式のアンケートを取った。百点満点のうち、アンケートは書きさえすれば十五点としたので無記入はなかった。設問は「教師に望むこと」「学校に望むこと」「私の授業の感想」の三つに絞り、定期テストの度にそれらの一つを順に繰り返し出した。

論文はそれぞれのテーマへの回答を類型別に分けて表化したものを基に、生徒たちが、教員と学校に何を求めているのかをまとめたものである。教員は自らの意見を明らかにして生徒と学校と向き合えば、生徒も学校も少しは生き生きとしたものになる。それがアンケートから導き出した結論だった。

第二節　エンタープライズ佐世保闘争と三里塚

十・八羽田、山﨑博昭の虐殺

私が教員になった六七年は、北ベトナムへの空爆を続けていたアメリカが足下の南ベトナムの民衆からも離反され、民族解放勢力との内戦に引きずり込まれていた時期である。アメリカ国内では学生をはじめとするベトナム戦争反対運動が巻き起こった。「戦争では最前列、就職では最後列」を掲げる黒人の反差別を背景に青年たちの徴兵忌避が日増しに拡大していた。

日本では沖縄をはじめとする米軍基地から連日ベトナムへ向けて、米軍の爆撃機、戦闘機、輸送機が発進していた。ベトナム戦争と日本政府の加担に対して、三派系学生組織は全学連をこの年ついに再建し、ベトナム反戦運動の全国展開に大きな一歩を踏み出した。

再建された全学連は労働者、学生、市民、そして私の決起を促すかのように、この年の十月八日、佐藤栄作首相（当時）の南ベトナム訪問を阻止すべく羽田現地でし烈な行動に打って出た。空港へとつながる弁天橋を封鎖する装甲車を乗り越えた。そこに打ち下ろされる機動隊の警棒で多くの学生が負傷し、京大生の山﨑博昭の命が奪われた。

権力の横暴を傍観すればそれを認めたことになる。次の反戦行動には必ず出かけようと構えていると、北ベトナム空爆の戦闘機を搭載する空母エンタープライズが年明け六八年の一月半ばに長崎の佐世保港に寄港する、とのニュースが流れた。寄港日には授業などしてはおられない、九州にいる自分が佐世保に駆けつけねば、と気持ちを固めた。

学生と佐世保へ

寄港日の三、四日前であったろうか、弁当を持参しない日に利用する大学の学生食堂で昼食をとっていると、ビラを配る二人の男子学生の姿が目に留まった。受け取ったB5用紙の見出しには「エンタープライズ佐世保寄港反対、学生有志」とある。数行の本文にはアメリカのベトナム戦争反対、日本政府の戦争加担反対、エンタープライズ佐世保寄港反対、といった内容が書かれており、行動提起はない。

勤務する付属中学・高校の母体である大学は女子短大が主で、四年生の文学部も九割以上が女性である。そのせいか地元では「花嫁養成大学」と呼ばれていた。それでも婦人問題研究会や社会問題研究会といった社会派のサークルやビラはないかと常々注意は払っていたが、ついぞ目にしたことはなかった。そこにこのビラである。

この大学にも、十月八日の全学連の羽田闘争に山﨑博昭の死に心を動かされ、沈黙は許されないと立ち上がる学生がついに現れたかと嬉しくなり、ビラをまく二人に声をかけた。

幸いなことに彼ら二人は私を知っていた。冬季ボーナスをめぐって、二・五か月を要求する全教職員で構成する組合と、二・四か月を譲らない理事会との交渉が膠着状態にあった十二月の初頭、組合は事態打開にと、昼休みに大学本部前の広場で集会とデモを敢行した。その折、私は司会とシュプレヒコールを担当していた。彼らはそれを見ていて、「すごい先生がいる。エンタープライズにどうすればいいか相談してみようか」と語りあっていたと言うのである。

仕事を終え教えてもらった下宿を訪ねると、もう一人の男子学生を加えた三人が待っていた。聞けば彼らは二年生で、これまでにデモや集会に参加したことはなく、まして政治討議などしたことはない。そこで、ベトナム戦争のとらえ方、日本政府の加担の諸相、学生と労働者の闘いの意義と現況を話し、私と一緒に佐世保現地デモへ行くことを勧めた。

話し終えると一人が、「先生、では僕らは何色のヘルメットをかぶればいいんですか」と尋ねてきた。こんなことだけは知っているのか、ファッションでもあるまいに、と質問の軽さに危うさを感じながらも、先ずは行動が大事と考え「最もよく闘っている隊列に入ればよい」と答えるにとどめた。

エンタープライズの入港の前日、三人と共に福岡行の列車に乗り込んだ。

彼らのことは福岡の高木に連絡済みである。高木は革共同の常任活動家として東京で活動していたが、六五年に実家の都合で福岡に戻り、倒れた父親に代って家業を継いで一家を支えていた。そのかたわら、中核派学生運動の育成に取り組んでいた。

高木の指示通り、三人を九大教養部の学生会館に控える中核派の学生に引き合わせ、私は今回の佐世保闘争を機に設けたと聞く前進社九州支社へと向かった。

借りたばかりなのであろう。一階の事務所には電話も机もまだなく、梱包されたチラシが積んである。夕暮れ時なので灯りはついているが誰もいない。

そこに高木と革共同書記長の本多がやってきた。高木から、「君は明日は佐世保に行かないで、エンタープライズ反対の革共同のビラを天神（福岡市の繁華街）でまいてくれないか。佐世保に行けばパクられるかもしれない。それは避けた方がいい」と頼まれた。「僕は佐世保に行きたい。誰もいないならやりますが」と渋っていると、本多が「斉藤は単ゲバだからなあ。佐世保に行っていいよ。行かせてやれよ」と助け船を出してくれた。

単純ゲバルト主義の略称である「単ゲバ」は、思想や理論の深化には乗り気でなく、機動隊との渡り合いを粋に感じるタイプの活動家を揶揄する言葉で、言われた者は一様にムッとした顔をする。衝突現場では怯むこともある私には、逆に賛辞に類する言葉であった。それを書記長から直々に言われ気分は上々、翌朝一番の電車で佐世保へ向かった。

私はその週の日曜日の現地デモにも再度出かけた。全国から佐世保に馳せ参じた学生たちは九大を基地にして佐世保へ出かけ、佐世保でデモをしては九大へ戻る日々をエンタープライズが出港する日まで繰返した。このひたむきで不屈の闘いは佐世保市民の心をとらえた。デモ見物にやってきていた市民たちが到着する学生に拍手を送りはじめ、しまいには自らデモを始めるに至った。

こうした市民の動きを肌で感じることで頑張れたのであろう。空母が出港した日の夕、一週間にわたる闘いをやり抜いた三人の学生が元気に帰ってきた。彼らの第一声は「先生、白ヘルメットで最後まで闘いました」であった。

彼らの奮戦ぶりを聞いていると、「引き合わせ」という言葉が浮かんできた。あの日、母がいつものように弁当を用意していれば学生食堂に行くこともなかった。行かなければ彼らと出くわすこともなかった。彼らが別の日にビラを配っていたとしたら、これまた出会うこともなかった。何という偶然の重なり合いであろう。

川口の学生オルグ

エンタープライズが出港して数日後、何の前触れもなく横市大で一年後輩の川口から職員室に電話が入った。

「佐世保の病院に入院していたけど、今日、退院していいって言われてさ。まだ体の調子が良くないので、君の家で明日の夜まで静養したいんだけど。今、駅に着いた。どうしたらいい」

川口とは、五か月前の八月六日に広島で行われた「八・六広島反戦集会」で顔を合わせて以来である。勤務先近くの喫茶店で小一時間ほど話をしたが、私はほとんど聞き役であった。彼によると、二年生になった学生会議のメンバーの下にはさらにラディカルな一年生が加わり、いくつかのサークルでは共産党から主導権を奪い、ついに共産党と拮抗する勢力に成長したそうである。それもあって川口は、今では横市大での活動を離れ、マル学同中核派書記局員となっていた。

過日の佐世保のデモでは大変だったようである。エンタープライズ入港の何日目かのデモを指揮した際に、機動隊員たちから集中リンチを受けて失神。見ていた市民たちの手で病院に担ぎ込まれたそうである。そこで我に返った彼が目にしたのは、何度も浴びせられた催涙液の放水で全身にできた湿疹であった。その治療のために、この日まで入院させられていた。

病明けとはいえ、学生運動の中枢で活躍する彼を使わない手はない。そう考えて佐世保へ行った三名と引き合わせた。彼らを前に川口は佐世保闘争の意味を鮮やかに語った。

「佐世保での全学連の闘いは広範な市民の決起を生み出したが、それは市民が全学連のように闘えば勝つと知ったからだ。佐世保闘争を通して、日本中の労働者や学生、市民が権力に勝つ体験をもった。これからは、日本政府のベトナム戦争加担に対して、学生のみならず労働者や市民も佐世保のように闘い始める。君たちも自分が切り開いた闘いに自信をもち、次の闘いに進もう」

川口のオルガナイザーとしての成長ぶりを目の当たりにして、乗り越えられたと感じたが、それはそれで嬉しいことであった。

彼は、温泉と睡眠と休養で少しは体調も回復した様で、予定通り翌日の深夜の船便で東京へと戻った。次に川口と会話したのはおよそ二年後、東京拘置所の金網越しである。

学生と三里塚へ

川口が学生に語ったように、全学連の実力行動はとりわけ青年労働者に大きく波及し、全国各地に全学連と連帯する反戦青年委員会が作り出されていた。その延長に生まれたとも考えられるのが、千葉県成田市に建設予定の空港に反対する三里塚の農民たちの闘いである。

彼ら農民は、共産党でも社会党でもなく、全学連との共闘を選んだ。私はこの農民の闘いを知って、二月末の日曜日に成田で行われる反対同盟主催の集会への参加を思い立った。

一人で行くよりはと、佐世保闘争に参加した学生たちを誘ってみた。彼らは一様に行きたいがお金がないという。確かにその通りで、学生は生活費以外のお金はもっていない。ならば街頭カンパでその費用を調達するしかない。

といっても当地は田舎の温泉地。人通りのある商店街があるにはあるが、行き交うのは夕食の買い物をする主婦、何かの用件で外出中の住民、それに土産物店に立ち寄る観光客である。加えて、遠く千葉県成田に建設されようとしている空港建設反対を呼びかける署名とカンパである。横浜でやっていたカンパのように、はたしてうまく応じてくれるものなのか。成算はなかったがともかくやってみることにした。

署名カンパに慣れていない彼らに様々な注文をしても消化不良を起こすだけなので、「自分たちは佐世保に行ってエンタープライズ阻止を闘った全学連である」と最初にはっきりと述べるようにと、それだけを強調した。

夕方四時過ぎからの三時間の署名カンパ活動で、なんと学割を使えば四人が東京を往復できるカンパが集まった。カンパ活動にいちゃもんを付けられたり妙な論争に巻き込まれたりしないよう、彼らの横に立って見守ったが、それは杞憂に過ぎなかった。何事も起こらず、通行人は積極的に署名とカンパに応じてくれた。

佐世保での全学連の行動への強い支持と、ベトナム戦争に加担する日本政府への反発が、この地の住民にも広く浸透している様を見て感無量であった。

四人分の費用が集まったので、もう一人を上京させると言っていた彼らは同学年の女性のオルグに成功した。

四人には初めての東京である。そこで中核派系学生が闘争前夜の宿泊場にする法政大学生会館に連れて行き、一緒に泊まり込んだ。反対同盟の主催する空港建設反対集会に参加したその夜は、同盟員の農家に五人まとまって宿泊した。用意された風呂、野菜の天ぷらをメインとした夕食、家族との語らいと進むうちに前日から続いた緊張が解けた。

翌日、九州へ戻る彼らを東京駅まで送り、私は単身行動に移った。前日の解散集会で学生運動を最後まで共にした同期の遠藤と出会い、この日は彼のところに一泊すると約束していたからである。

仕事を終えた彼と高田馬場駅で合流し、夕食を兼ねて近くの小料理屋へ入った。

何はともあれ一年ぶりの再会を、そして何よりも万を越えた参加者の中でお互いを気付いた奇跡を喜び合い熱燗の杯を重ねた。彼は学生時代に比べてびっくりするほど快活になっており、飲めなかったお酒をおいしそうに口に運んでいた。卒業後の反戦青年委員会での活動が、積極的で開放的な人柄に変えたのであろう。九州の片田舎にいては彼のようにには成長できないのではないかと思っていると、彼は思いもよらないことを口にした。

「実は俺、明日から四日間、休暇を取った。就職してから一度も休みを取っていなかったので、すぐにオーケーがもらえたよ。一緒に斉藤君のところに行くよ。俺、関西から西へは行ったことがないんだ。一度、九州に行ってみたかった」

遠藤が学生時代を過ごした鎌倉の下宿部屋にはなかったタンス、水屋、本棚を揃えたアパートに泊まった翌朝、私たちは九州へと向かった。気の置けない友達と過ごした二日間はあっという間であった。

次に遠藤と出会ったのは九年後である。革共同常任活動家として東京の杉並で地域活動を担う彼は、この日に劣らず生き生きとしていた。

第三節　革共同九州地方委員会

1969年春からの一年間

二足の草鞋

一九六九年の早い春、私は福岡県の山間部にある県立高校を去った。その足で、一年ほど前に設けられた前進社九州支社を訪問。その夜は高木徹の住む公団アパートに泊まり、これからの身の振り方を相談した。

「父が倒れたので家業を継ぎ生活を支えてきたけど、弟たちも学校を卒業して家の面倒をみる務めは終わった。四月の沖縄闘争、秋十一月の佐藤訪米阻止闘争には革共同への破壊活動防止法（破防法）の適用も予想される。そのために第一指導部、第二指導部を準備しておかなければならない。自分はそのために近々上京して前進社本社に常駐する。君もこうした状況を考えて行動すると良い」

「社会運動の中心は福岡なので、福岡で働きながら反戦派労働者として活動したい。来春、九大の大学院に入って、奨学金をもらいながら活動する手もあります」

高木は大学院に興味を示したが、福岡での反戦派労働者としての活動や常任活動家の話は出てこない。そこで、こちらからその話題に水を向けた。

「常任って、どういう点がいいのですか」

「勉強時間がある点だ。労働者には勉強時間がほとんどない。労働者から勉強時間を与えられた者を常任と考えればいい。その代わりお金はないからビールを毎日は飲めないが、たまには一本飲める。一年に一回くらいは海水浴もできる」

高木はそれ以上は言わなかった。つまるところ自分で考えて決めるように、ということのようであった。

その翌日、これからどうするべきかという重い宿題を抱えて実家に戻った。とはいえ、回答を出すまでの時間を居候というわけにもいかない。自分の生活費くらいは自分で稼ぎ出さねばと、試しに地元の予備校に講師希望の履歴書を送ってみた。すると「至急、面接に来られたい」との電報である。社会科系に急に穴があいたらしく、即決で月、水、金の週三回の計九時間の授業と、その週に教えたことのチェックテストの作問をセットにした仕事が決まった。

高木にその旨を電話すると、「じゃあ、土日は福岡で活動するようにしよう。高校生が集まり始めている。彼らは土曜の午後と日曜の日中に集まって学習会や政治討議をやっているが、ちゃんとした指導をできる者がいなかった。君なら彼らの進路相談にも乗れる。早速、今週の土曜から来て欲しい」と、その場で指示を出された。

こうして四月からは平日の三日間は予備校、土日は福岡と、二足の草鞋の生活が始まった。土曜日は朝一番の列車で福岡へ向かい、午後から福岡の高校生、日曜日の日中は小倉で北九州の高校生相手の学習会と政治討議にあたった。

この過程で気がかりな事が一つあった。エンタープライズの佐世保と成田空港反対の両現地闘争に同道した、当時二年生の学生たちのその後である。

彼らは六八年の三月からは私の手を離れ、福岡の中核派学生の指導下に入った。この夏の全学連大会、と言っても三派全学連は社学同系全学連、社青同解放派系全学連、中核派系全学連に三分解したが、その中核派系全学連大会に四人が参加している。

だが、その後はすべてのメンバーが活動から離れていると聞いた。それでも会って話してみようと、かつて住んでいた彼らの下宿を訪ねてみたが、もうそこにはおらず会えず仕舞いであった。同大学に戦闘的学生運動を作り出す試みは終わっていたのである。残念な結末であった。

リーダー・小野田襄二の離反

福岡の高校に赴任する頃、彼らのオルグを済ませた西南大出身の同年輩の活動家が私の実家に立ち寄ったことがある。彼は「みんなバラバラでなかなか政治討議が進まない。それに指示した学習会もやっていない」とこぼしていたが、続けて「小野田襄二が革共同を離れた。知っているかい」と問うてきた。「初耳」と答えると、「これ読み終えたから、読むならあげるよ。ふざけたことを書いているけど」と、「遠くまでいくんだ」というタイトルの小野田論文を掲載する冊子を差し出した。

「小野田が離れたとすれば、そのわけは感覚的に分かる。もらっても読まないだろうからいらない」と冊子は受け取らなかった。私にはその時、小野田ならではの言葉が浮かんでいた。

小野田は都自代で、アメリカの北ベトナム空爆について「東京大空襲の苦々しい体験が人民の中には根強く残っている。北爆のひどさを、その体験に結びつけて訴えよう」と言い、また、原子力潜水艦横須賀寄港には「戦後に根付いた人民の反戦、反核意識を一挙に潰そうとする攻撃だ。戦没学生の手記『きけわだつみのこえ』を読むと良い」と述べた。彼が活動家を相手に力説していたことは、人民の戦争体験に宿る記憶や意識を踏まえた反戦運動を起こそう、ということであった。彼はまた、目先の中核派の利害にとらわれずに、三派の統一行動を大事にするようにと繰り返し述べていた。確かにそれをもって共産党や革マル派を追い込み、ついには三派連合による都学連、全学連の再建を実現した。

中核派学生組織を作り育て全国に波及させた彼の感受力からすれば、「第二、第三の羽田を」とイケイケどんどんで突き進み三派全学連を解体して単独行動に走るこの段階の中核派は、自分が企図したものとは別のものになったと見たのではないか、あるいはとんでもない怪物を作ってしまったと思ったのではないのか。

そのような感慨がよぎったが、それよりもベトナム戦争加担を深める権力と真っ向から対決する中核派の闘いが、小野田の構想の域を越えたからではないのかとの思いが強く、小野田の離反に関心が向くことはなかった。

福岡に移住

土曜と日曜に集まる福岡や北九州の高校生は回を追うごとに成長し、友達を誘ってくるまでになった。八月九日の九州反戦青年委員会主催の長崎反戦集会には福岡と北九州の高校生も十人参加し、開催地の長崎、佐世保の高校生も十人参加しと、高校生も反戦派労働者や学生たちに続く第三の勢力を形作るまでになっていた。

こうした動きを目の当たりにして次の一歩を踏み出す決断をした。八月半ば母親に、予備校退職と福岡に移住して社会運動に専念する意志を伝えた。母はショックを受けたであろうが、「誰か訪ねてきたら、何と答えればいい」と、極めて現実的な問いを発した。早晩その日がやって来ると、すでに心づもりをしていたのであろう。

予備校は次の講師の目途が立ったところで辞めた。福岡の居所が決まれば送ってもらう布団、衣類、自炊用品、本の梱包も済ませた。

九月に入って間もなく、もらったばかりの一か月分の給料を懐に、前進社九州支社に向かった。居所が決まるまでの仮の住まいは、既に二人が起居している支社二階の六畳間である。

転がり込んだ支社には、逮捕者の救援活動を担当する同年輩の九大医学部研修医がちょくちょく顔を出していた。そこで彼に部屋探しの相談をしてみた。すると、なんと自分のアパートを使ってもいいと言う。聞くと週に三回、当直医のバイトをしておりその夜は帰らない。しかも二部屋あるので、一部屋を自分の部屋として使えばいい、自炊もできると言う。彼は当直をドイツ語ではネーベンといい、寝るだけの仕事だからそういうのだと、冗談交じりにアパートの使用を勧めてくれた。

何という幸運であろう。家賃がいらなくなったお蔭で、手持ちのお金がなくなるまでは常任活動を続けられることとなった。研修医は彼が転居するまでの二年半もの間、その一室を無料で使わせてくれた。

九州地方委員

福岡へやってきて半月ほどたった頃、革共同九州地方委員会の労働者対策責任者（略称、労対）から、地方委員会の会議に出席するようにと言われた。つまりは地方委員に任命されたのである。

聞けば、会議の出席者は議長の任にある医者、労対、学生対策責任者（略称、学対）、それに私の四人である。議長は私に一室を与えてくれている研修医ではない。六〇年安保闘争を九大生として全学連傘下で闘った、私より三、四歳年上の勤務医である。労対と学対は同年齢で私より四歳年下。彼らは九大、早大時代に、日韓条約批准阻止闘争を機に活動家となった学生運動出身の常任活動家である。このメンバー構成から判断すると、私はどうやら高校生対策の責任者（略称、高対）という立場での地方委員会入りのようであった。これで本格的な活動に入れると、少しウキウキした気分で出席したその会議は議長の耳を疑うような発言で始まった。

「勤務の行き帰りを私服刑事に尾行されている。十一月の佐藤訪米阻止を、形相を変えて訴える学対を見ていると怖い。自分には地方委員は務まらないので今日をもって降りたい」

慰留のつもりか学対が「形相を変えて」十一月決選の意義を訴えた。政治討論の場に久しくいなかった私には十一月決戦論は語れないので議長の思考の問題点を指摘した。

「議長は中途半端なインテリだと思う。僕も怖いと思うときがあります。そういう時には両階級の攻防の核心は何かを考え、その中に自分を置いて、問われていることを考えるようにしています。議長はもう少し物事を根底から考えたらどうですか。それができなければ議長は務まりません」

学対は何をいまさら一般論を、というような顔をし、労対は言った意味が分からないのか、ハトが豆鉄砲を食らったようにキョトンとしていた。会議は会議にならず三者の発言で閉会した。

その日からほどなくして、あらためて地方委員会がもたれた。出席者は労対、学対、高対の私。そこに革共同政治局の陶山が、九州地方委員会の新議長に任命するという木田を連れてやってきた。

初対面の彼は、岡山大の学生運動を経て、同地で指導に当たっているという。労対や学対より少し年上と思われたが年齢は聞いていない。何はともあれ、これで地方委員会の形は整ったのであった。

十一月佐藤訪米阻止闘争

十一月半ばの佐藤訪米阻止羽田現地闘争に、私は当然にも参加するつもりでいた。そのために、遅ればせながらも九月には福岡に出てきた。ところが労対から、上京せずに文社に残るよう指示され闘争には参加できなかった。

労対は「上から斉藤は残すようにと言われた」とそのわけを述べた。「上」が誰を指すのかは聞くことでもないので聞かなかったが、要は闘争現場で張り切ることも大事だが、破防法の団体適用も考えて逮捕は避けよとのことだと理解した。

佐藤訪米のこの日、中核派系の学生、労働者は、軍団編成による激しい波状的な実力行動で蒲田から羽田空港を目指した。中核派系だけでも千人近くが逮捕され、やがて数百人が起訴された。その中には九州の労働者と学生の十数人が含まれていた。彼らはその日以来、長期にわたる拘置と裁判闘争を強いられることになった。特に労働者の場合は学生と異なり、解雇との闘いをも抱えねばならなかった。

蒲田の戦闘から戻ってきた学生や労働者は一様に士気が高かった。それは、これまでの集団デモ行動とは異なり、角材や火炎瓶を手に機動隊に立ち向かう軍団行動を担った自信からきていた。

さらにこの羽田現地での激しい闘いは、社会運動史に残る二つの大きな決起を生み出した。

一つが、航空自衛隊佐渡分屯基地の自衛官、小西誠の決起。もう一つが、浦和地裁を占拠した澤山保太郎らの決起である。

小西は七〇年安保闘争の鎮圧に向けた自衛隊の治安出動の訓練を拒否し、その意思をビラにして隊内で配った。その行為が自衛隊法違反とされて逮捕、起訴されたが、「人民に銃口は向けない」という彼の主張と行動は、安保、沖縄闘争の全社会的な高揚が隊舎の壁を越えて、自衛隊員たちにも確実に届いていることを示していた。

澤山は同志と共に浦和地裁に突入し、「狭山差別裁判徹底糾弾」「無実の石川青年奪還」のスローガンを地裁の窓から屋外に垂らし、駆けつけた機動隊に逮捕されるまで地裁を占拠した。この狭山差別裁判徹底糾弾の実力行動は、やがて部落解放同盟の青年たちの心に届き、革共同をはじめとする新左翼が狭山闘争に取り組む大きな契機となった。

十一月の激闘を受けて十二月の初旬、東京では革共同政治集会が開催される運びになっていた。労対から政治集会に行ってくれないかと要請され、二つ返事で承諾した。

直近の激闘で中核派は千人近い逮捕者を出しているにもかかわらず、会場の品川公会堂は満席であった。基調報告を行った北小路は、十一月の闘いを国家権力の総力を挙げた内乱対処型の鎮圧に対する武装した人民による闘いという視点から論じた。

秀吉の刀狩によって人民の所有する武器は取り上げられ、以後は時の権力によって人民の武装権ははく奪されたままである。今回の闘いは労働者、学生が奪われてきた武装の権利を実力で奪い返し、これまでになかった内乱型の闘いをやり抜いたとして、階級闘争の歴史的脈絡の中で羽田の闘いのもつ政治的意義を明らかにした。

ところで、革共同集会への参加要請を二つ返事で了解したのには訳があった。革共同中央の十一月決戦の総括を直に聞いてみたかったかことに加え、川口に面会したいと思っていたからである。

金網越しの面会

川口はこの年の一月に繰り広げられた東大安田講堂攻防戦で逮捕、起訴され、一年になろうというのに、なお東京拘置所に拘置されていた。

それを知ったのは公刊された『東大闘争、獄中書簡集』によってであった。東大闘争の正当性と獄中闘争を闘い抜く決意一色の獄中からの便りばかりの中で、川口は異彩を放っていた。

拘置所生活は単調で味気ないが、机上に花一輪と面会があれば耐えられる、というような内容である。私ならずとも彼の便りに心を動かされ、拘置される友人の面会に足を運んだ者もいたのではと思わせる、彼ならではの感受性豊かな便りであった。

政治集会に参加した翌日、東京拘置所に川口を訪ねた。エンタープライズ佐世保闘争以来の再会は、金網越しの制限時間五分の面会ではあったが、心の通い合いは十分に体感できた。

『東大闘争、獄中書簡集』で君が拘置されているって知ったよ。君の手紙にあった『花一輪』は俺には似合わないから、お金とミカンを差し入れした。昨日の革共同集会参加と君の面会で上京した」

「有難う。体は大丈夫だ。実は頼みがあるんだけど…。俺がいないんで、おふくろがとても寂しがっているらしい。斉藤君と話すだけでもおふくろは安心すると思うから、俺の家に寄って会ってくれないか。それと石田も安田講堂で起訴されてここに入れられている。彼の実家は静岡だろう。だから家族もそんなには面会に来られないようなんだ。寂しがっていると思うから、明日あいつの面会もやってくれないか。九州に帰るの、明日にしてもいいんだろう」

「分かった。一日延ばしても大丈夫だ。君のお母さんと石田に会ってから帰るよ」

川口の依頼に応えて拘置所から川口家に直行した。泊まった朝はおいしいみそ汁を出してくれたお母さんは、三年ぶりの私を懐かし気に迎え入れてくれた。

「川口君はいたって元気で、むしろお母さんを心配していました。一緒に拘置されている横市大の石田君にも気を配るなど余裕をもって過ごしています」と、この日の川口の様子を報告した。

元気のないお母さんを想像していただけに、ニコニコと笑顔でうなずく姿を見ていると、私の母もきっとこんな風に気丈に過ごしているのだろうと偲ばれ、逆に私の方がしんみりとなってしまった。

翌日、石田と面会した。差し入れは、川口に合わせてミカンとお金にした。彼と会うのは卒業以来となるので三年ぶりであった。

金網越しに見る石田の目は澄んでいた。一昨日の革共同集会の盛り上がりぶりや、昨日会った川口は元気であったことなどの報告を、手を膝に置き姿勢を正して聞き入っていた。その真剣な姿を見て、彼は自分の進む道を掴んだのだと感じ取ることができ安堵した。

それからしばらくして二人は保釈され、東大裁判を闘いながら共に革共同本社の常任活動家として全国を舞台に活躍し始めた。

政治集会で十一月闘争の総括の視点を得ることができ、川口、石田にも会えて、上京にはたくさんの成果があった。ところがこの満足感とは裏腹に、個人的には深刻な事態に直面していた。東京往復の交通費と現金の差し入れで、福岡に出てくる際に持参した所持金が底をついてしまったのである。ことここに至っては東京でお金を調達するほかなく、学生時代の「平民会」の先輩で都立高の教員をする山上に急きょ電話を入れた。

山上とは五年ぶりであった。彼は高教組分会の青年部長をしているとはいえ、新左翼と呼ばれる運動の世界とは無縁に過ごしてきたせいか、はたまた結婚して子供もできたこともあってか、七〇年安保闘争に絡む政治的な話はほとんど通じなかった。

それでも手渡された封筒には、彼の給料の八割に相当すると思われる金額が入っていた。自分の生活と活動のためにカンパを求め、また先輩とはいえ他人からこんなに大金をもらったのは、この時が初めてであった。

革マル派との激突

年が明けた七〇年の一月半ば過ぎの夜、九大教養部近くの病院から「救急搬送された九大学生の広野さんから、入院したと連絡するよう頼まれました」という電話が入った。労対がその電話を受けたとき、支社には学対と私の三人がいた。

学対に事情を尋ねると、この日、九大教養部で革マル派と二度にわたる衝突があったという。一度目はビラまきの最中に革マルの襲撃に遭い退避、二度目は態勢を立て直して反撃に出たとのことである。だが肝心の広野のことについては何も触れない。労対も電話の言葉をそのまま紹介したきり、口をつぐんだままである。

そこで「俺が見舞い行ってくる」と立ち上がると、学対は即座に「行く必要ないよ」と応じ、さらに「広野は革マルに捕まり自己批判している。そんな奴の見舞いなんかに行く必要ないよ」と続けた。学対は反撃に出向いた学生から、広野が捕まり連れ去られたことを聞き知っていたのだ。

想像もしていなかった彼の言葉に、「何言ってんだ。リンチされて吐いた言葉など自己批判ではない」と怒鳴り返そうとしたが、何よりもすぐに病院へ行くことがすべてと思い直し、「とにかく、行ってくる」と支社を出た。

病院に着いた時はすでに夜の八時を回っていた。こんな時間に面会ができるのか、広野はそもそも会話ができる状態なのかを気にしながら病院の扉を押した。

広野は頭、手足と目につく各所を包帯で巻かれ、ベッドに横たわっていた。私を確認すると、意のままにならない体を時間をかけて起こし、こちらが話しかける前に口を開いた。

「捕まってしまいました。連中は労働者、学生、高校生対策の責任者の名前を言えと言って、俺を殴り続けました。三人の名前を言ってしまいました。斉藤さんだけは佐藤と言いました。済みませんでした」と頭を下げた。

これだけを言うのに何分かかったであろう。彼はひどい吃音になっていた。言おうとする言葉の出だしの一文字を何度も言って、やっと単語が出てくる。合間に「言葉が出ない」と、これまた吃音で何度となく繰りかえした。ショックによる心因性か、それとも頭部を殴打されてそうなったのか。私に分かることではなかったが、それでも名前を言ったことを謝ろうとする気持ちは十分に伝わってきた。

会話を交わすのは無理と考え、こちらからは何も問わず「名前を言ったことなんて気にするな。名前なんて大したことではない。休めば怪我も良くなるし言葉も出るようになるよ。会えて安心した」とだけ声をかけ、病室を後にした。

支社に戻る道すがら、学対が広野のとった行動、名前を言った行動を非難するようなら、自分の信条をぶっつけて対決しようと考えた。極限状況に置かれた人間が生き延びるためにとった一瞬の行動は、どのようなものであれ、とがめられるものではない。とがめられる者がいるとすればそれは神のみである。我々は宗教の世界に生きているのではないのだ。

帰社して労対と学対に、見たままを報告したが、黙って聞くだけで質問や意見は出ない。押し黙るその姿を見て、彼らに自らの信条を吐露しても通じないであろうと思われ口にしなかった。

けがが癒えた広野はすぐに活動を再開した。夏に行われた長崎の大村収容所への「入管法反対、大村収容所解体」を掲げたデモでは先頭に立って収容所に突入し、逮捕、起訴された。だが彼は学対から疎んじられていると感じていたのであろうか、裁判で執行猶予の判決が出てしばらくすると運動から離れた。それからは大学には戻らず、過去の履歴を問われない作業労働の職に就いた。

今から八年ほど前になろうか、四十年近く会っていなかった広野に連絡を取った。自らが代表を務める法人の事務所兼居宅に迎え入れてくれた彼は、あの日の革マル派との衝突にかけた自身の想いを語った。

「自分は内ゲバをやるために革命運動に入ったのではない。内ゲバは革命運動ではない。スターリン主義である。そう思ってあの日は、革マルを二度とゲバなどできないように叩きのめし、自分が学対にとって代わって学生運動の指導に当たたろうと考え、先頭で突っ込んだ。ところが俺だけ捕まってしまった。連中は俺が自己批判したとビラや機関紙で宣伝するし、学対までも俺を批判してきた。これはもう革命運動ではないと思った。自分に言わせれば革共同もスターリン主義だった」

秘めてきた想いを涙しながら語る彼に、「我々がやった運動はスターリン主義の一言では済まされないもっと深い問題をはらんでいると、今は思っている。これからはそのあたりをじっくりと話し合っていこう」と返すのが精いっぱいであった。

反戦派労働者

東京から戻ってからも、土曜は福岡、日曜は北九州と、併せて四十人ほどになった高校生の面倒を見る以外に活動上の変化はなかった。それが、七〇年の二月の終わり頃に、全九州の中核派系反戦派労働者の勉強合宿でレポートを担当したことで活動の場が一挙に広がった。

合宿には福岡、長崎、宮崎、鹿児島から八十人に上る二十代の労働者が一堂に会した。二十代前半組は佐世保のエンタープライズ寄港阻止闘争を機に反戦派となった若手労働者、二十代後半組は労働組合の活動家であり、それを機に反戦派となった労働者である。両者ともに三か月前の羽田、蒲田での佐藤首相訪米阻止闘争では労働者軍団の一員として実力闘争を担った。

労対から与えられた報告テーマは「マルクス主義国家論」で、休憩をはさみながら三時間をかけて報告した。参加者は学生運動出身者が皆無であることから、抽象化した事柄や本質の規定には根拠や背景を具体例で示し、自分の言葉で話すことを心掛けた。

国家の本質としての幻想的共同性では、幻想の意味と、幻想が自然とのかかわりを発生根拠とする点に焦点を当てた。これは幻想という言葉が、巷間で使われる「そんなことは幻想だよ」という、夢物語の意味で用いられているものではないことを理解してもらうためであった。

狩猟、漁労中心の世界では山や森、海が、農耕世界では土地と川が人間の生存と生活の基盤になる。つまりは、人間にとっては自然がすべてであり、それは人力、人知を超えた存在である。そこに自然信仰、自然神が生まれ、そこで暮らす人々に共有される。意識の共有が始まり、そこから祭り、祈り、宗教、慣習、決まり事、言語、文字の共有へとつながっていく。濃淡はあれ共有する意識のある共同体、つまり幻想的共同性が形成される。

その幻想的共同性は階級の発生に伴い、幻想面、つまり意識面は支配階級の意識、虚偽意識、訳してイデオロギーとなっていく。支配階級はイデオロギーを継承し産出する機構を作り、さらには自然法とは異なる法を作っていく。というように、幻想的共同性をその始原から取り上げた。

その後は近代国家が、外にあっては民族、内にあっては市民社会という形で成り立っていること、帝国主義段階で国家は、帝国主義本国と植民地という形で成り立っていることと、その内容を説明した。

夕食時にチューターとして参加している政治局の陶山が声をかけてきた。

「よく勉強しているね。国家二重性論などどこで知ったの」

「私の卒論のテーマが国家論だったので、スターリン主義を含めたマルクス主義と見なされる代表的国家論には一応目を通しました。イギリスのニューレフト学者の二重性論もその折に読みました」

雑談ついでに陶山の不可思議にも思える職歴について尋ねてみた。

「陶山さんは六〇年安保以前から学生運動の指導部のみならずブントの指導部にいましたが、よく農林省に就職できましたね」

すると彼は「たぶん、省内の共産党対策のためでしょう」とあっけらかんと答えた。共産党を喜ばすような言葉に一瞬ぎくりとしたが、官僚組織を維持しコントロールする権力の側の狡知さを述べたものであろうと、妙に納得させせられる回答であった。

その夜は産別あるいは地区に分かれての政治討論となった。その輪を労対と回り、ほとんどが初対面の反戦派労働者に面識を得ることができた。それもあっていくつかの現場から労対に、普段の政治討議と学習会へ私を寄越すようにとの要望が出された。

支社に『ドイツ現代史』(篠原一)や『アメリカ帝国』(清水知久)を持参し読みふけっていると、労対は「よく本を読むね。本など読む必要ないよ。世界の本質は賃労働と資本の矛盾であると、ここを押さえていれば本などいらないよ。『前進』を読めばすべてが分かる」と言う。彼のあまりの単純さに言葉も無かったが、彼のこうした言辞を彼の一徹さといい意味で捉える者もおり、これはこれで労働者の信頼を得ていた。

労対は各所から出された私の現場派遣の要望に、「贅沢な要求だ」と言いながらも、福岡の日放労と北九州の八幡製鉄所の反戦派の学習会と会議への出席に同意した。彼らを育てることは労働運動と社会運動の在り様を変える上で極めて大きいと思われ、勇んで引き受けた。

日放労福岡の反戦派の五人とは、彼らの希望で、エンゲルス『フォイエルバッハ論』を水曜日の夜に勉強した。彼らが同書を選んだ理由は聞かなかったが、イデオロギー（支配意識、虚偽意識）の形成とその背景を歴史の推移と重ね合わせて読み取れるように進めた。

勉強と政治討論の二時間ほどの会を終えると、彼らは待っていましたとばかりに、ウイスキー、氷、つまみを机上に並べる。小さなグラスに注いだストレートを一口で飲み干し、続けざまに何杯か飲んだところでお開きとなる。労働者の学習会はこういう運びになるものなのかと、それに倣って飲んだのはいいが、アパートに帰り着くころには肩で息をする有様であった。

八幡製鉄の反戦派四人とは、彼らの希望でレーニン『国家と革命』を日曜の夜に勉強した。互いをよく知り合うために、会を終えた後はお酒ならぬお茶を飲みながら雑談をした。

その話の中で彼らは、かつて属していた職場の「社党協」（社会党党員協議会）を抜け、同盟型労働運動の牙城で反戦派の旗揚げをしたと知った。また高炉内作業の就労前と後では体重が三キロも減るという労働現場の様子も聞いた。

彼らの職場を主題にした二冊の本、一九二〇年の八幡製鉄所のストライキを指導した浅原健三が綴った『溶鉱炉の火は消えたり』と、同製鉄所で働いた佐木隆三の職場内の労働者管理を詳述したルポ『鉄鋼帝国の神話』を、どう見るのかと問うたことがある。彼らは一様に、書かれた内容よりも書いた人の歩みが問題であると応じた。浅原はその後、産業報国会運動や大政翼賛会運動の側に転じており、佐木は上京し作家となっている。要は、現場から離れた人間は信用できない、したがって論じる対象ではないという趣旨であった。

こうした話から、彼らの革共同へ接近はその理論にではなく、節を曲げずにいちずに権力と闘う行動にあるのであろうと察せられた。

赤軍派との奇妙な出会い

この頃の北九州の反戦派は、政治討議や学習会の場としてアパートを借りており、日曜の日中は北九州の高校生が使用していた。私はこれ幸いと、学習会と会議を終えた土曜と日曜の夜は同所に宿泊し、月曜は近くの九州工大の自治会室に出向いていた。

同大学の自治会執行部を握るのは、前年十一月の佐藤首相訪米阻止闘争を、羽田現地に行ってまでは闘わなかったノンセクトである。それを知る学対は彼等のオルグには消極的であった。それなら北九州にいるついでにとオルグをかって出て立ち寄っていた。そうするうちに執行委員の何人かは話を聞いてくれるようになっていた。

三月の終わり近くに自治会室を訪れると、居合わせた三人の執行委員がいつになく笑顔で招き入れてくれる。不思議に思っていると、その中の一人が耳打ちしてきた。

「ちょうどいいところに来てくれました。あそこに座っている人なんですけど、突然やってきて自分は赤軍派だと名乗り、ここ二、三日内に武装蜂起すると言っているんです。それ以上は何も言わず、一時間近く座ったままなんです。僕たちにはどうしていいのか分かりません。彼と話をしてくれませんか」

一人ポツンと座る彼を見やると、体つきは小柄できゃしゃ、両目の下には濃い隈が浮き出ていて疲れ切った様子である。目つきだけは何事かを思い定めている風で鋭い。しばし彼を眺めるうちに、そのきつい目つきとは裏腹に、彼には存在感が全く感じられないことに気付いた。うすぼんやりと揺れる半透明な人間を前にしているような不思議な気分に陥ったが、執行委員たちへの手前もあり一声かけてみた。

「俺は革共同の中核派だけど、武装蜂起した後どうするの」

「その後は革共同がちゃんとやってくれるよ」

「ちゃんとやるって、どういうこと」

「俺たちが切り開いた道をすすんでくれるということだよ」

彼はこれだけ言うと口をつぐみ、またしても壁の一点を見つめるだけであった。会話もどうやら終わったと感じたのか、三人はほっとした表情であたふたと退出した。彼はその後もしばらく壁を見つめていたが、やがてかき消えるように去った。

彼の言う「その後は革共同がやってくれる」という意味は分からないではなかった。現下の社会の在り様を一変させると信じる乾坤一擲のやり方で、対権力闘争に打って出ようとしているのであろう。その後にやって来る権力の反動に圧し潰される覚悟をしてもいるのであろう。彼らの決起を機に新たに巻き起こる学生運動、反戦派労働者の闘い、総じて社会運動の流動を革共同が束ね、ついには権力奪取につなげていく。そう考え、期待して、行動に出ようとしているのであろう。

それにしても出入り自由の自治会室で、しかも初対面の執行委員に、蜂起なるものの決行と予定日までを明かすとは…。そのあまりの無警戒ぶりに事の真偽を測りかね、彼の言葉は誰にも伝えず胸におさめた。

この日から数日後、赤軍派が日航機「よど号」をハイジャックしたと知った。その実行犯として報道された顔写真の中に、自治会室で会話したと思しき人物を確認できた。武装蜂起とはこのことだったのかと厳粛な気持ちにはなったが、彼が期待する「その後は革共同がやってくれる」というような情勢の展開につながる行動とはとても思われず、テレビに映る彼に「グッドラック」と言葉を投げかけただけであった。

九工大の自治会室には以降も何度か立ち寄ってみたが、顔見知りの執行委員はもとより、そもそも出入りする学生が一人も見当たらなくなりおのずと足が遠のいた。

第四節　立ち上がる労学、市民　1970年春から夏

一九七〇年春からの私たちの闘争課題は、六月一五日の安保条約自動延長に対して、労学共に総力を挙げて国会デモを敢行することにあった。

前年一月の東大安田講堂の攻防戦、革共同とブント幹部に破壊活動防止法が適用された四月の首都での沖縄闘争、これらの闘いに上京し逮捕、起訴され長期にわたって拘留されていた学生たちが保釈され戦列に戻り始めていた。彼らを迎えた戦闘的学生運動は活気に満ちていた。

共産党学生組織の瓦解

私の体験した学生運動では、何をやるにしても理論と運動の両面から共産党との対立、抗争が避けられなかった。ところがこの頃には、共産党の学生運動は見る影もないほどに衰退しており、福岡のみならず九州全体を見回しても彼らが自治会を握る大学はなく、彼等との対抗はもはや必要がなかった。

私はこの事態を、新左翼の主導する安保、沖縄闘争が学生の大半を捉えた結果とみていたが、ことはそれほど単純なものではなかった。

この頃の共産党の学生組織は、共産党中央による学生指導部への粛清で全国的に崩壊状況に陥っていたのである。その事実と深刻さを知ったのは、今から四年ほど前であった。奥浩平の大学の同期で、同世代

の共産党の中心的な活動家であった手塚を偲ぶ会に出席した折のことである。

二〇〇九年、私は四十数年ぶりに手塚と再会した。場所はパルシステムの初代理事長、下山保の『異端派生協の逆襲』（同時代社刊）の出版記念パーティーである。私と彼は互いをすぐに気付き、どちらからともなく声を掛け合い、彼が共産党を離党したと聞いた。だが、ほどなくして手塚は亡くなった。そこでの出会いの縁で、私は手塚を偲ぶ会に出席した。

共産党の離党組が七十人ほど集った会には、角突き合わせた大学時代の共産党員も十数人出席していた。彼らの話によると、七〇年当時、公称三万と言われていた実質二万人の民青同盟員のうち、半数の一万人が党中央による学生幹部の粛清に疑義を示し離反したという。会に出席した彼らは粛清に反対し、それを機に共産党を離党していた。

彼らに「俺の大学時代の横市大の共産党、民青は両組織併せて在学生の一割にあたる二百人はいたと思うが」と問うてみた。彼らは「いや、一割は越えて三百人はいた。学生幹部の粛清で、横市大では当時のメンバーの半数の百五十人が離脱した」と言う。また彼らは、学内の同世代離党者のうちの数十人で、今日に至るも社会や時代への認識を深めようと勉強会を続けているとも述べていた。

七〇年の安保闘争時の学生運動世界に共産党の姿が見えなくなった真の原因と若手党員の大規模な離党の実態を、半世紀近くの時を経て、手塚との出会いと彼の死を通して初めて知ることができたのであった。

常態化する若者の政治参加

七〇年の安保闘争は、学生は言うに及ばず若者が、政治を語ることは当たり前という状況を生み出していた。

これまで学生運動とは無縁と見なされていた専門学校にもその芽が出ていた。福岡の中心部にある写真専門学校の学生たちが、六月初旬の日曜日に安保をテーマにした講演会を開くという。労対から「安保賛成派から一名、反対派から一名を講師に招き講演会を開くらしい。反対派として反戦青年委員会から講師を出してほしいとの話がきたのでオーケーした。相手が写真専門学校生なので、自分より斉藤さんの方がいいと思う。詳しくは当日の現場で指示される」とのことである。

学生運動とは無縁な学校で安保討論会を催すような場合、当時とすれば自民党、民社党、社会党、共産党などの政党を呼ぶのが通例である。ところが安保反対派の社会党と共産党を外して、その代わりに新左翼を呼ぶ。世間は安保反対闘争の主体がどこにあるかをよく見ているものだと思われた一事である。

当日の講演会は在校生百五十人全員が参加する文化祭のメインイベントとして行われた。その場の打ち合わせで、安保賛成派の講師が読売新聞西部本社社長と聞かされ、私が先に二十五分、彼は三十五分の計一時間の講演で質疑はなし、と提示された。

学生たちはカメラマン志望なので、持参した写真家、岡村昭彦の著書『ベトナム戦争従軍記』の紹介から入り、そこで明らかにされているベトナム戦争の実相、日本政府の加担と反戦・安保闘争の意義、学生や労働者の闘いと話を進め、一人の人間、一人の写真家として安保へ自らの答えを出そうとアピールした。

次に登壇した社長はやおら財布から一万円札を取り出し、大要次のような話をした。

「私はこの一万円札をこの場で破って捨てる。私には大した金額ではない。ところが、とりわけアジアや東欧の諸国では一万円は大変な金額だ。これだけ日本の経済力は大きいのである。経済力のある日本はアジアと世界に大きな影響力をもった大国である。だから日本はアジアと世界の安定に責任をもつ国にならなければならない。日米安保はその責任を果たすために欠かせない。安保に反対することは、アジアと世界の安定に責任をもたないということである」

社長の話から、安保賛成派の立論の土台は日本大国論にあると分かった。私にとってはこの見方を知ったのがこの日の成果であったが、果たして専門学校生には何が残ったのであろうか。一方通行の講演会では、彼らの反応を読み取ることはできなかった。

この講演会の数日後、六・一五首都デモへ向けた中核派主催の反安保福岡集会を教育会館で開催した。福岡の市内デモで中核の白ヘルメットを被るのは労働者、学生、高校生各五十人の計百五十人ということもあり、集会は二百五十人と予測していたが、ふたを開けると定員の四百席が九割方埋まった。そのほとんどは、繁華街の天神界隈に張り巡らしたステッカーを見ってやってきた市民で、私たちの闘いの社会各層への浸透をここでも実感した。

六月十五日は福岡に居残りとなる私に、西南大新聞会のノンセクトから彼らの集会での発言依頼がきた。彼らは上京してまで安保条約の自動延長と闘うという徹底さはもっておらず、自治会執行部を握る中核派とは一線も二線も画していた。それでも中核派には一目置いているようで、「十二時半から屋内集会を開き市内デモに出ます。僕たちにも分かるように安保の考え方を四十分で述べてください」という。

政治討議を深めているとは思われない彼らの集会ということもあり、過日の読売西部本社の社長の話にあった日本大国論からする安保必要論、この考えの全面批判を通して私たちの考えを述べるのが良かろうと、集まった七十人ほどを前に、先ずは社長の発言の紹介から始めた。次に、アジアと世界に責任を果たすためには何をすべきなのか、それはかつて日本がなしたアジアへの侵略と侵略戦争の謝罪と償いをすることであり、二度とこうしたことを起こさないことである。そのためには侵略と戦争の要諦をなす日米安保を粉砕することである、と続けた。

第五節　問われた階級性

1970年の秋から翌年春

狭山闘争の取り組み

六月十五日の首都圏を中心とした全国的なデモを終えた六月下旬、九州地方委員会の議長となった木山から、革共同は狭山差別裁判糾弾闘争、部落解放運動への取り組みを開始する、との方針が伝えられた。だが、部落解放運動については私を含め誰も何も知らない。そこで部落解放運動を先ずは学ぶことから始めようと、夏の終わりに全国部落解放研究会のリーダー、澤山保太郎を関西から招いて、九大で労学五十人ほどで勉強会をもった。

澤山は講演で、一九六三年に埼玉県の狭山で起きた殺人事件の犯人として一人の部落青年が逮捕、起訴され、第一審で死刑判決を受けたこと、犯人とされた石川青年は獄中で文字を覚え一貫して無実を訴え続けていること、有罪の決定的証拠とされるものはねつ造された疑いが強いこと、無実の石川青年の逮捕から起訴、死刑判決に至るまでの全過程に部落差別が貫かれていることを明らかにした。

澤山は全国部落研の同志と共に六九年の十一月、死刑判決を下した浦和地裁を占拠、差別裁判徹底糾弾の実力闘争に立ち上がり、石川青年の無罪奪還を勝ち取ることこそが現下の部落解放運動の最大課題であることを身をもって示した。

この講演で、彼らの占拠行動は十一月を羽田現地で闘った私たちに、狭山差別裁判徹底糾弾、無実の石川青年奪還、部落解放の闘いを自らの闘いとして取り組むことを訴えているのだと分かってきた。講演会に参加した九大生たちは、学対の指示で九大部落解放研究会を日を置かず発足させ、狭山差別裁判糾弾の闘いに立ち上がろうとのビラを入れた。

その日の夕刻、支社に立ち寄ると、労対と学対が珍しく深刻な面持ちで対座している。何かあったのかと聞く間もなく、労対が「いいところに来た。大変な問題が起きた」と口を開き、「九大で今日まいたビラに問題があると、九大セツルメントの連中がさっき怒鳴り込んできた。夜七時からセツルメントの部室でビラについての確認と糾弾の場をもつ、解放同盟市協支部青年部も参加するので中核派の責任者が出席するように、と言われた。行く、と返事したので行ってくれないか」と続けた。

セツルメントについては、九大当局に授業カリキュラムの中に解放講座を設けるよう活動していると聞き知っていた。そこに狭山差別裁判糾弾闘争を基軸に据えた解放運動を目指す九大部落研が登場した。労対の話を聞いた瞬間、セツルメントは彼らの活動領域を部落研に荒らされると見て、難癖をつけようとしているのではないかとの思いがよぎった。だが少し冷静になると、それだけのことで支社に乗り込んで来るだろうか、中核派の責任者を呼び出すであろうか、とも思えてきた。

そうなると、彼らが何を言おうとしているのかをこの際きちんと聞き、考えることも必要であろうと分かってきたので労対からの要請を引き受けた。

彼らの指定する部室に出向くに際して、学生がこの日まいたビラを読んでおかねばと目を通すと、三点のことが記されていた。一点目は、石川青年の逮捕から死刑判決に貫かれる部落差別を明らかにし、青年は獄中から無実を訴えていることが述べられている。二点目は、九大部落研に結集して狭山差別裁判糾弾、無実の石川青年奪還に立ち上がろうと呼びかけている。三点目は、一九二二年の全国水平社創立に際して発表された水平社宣言よりの引用とした上で、その後半部が書き写されている。

このビラのどこに問題があるのか、それが分からぬまま出かけ彼らと対座した。セツルメントからは、ビラに水平社宣言をそのまま記載したことを糾弾され、解同市協支部の青年からは「踏まれた者でないと痛さは分からない」と、同様の糾弾がなされた。彼らはこの一事のみを採り上げ、何が問題となるのかについては語らない。

それでも彼らの糾弾を受ける中で、ビラには問題があると分かってきた。水平社宣言では、自らのことを、差別する側の言葉で表現している。だがそのことは、部落差別の歴史とその深刻さを示すためであり、部落解放（人間解放）の主体としての誇りを示すために用いているものだと理解した。ビラは、差別する側にいる者としてしての立場から宣言をどうとらえ返すのか、これまでに部落差別とどのように闘ってきたのかについての掘り下げが全くないまま宣言を書き写していた。ビラの問題は、そのことに気付かなかった私自身の問題でもあった。

私は糾弾から悟った以上のことを述べ、宣言をそのまま書き写したことを詫び、狭山闘争への取り組みを強化すると述べた。セツルメントからは「強化するというけど、どうやるのか」「九大部落研をどうするのか」との問いかけがあった。前者については全国部落研の指導を受けながら取り組んでいく、後者については解散する、と応じた。それで終わりとなった。

帰途につく背に、彼らの内輪話が聞こえてきた。「中核派は来ないと思っていたけど、ちゃんと責任者が来て自己批判するし、さすが天下の中核派だな」。彼らの軽い感想とは対照的に、私の中では問われているのは私たちの階級性の中身なのだ、との重い思いが渦巻いていた。

支社に戻り、労対と学対にセツルメントとの一時間半ほどのやり取りの内容を報告、彼らは黙って聞くだけであった。福岡の労働者と学生が狭山差別裁判糾弾闘争を本格的に担うようになるのは、この日からしばらく後のことである。その取り組みを主導したのは福岡の学生運動を担っていた筑豊出身の部落青年である。

七・七自己批判

東京ではこの頃、中核派、社青同解放派、社学同各派やノンセクト、そして華僑青年闘争委員会（略称、華青闘）に属する在日中国青年との間で、入管問題の連絡会議が定期的に催されていた。その席での中核派の発言が、在日中国人の入管体制下の苦闘をあまりにも踏まえていないと中国青年から批判され、中核派上部団体の革共同が責任を取って自己批判するという一件（七・七自己批判）が起きていた。ここでも問われたのは私たちの階級性の内実であった。

この七・七自己批判を受けて、国内の他民族抑圧、入管体制との闘いを、沖縄闘争、狭山闘争と共に取り組みを深め進めることとなった。入管問題に正面から取り組むのは私たちにとっては初めてのことなので、同問題をテーマに九月に九大で労学五十名の勉強会をもった。講師は長崎に住む西村豊行である。

彼は長崎に落とされた原爆で被爆した部落民、朝鮮人、中国人の聞き取りをまとめ、部落差別と被爆者差別、民族差別と被爆者差別の二重の差別を強いる日本の現状を告発するルポルタージュ「ナガサキの被爆者」を『現代の眼』に発表していた。彼はこうした文筆活動にとどまらず、長崎県反戦青年委員会の活動家として入管問題にもかかわっていた。

西村は私たちが触れない二つの領域に興味深い見解を示した。

一つは、多発している韓国からの密航問題を正面から取り上げ、「日韓条約の締結を機に、日本から韓国への資本と商品の輸出が急増している。日本への密航の原因はここにある。日本の資本と商品の輸出は彼らの民族性の解体をまねいている」と論じた。彼は日韓条約によるその後の問題として、韓国民衆の民族性の解体に言及した。この点は私たちの間では論じられておらず、深めるべきものと感じられた。

もう一つは、朝鮮人民との連帯の視点である。

彼は一九二三年のいわゆる朴烈事件を採り上げた。在日朝鮮人の朴烈は大正天皇と皇太子の暗殺を計画した首謀者として死刑判決を下され、それに連座したとして、朴の妻、金子文子が逮捕され獄中で縊死した件である。朴の逮捕は完全なでっち上げであった。

西村は金子文子の裁判での裁判長と金子文子との問答を取り上げ、「裁判長の〝あなたは朝鮮人ですか〟との問いに、金子文子は〝はい〟と答えました。この瞬間に文子は朴との連帯、朝鮮人との連帯ができたと思います」と語った。

西村の考えるアジア人民の連帯とは、権力に対しては被抑圧人民の立場に立ち切るということなのであろうと理解したが、この金子文子と裁判長の問答をもう少し知りたくなり、彼に話の出典を尋ねてみた。松本清張の『昭和史発掘』の朴烈事件のところと教えられ同書を読んでみたが、該当部には裁判長と文子の先ほどの問答が紹介されているだけで、松本清張のコメントがあるわけではなかった。読後、西村はこの問答から、文子の心底からの朝鮮人の闘いへの連帯を読み取ったのだと知った。

会場には、入管問題に関心が深いと聞く九大助手の平井が参加していたので発言してもらった。彼は大要、「在日朝鮮人の二世たちは朝鮮語を上手く話せない者も多いので、父母の母国である韓国に行っても同国人としては扱われずに、半日本人、半人間という意味の蔑称で呼ばれたりしている。日本国内では、彼らは朝鮮人ということだけで入管令下で法的差別を受け、また就職などの社会的差別を受けている。こうした現実に直面する在日朝鮮人の二世たちは、いったい自分は何者なのかと悩んでいる。彼らはこうした苦悩の中にいることを我々はとらえなければならない」と述べた。

平井が述べた在日朝鮮人二世の苦悩、西村の言う韓国民衆の民族性の解体、この視点は私たちの入管闘争の基点になると考え、この日を機に両者との付き合いを心がけて時間を割くようにした。

いくつかの変化

この狭山と入管の勉強会の前後に、党組織、個人、社会運動の面で大小に渡るいくつかの変化があった。党組織面では革共同九州地方委員会の再編が二つなされた。

一つは、六九年十一月の佐藤首相訪米阻止闘争を機に九州地方委員会議長に就いていた木山が、被爆二世主体の新たな被爆者の運動を全国に広げる責任者として東京本社へ配置換えとなり、それに伴って労対が議長となった。

木山をこの時、被爆二世と初めて知ったが、木山にとってこの異動はベターであろうと思われた。労対は労働者の、学対は学生の、全活動領域に木山を全く介在させなかった。党の財政は木山が議長に就いた後も労対が握っていたことも相まって、木山はもてる力を発揮する場所がどこにもない状態に置かれていたからである。

二つ目は、木山が去った地方委員会にもっと外界の風を入れたいと考え、労対と学対と同年齢で東京の学生書記局から派遣されている、東工大出身の学生担当の活動家を地方委員に推薦、両者の賛同を得て四名で地方委員会を構成することとなった。

私個人にも変化があった。前年十二月に上京した折に、学生時代に活動を共にした先輩、山上からもらったカンパが四月にもなると底をつき始めていた。労対に働きながら活動すると述べると、「能力があるんだから、カンパで活動すべきだよ」と言う。だがカンパしてくれるような知り合いなど福岡にはいないので、そもそも成り立たない話である。ここは働く以外ないと、求職活動に入ろうとした矢先、西南大学生協の学生理事を務める中核派の学生から、生協で人を募集しているという話が舞い込んできた。渡りに船と応募、日を置かずに書籍部で働くこととなった。

三万二千円の給料は悪くない。だがその分、月曜から金曜日は九時間、土曜日は半日を職場に拘束される。その環境下で、これまでの経験だけでは取り取り組み得ない入管、狭山の新しい闘いを作り上げなければならなかった。お金を取るか時間を取るか、その両者を天秤にかけ、九月半ばに生協を退職した。それからは家庭教師と学生時代の先輩、同輩、後輩のカンパに頼る綱渡りの活動をすることとなった。

退職して時間に余裕ができた頃、立ち寄った本屋で奥浩平の『青春の墓標』の一部が所収される『昭和の青春』を目にした。同書には昭和に生き、自死した諸氏が生前に綴ったものが収められていた。浩平の死を考える資料にと購入したが、読み始めると全ページから、青春とは生と死のせめぎ合いに生きることという声が聞こえてくる。浩平の自死もこの流れで捉えられるのではないかと、その死の根っこに触れたように思えた。同書で田中英光のことを知り、彼の小説『オリンポスの果実』を読みふけった。

また、雑誌『太陽』の特集記事「手紙」に、『青春の墓標』に所収される、浩平の彼女宛ての手紙の一部が掲載されていることにも気付いた。それらを見て浩平のお兄さんに、近況と浩平の死について今思うことを書き送ろうと思い立ったが、いざ便箋を前にすると浩平の一挙手一投足が偲ばれ、思わず『青春の墓標』を手に取って読み始めたりで、何度試みても一行もかけず仕舞いであった。

この時期、福岡の社会運動世界に大きな変化が生れていた。東京で華青闘に属する中国青年たちが新左翼系と決別したこと、革共同がその責任を取って自己批判したことを受け、福岡の地でも新左翼と呼ばれる各党派やべ平連が、それにもまして、多くのノンセクトの学生たちが、入管体制解体で大きく動き始めたのである。

その変化を受け、山﨑博昭が羽田の弁天橋の闘いで命を奪われて三年目を迎えた十月八日は、期せずして入管法阻止、入管体制解体をスローガンとする学生の一大統一行動となった。会場となった警固公園には八百人ほどの学生が集まる盛り上がりであった。その中心となったのは会場の八割を占めるヘルメットなしの九大全共闘系列のノンセクトである。

九州大学ノンセクト

警固公園を出たデモは福岡入国管理局前の広場で解散、参加系列単位での総括集会へと移った。

この膨大な学生をまとめ上げている九大ノンセクトのリーダーは誰なのか。そのリーダーと意見交換ができないものだろうか。私の関心はその一点にあった。ヘルメットを被らない学生に、「君たちのリーダーは誰なの」と聞くのは簡単なことではあるが、見知らぬ男の質問では公安関係者と警戒され、教えてもらえないであろう。とすれば、ここは私が発言し参加学生に私を中核派と分からせた上で、リーダーに引き合わせてもらう以外ないと考えた。学対に「最初の総括発言は俺がやる」と申し出てマイクを握った。

「三年前の十月八日、二十歳の若者、山﨑博昭君が機動隊の暴力で殺された。彼を追悼するとは、彼の闘いの意志を引き継ぐことである」と切り出し、十分ほどしゃべった。話を終えヘルメットを被らない集団へ向かおうとすると、一人の学生が「工学部自治会室で明日、工共闘を中心に各学部共闘からも出席する会議をやります。今日の総括会議です。中核派の考えを聞きたいので出席してもらえませんか」と話しかけてきた。狙いを越えた彼の方からの接近に、入管闘争に取り組むためには明日の会議が勝負と思い定めた。

学対に工共闘を中心にした総括会議へ中核派の出席を要請されたことを報告し、「学生が行っても演説してくるだけだから俺が行く。入管闘争で彼らと共同行動が組めそうな場合、行動設定までしてくる」と理解を求めた。

翌日、待機する工共闘をはじめとする各学部共闘のノンセクト十五人の活動家とひざを交えて話した。彼らは中核派に反発する風もなく、また学生でもない私の出席に違和感をもってもいなかった。冒頭、出席を要請してきたリーダーが「中核派は入管闘争をどのように闘おうとしているのですか。教えてくれませんか」と問いかけてきた。

そこで、こんなこともあろうかと持参した『日韓併合小史』（山辺健太郎）、『朝鮮人強制連行の記録』（朴慶植）、『在日韓国人の法的地位』（資料集）を示し、先ずこれらを勉強するように勧め、次にリーダーが問うた点については、解散集会で述べた三点を繰り返した。

大要は、①現下の日本のアジア侵略と国内の入管体制の強化は表裏の関係である。したがって来たる十月二十一日の国際反戦デーでは、沖縄と入管の政治闘争を爆発させる必要がある、②入管体制と闘う在日朝鮮人、中国人の闘いを支援する。外国人登録証を申請する際や五年ごとの切り替え申請時に義務付けられる指紋押捺、これを拒否する行動を起こした田川市に住む在日朝鮮人の闘いを支援する集会やデモを行う。入国管理局へのデモはこれからも続ける、③かつて日本がなしたアジア侵略を反省し、その償いを徹底する視点で入管闘争に取り組む必要がある。労学の中にこうした視点が浸透するにつれ、労学の安保、沖縄闘争の質が根底から深められる、というものであった。

彼らは話に耳を傾けてくれ、入管闘争の具体的行動方針を決める次回の会議へも出席を要請してきた。

九州支社を襲った革マル派デモ

指紋押捺問題にどのように取り組むべきか、九大ノンセクトとの共同行動をどのように組むべきかと、支社で思案していた昼下がりのことである。

「ピッ、ピッー」という笛の音と共に、掛け声にもとれる声が聞こえてきた。こんな住宅街をデモが通るはずもないし、何だろうと表に出てみると、機動隊の指揮車と、その後ろに「革マル派」と書かれた旗が見えた。デモが向かってくる先はどう見ても支社である。

「おーい、革マルのデモが来るぞ。先頭の旗が二つ先の角を曲がってこちらに向かうところだ」と、大声で二階にいる学対と九大生に知らせた。それを聞いた学対は階段を下りながら九大生に、「お前、残れ。シャッターを下ろして、ドアと窓のカギを全部かけろ。斉藤さんと俺は外に出る。いいな」と指示した。

三人で支社を守るか、三人とも支社を出るか、私にはその二つしか思い浮かんでいなかった。しかもそのいずれにするかを決断しかねていた。そこに学対の即座の指示である。迷ったときは修羅場をくぐってきた者に従うことを旨としていた私は、早大時代に革マル派とは何度も衝突した経験をもつ学対に、ここは付き従った方がいいと、デモがやって来る反対方向に小走りで逃げた。

学対に「なんで彼一人にした？　我々が外に出るなら彼もいっしょに出た方がいいんじゃないの」と問うと、「彼は支社に寝泊まりしているから支社に愛着を感じている。大事なものに手を付けられたら必死に守る。だから残した」と応じた。

学対の言うように、九大生は私が支社に通い始めた時には既に支社で寝起きしていた。彼は九州大学に学籍はあるが、大学に通うのは見かけたことがない。人に働きかけるオルグや演説、集会の運営やデモ指揮のような前線の活動が不得手な彼は、それでも学生運動や社会運動を担おうと、自ら選んで機関紙『前進』の管理や支社の電話番の黒子役をかって出ていた。

学対の九大生への指示が、九大生の支社への愛着を感じ取った上でなされたものと知り、人の想いなど重視しない人物とこれまで感じていた彼への見方を修正した。これは革マル派のデモの所産であった。

十五分ほど時間を潰して支社に戻ると、九大生が玄関前を箒で掃いていた。その箇所を見ると歩道が焦げ、ガラス片が散らばっていた。九大生の話によると、やってきたおよそ三十人のデモ隊は、支社前でひとしきりシュプレヒコールを上げると立ち去ったそうである。その数分後に覆面をした二人組が突然現れ、手にした火炎瓶を玄関前の地面に叩きつけ逃げたとのことである。

革マル派の支社へのデモと火炎瓶は、八月初旬に起きた事件と関係してのことであった。

当時の新聞に東京で起きた事件として、大要、次のような記事が出た。怪我をした東京教育大学の学生が病院前に放置されていた。気付いた病院は手当をしたが手遅れであった。学生は革マル派の活動家であることから学生運動内の内ゲバと思われる。

ほどなくしてその続編の記事が出た。中核派学生数人が革マル派学生の死亡事件の容疑で逮捕された。中核派学生が街頭カンパをしているところに死亡した学生が通りかかり、カンパ学生たちに連れ去られてリンチされ、病院に運ばれ放置されたのではないかというものであった。

一連の記事を読んで、とうとう起きたかという思いがよぎった。六四年七月二日、中核派、社青同、フロントの三派混成部隊は早大に集まる革マル派を急襲した。逃げ遅れた革マル派の数名は棒切れで乱打された。こうした衝突が頻発しエスカレートしていくようだと、どちらかの側にいずれ死者が出るようなことになるのではないかと懸念していた。

早大事件からこの日に至るまで、中核派の指導部、さらには革共同の指導部は、革マル派との衝突に対しての考え方やその際の行動規範めいたものを、組織内に限っても明らかにしてはこなかった。また私たちの間でも語り合ってはこなかった。今回の革マル派学生の死の背景にはこうした現実、つまりは何も考えてこなかった、語りあってもこなかった現実があるのではないのか。私にはそう思えてならなかった。

そんな折、マルクス主義哲学者の梅本克己がこの件への見解を『朝日ジャーナル』誌に発表した。疎外と闘う者の疎外と、その克服を考究する梅本は、今回の件を正面から見つめて論じていた。その大要は、①自らを階級的であり前衛的であると考える党派が陥る陥穽は、自己絶対化と他者否定、大衆蔑視であり、その帰結が内ゲバとなる、②中核派は今回のことを自己追及すること、革マル派も自分にその作業を果たすこと、というものである。

内ゲバが発生する根拠については、梅本の述べる通りであると了解できる。だが、相手はそもそも内ゲバを党是として行動する特異な党派、革マル派である。彼らのゲバルトは国家権力に向けられるものではなく、国家権力と闘う党派に向けられるものであった。

現にこの一月には九大生が、秋には長崎大の学生が、彼らの襲撃に対する反撃でけがを負わされている。この現実の只中で、彼らと相対している者としては、党派が陥る陥穽にはまった中核派と革マル派という平板な捉え方には強い違和感が残り、中核派は自己追及すべしという提起をすんなりとは受け入れ難かった。それでも梅本の論には感じるところもあったが、私の闘う相手は国家の非道である、今は現下の中心課題である入管闘争に力を注ぐことが肝要であると考え、自身の立て直しを図った。

指紋押捺拒否を支援

ちょうどその頃、福岡県の田川市に住む在日朝鮮人が、外国人登録証更新の際に義務付けられる指紋押捺を拒否する闘いを起こしたことを新聞の地方版で知った。記事を書いた記者からその当事者の詳細を教えてもらう手を思いつかず、ダメもとで福岡の朝鮮総連に電話してみた。

前進社九州支社の斉藤と実名を名乗り、「在日朝鮮人に指紋押捺をさせることは間違っている。日本の人民の問題として、こうした誤りを廃止する運動を進めたい。ついては話を伺えないか」と切り出してみた。年配を感じさせる声の持ち主からは「前進社というと中核派だね。一度来てみなさい」と好意ある返事が返ってきた。

労対に朝鮮総連訪問の話をすると、「いいんじゃないの」と同意したので勇んで再び電話すると、今度は若い声の者が出て、「お宅らとは会わない。そんな返事をした者などいない。資料などない」とけんもほろろであった。

そこで総連ルートとの交流は諦め、指紋押捺を拒否する意向を示す田川の在日朝鮮人への支援、そして指紋押捺廃止を訴える運動を独自で始めることにした。善は急げと、九大工学部共闘に田川で集会とデモを行う提案をしてみたところ彼らは即座に賛成した。

福岡の労学が沖縄闘争と共に指紋押捺問題にも取り組み始めた直後、労対から思ってもみない要請が舞い込んだ。「今度、革共同の全国代表者会議がある。七・七革共同自己批判、入管闘争が主なテーマだそうだ。中央からお前では入管は分からない、分かる斉藤を寄越すようにと連絡があった。会議に行って欲しい」と、苦笑いしながらメモを渡された。そこには会議前日の某時間までに東京入りし、某時間・某場所に連絡し、そこで以後の行動の指示を受ける、といった内容が記されていた。

会議には長崎からの出席者を含め、九州からは二名が参加した。本来なら九州地方委員会の議長が出席する性質の会議なのであるが、長崎県委員会は九州地方委員会の下にはなく、革共同中央の直轄下にあった。このために九州からは二名の参加となっていた。

会議では、本多書記長が破防法の適用で拘置所にいることもあって、陶山政治局員が革共同の七・七自己批判について説明し、発言の最後に付言のような形で過日の革マル派学生の死に触れ、「今なお逮捕が続いているので、この件についていては我々は触れないこととする」と述べた。要は、政治局は今は沈黙するとの表明であった。

その後、討論に移ると冒頭、長崎の代表、鈴木が挙手し、大要「指紋押捺拒否は朝鮮総連が行っている運動だ。拒否運動を支援することは朝鮮総連を支援することであり、スターリン主義を支援することである」と発言した。

彼の発言に黙っていては労対に代って出席した意味はない。そう考えて、鈴木が発言を終えるとすぐに手を挙げ、「今の長崎の代表の発言は間違っている。外国人登録証の対象の八割は在日朝鮮人である。彼らが在日となった背景には、日韓併合以来の日本帝国主義による朝鮮植民地支配の歴史がある。彼らは外国人一般ではない。指紋押捺拒否は在日朝鮮人の民族性回復、民族的主体性の確立の闘いである」というようなことを発言した。鈴木の発言は、七・七自己批判を自分のものにする努力が私たちになお一層求められていることを、あらためて認識させた一事であった。

福岡に戻った数日後、九大工学部共闘の会議に出てみると、彼らは前回の会議から一歩も二歩も先に歩を進めていた。リーダーが「田川の集会とデモですが、中核派がいいというなら北九州で入管を闘おとするグループにも参加してもらおうと思うのですが、どうでしょうか」と問うてきた。「いいことだ」と応じると、「では、彼らも参加する会議を北九州でやって、そこで集会のもち方を含めて話し合いましょう」と、事が大きく動き始めた。

北九州で開催した実行委員会には、福岡から私と工共闘リーダー、北九州からは北九州べ平連、ML派、六〇年安保闘争に前後して闘われた大正炭鉱闘争を担ったグループなどから十五人ほどがやってきた。北九州の彼らのほとんどは、入管闘争は政治闘争とは別のものとみなしているようで、そのあたりでは意見が全くかみ合わなかったが、それでも田川のデモには参加となった。

参加者の中で九大工共闘と北九州べ平連の代表を務める伊藤だけが、入管闘争と政治闘争を対立的にとらえる考え方に批判的意見を出した。伊藤代表とは初対面だったが、これからも深く付き合っていきたいと考え、閉会後、中核派と自己紹介した上で、あえて最初から社会運動の活動歴に関する突っ込んだ質問をしてみた。

伊藤代表は問いに答えて、六〇年安保闘争時に共産党を除名され地区委員を解任されたこと、共産党の五〇年分裂時には国際派に属し、九州にいた宮本顕治の秘書をしていたことなどを明らかにした。彼は共産党の常任活動家として、戦後の社会運動を担ってきた大先輩と分かり、さらに問いを重ねた。

「共産党を除名された後、どういう経緯で新左翼と付き合うようになったのですか。べ平連の代表にはどういう経緯でなったのですか」

「うん、共産党からトロツキストという理由で除名された。それでトロツキストとは何者か知りたくなり、初めてトロツキーを読んでみた。するとこれが面白くてね。共産党の間違いが分かり始めた。新左翼と付き合ったことはない。べ平連代表は若い連中に担がれてなっているだけだ」

「今日の色々な発言をどう思いますか」

「日本帝国主義のアジア侵略と入管政策は一体なので、沖縄と入管の政治闘争と、入管体制と闘う在日朝鮮人の闘いを支援する個別の闘いの両方をやらないといけないと言った君の発言は正しいよ。みんなそこを避けているんだ。それぞれを強化しなければという君の提起が良かったので、僕は君の意見に少し補足をしたんだ。君は中核派のいいスポークスマンだね」

伊藤代表の一連の話を聞いて、彼は共産党を除名されて以来、自らの手で社会運動、革命運動を切り拓こうとしてきたのだと分かった。機関紙『前進』を知っているかと尋ねると、名前は知っているが読んだことはないという。ならばこれを読んでくださいと『前進』を渡し、以後の郵送を約束、住所を教えてもらい別れた。

かの古参共産党員は、この日から七年後に革共同に加盟することになるが、その発端となる出会いであった。だが加盟の翌年、『前進』に彼の追悼文を書かねばならなかった。癌で急逝したのである。

筑豊の田川市でこの年の暮れに開催した入管体制解体、指紋押捺拒否支援の集会とデモには、流れに乗り遅れまいとする社青同解放派もやってきて、四百人を越える学生、労働者、高校生が集まった。

この日のデモから約三十年後、外国人登録証の申請時と五年ごとの更新時に義務付けられる指紋押捺がやっと廃止された。国家による在日朝鮮人へのこのような理不尽な扱いが、こんなにも長く続いていたのである。この一事に、在日朝鮮人の存在と闘いに向き合うことのない日本の社会運動の問題が見て取れる。

第六節　入管令、そして反安保・沖縄闘争へ　1971年春からの一年間

田川の集会とデモの実現に集中していた頃、長崎の西村が福岡に移り住んできた。入管闘争をやるなら福岡と考えてのことなのか、そのあたりのことは聞いていないが、私たちの入管闘争の質を高める上では喜ばしいことと歓迎した。その西村は私に二つの提案を出した。

提案の一つは、多発する韓国から密航者の実際を知るために、先ずは逮捕された密航者の裁判を傍聴しようというもの。二つは、強盗容疑で逮捕され、五年の実刑判決を下された在日朝鮮青年の控訴審を取り組まないかというものである。

西村は後者について、「地方紙に、強盗容疑で逮捕された在日朝鮮青年に五年の実刑判決が下されたという報道がある。知り合いの弁護士は、日本人ならこんな重い判決にはならないと言っている。司法に朝鮮人差別があるのではないか。控訴してこの辺りを暴く必要がある」と狙いを語った。

私は両提案に意味を感じ賛成した。とはいっても、労学の組織を挙げて取り組む性格のものとは思われず、前者は九大工学部共闘ノンセクトとともに、後者は過日の西村講演会に参加し発言した九大の平井助手と共に取り組むのが良かろうと判断した。この取り組みで得たものを労学に返し共有化し、私たちの階級性を鍛えていこうと考えてのことであった。

密航者、孫振斗

密航裁判を傍聴する機会はすぐに訪れた。地方紙に「唐津港で韓国からの密航船を発見、船長を逮捕」という記事を見付けた。早速、佐賀地裁唐津支部に電話して公判日時を教えてもらい、西村と九大工共闘のリーダーに伝え傍聴を促した。学対には、入管行政を肌で知ってもらうために何人か学生を傍聴に寄越すよう要請した。

公判当日の地裁唐津支部の傍聴席には、私と西村、九大工共闘系の十人、中核派学生五人、九大工共闘が同道した福岡合同法律事務所の美奈川弁護士が着席した。他に新聞記者席に数人、市民の傍聴は皆無であった。工共闘が弁護士を同道したことが大ヒットと分かるのは開廷して間もなくである。

被告席に立つのは、漁船を一人で動かしてきた小柄な初老の船長である。裁判長は通訳を介して通り一遍の質問を行った。ここで彼の名前が孫振斗であり、過去に三度の密航歴があって、その都度、送還されたと知った。ところが続く通訳の言葉を聴いて、傍聴席に驚きの声が走った。

「私は長崎で被爆した。被爆の治療のために密航してきた」

裁判長はその言葉を無視して結審を申し渡した。

傍聴者は閉廷後、こぞって所内の打ち合わせ室に移動したが、孫振斗にこれからどのようにかかわるべきかの妙案が誰にも浮かばず、複雑な面持ちで座っているだけである。

この時、閃いたことがある。持参する「在日朝鮮人の法的地位」の入管令の一項目を読み直してみて、これならいけると確信した。同席する弁護士に、「入管令の特別在留許可の項目を見てください。彼には特在を申請すべきです」と検討を求めた。弁護士は忙しそうに六法全書を繰り、しばし凝視していた。それからやおら顔を上げ、「こんな法律があることを、よく知っていますね。これは使えます。これでいきましょう」と、今度は彼が傍聴者に提案した。一同は被爆治療を受けるために孫振斗がこのまま日本に滞在できるよう、法的対応を含めた行動をこれからみんなで起こすことに同意した。

散会後、工共闘のリーダーが「これからのことを相談したいのですが」と声をかけてきた。その時には既に、この問題の取り組みに方の構想は浮かんでいたが、予め労対と学対の了解を得ておいた方がいいであろうと考え、「じっくり話し合う必要があるので僕のアパートに来るように」と時間を指定した。

その夜、リーダーと西村を前に、労対と学対の同意を得た私の考えを説明した。「中核派は権力と真っ向から対決し破防法を適用されている。だから、僕を含め中核派はこの件では表舞台には出ない方がいい。僕たちは支え役にまわる」と切り出すと、リーダーは何を言い出すのだろうと怪訝な顔で聞き入った。

「君たちが中心になって動く。幅広い運動を作り出せば、孫振斗が密入国者であっても被爆治療のための特別在留を法務省は認めざるを得なくなる。社会派文化人や大学人を代表に据え、孫振斗の被爆治療実現の運動体をすぐに発足させる。君はその事務局長となって、仲間と共に大学内はもとより広く世論に訴える行動を起こす。節々で記者会見をやって、新聞にも報道してもらおう。孫振斗の被爆治療の実現には、社会的関心を高めることが最も必要なことだ。人手がいるときは言えばすぐに出す。分からないことがあったら相談すると良い」

リーダーはおっとりとした性格であるが、掴み所はきちんと分かる学生とみていた。まさしくその通りで的確に手を打ち続けた。新聞には記者会見の模様も載った。

全ての力がプラスに働き、孫振斗は特別在留の許可を得た。その後の彼は、身元引受人となった福岡の日本基督教団教会の入江清弘牧師宅に住み、被爆治療を受けることとなった。

在日朝鮮青年の裁判

西村から提案のあった、強盗事件で懲役五年の判決を受けた在日朝鮮青年の控訴審は、私、西村、平井助手の三人で取り組んだ。私たちには当面なすべき課題が四つあった。

一つは、三人とも会ったことのない青年との面会。二つは、控訴審を依頼する弁護士に支払う着手金と公判費用の調達。三つは、控訴審の法廷に提出する減刑嘆願書作りと署名集め。四つは、これまた三人とも会ったことのない青年の両親との話し合いである。

福岡拘置所に拘置される青年の面会には三人揃って行った。面会は一人ずつしかできない。私たちは大人なので発言内容の分担などはせず、各自五分の制限時間を使ってそれぞれが自分の思いを語るようにした。

弁護士を通して入手した彼の起訴状を見ると、中学卒業後は板前修業に入るも店を何度となく変え、渡り歩いている。店を辞めてしばらく後にお金が尽き果て、久留米市内の住宅に深夜、泥棒に入った。三軒目で家人に気付かれ、居直って威嚇しているところを、一一〇番通報で駆け付けた警官に逮捕されたとある。彼が在日朝鮮人二世と分かるのは、氏名欄の日本名の下に「こと」と続き、朝鮮名の苗字が添えられているところだけである。その苗字は、日韓併合を押し進める伊藤博文にハルピン駅で怒りの銃弾を浴びせ処刑された、朝鮮の独立運動家と同姓であった。

金網越しに言葉を交わした彼は、とても強盗などする人間には見えなかった。長身にスポーツ刈り、両手を膝に置き、姿勢を正してハキハキと応答する様子は世に言う好青年そのものであった。彼に漂う好ましい雰囲気に言葉は自ずと口をついて出てきた。

「君は在日朝鮮人としてずっと苦労させられてきたと思う。僕はこういう間違った社会を変えようと活動している者です。刑の減刑と一日も早い社会復帰のために、僕の後に面会をする二人と共に控訴の準備をしています。一審は国選弁護人でしたが、控訴審では僕らが選んだ弁護士が就きます。だから君はしばらく拘置所での生活が続きます。次に来る面会の時には本を差し入れます。それでも読んで、拘置所をこれからの自分の生き方を考える場にしてください」

面会した私たちは彼のことを何も知らない。同じように彼もまた、私たちのことを何も知らない。そんな関係の三人と面会し、三者三様のことを言われた彼は一体どんなことを思っているのであろうか。それが分からないだけに、はたまたそれを推し測ってか、帰り道の私たちは無口であった。

拘置されている青年の年齢は私と平井に近く、西村は五歳年上に当たる。三人が次に面会に訪れた折、青年は年齢の近さを感じてであろうか、私にだけ明らかにしたことがある。

私が差し入れた『アリランの歌』（ニム・ウェールズ）という本は、君の両親の祖国、朝鮮を日本の支配から解放しようと闘った朝鮮の人の伝記で、読むと面白いと思う。僕が感動した本だといったようなことを述べると、彼は「分かりました。読んでみます」と応じ、姿勢を整え直してハキハキと語り始めた。

「お願いがあるんですが、聞いてもらえませんか。自分には結婚を考えている女性がいます。その女性に会ってくれませんか。刑期を終えた後、まじめに働いて結婚したいんです。それまで待ってもらえないか、彼女の気持ちを聞いてほしいんです」

私はもともと、女性と交際したり、男女関係を取りもったりするのは億劫な方である。そうはいっても今回は、自由を拘束された人間の頼みである。「分かりました。次回の面会には、彼女の返事をもってきます」と応じ、彼がそらんじる彼女の住所をメモした。

面会を済ませた西村と平井に、彼からこんなことを頼まれたと紹介すると、二人はそんなことがあるのかと少し驚いたような感想を漏らしたが、彼らが青年と何を話し合ったかについては聞いていない。

こういうことは早い方が良かろうと、翌日の昼前、北九州市の若松駅を降りた。青年によれば、彼女は一人で飲み屋を切り盛りしているというので、会うなら昼頃が好都合のはずである。聞いた住所と市内地図を手に、正午までには彼女の家を探そうと若松港近くの長屋街を回ると、ほどなく彼女の苗字の表札がかかる住まいを見付けた。

名前を呼ぶと「ハーイ」と返事があり、箒を手にした割烹着姿の女性が現れた。私は青年の中学の同級生と自己紹介し、「実は」と切り出した。彼女はとても驚いたようで、「立ち話もなんですから家の中でお話を伺いたいのですがご覧の通り散らかしています。近くの喫茶店に行きましょう」と割烹着を取り表通りの喫茶店へと案内した。

「福岡からですか。遠いところを有難うございます。お昼は未だなんでしょう。私も未だです。スパゲティーとコヒーでよろしいでしょうか。わざわざお越しいただいたお礼にもなりませんが、おごらせてください」と座をリードしてくれるので話を進めやすかった。

彼女からは、「彼は店に何度か来ているので知っています。結婚って言っているんですか。そうですか。彼は私にはお客さんの一人でしかありません。私には結婚の意志はないとお伝えいただけませんか」とキッパリとした返事が返ってきた。これで当初考えていた青年への面会の薦めは止めにした。

彼女は和服に合う髪型にしているせいばかりでなく、物言いや受けこなしから青年よりも一回りは年上と見受けられ、青年には甘えん坊の一面があるのであろうと感じられた。

この翌日、今回は三人ではなく一人で拘置所に向かった。青年には彼女の言葉をありのままに伝え、「だから彼女のことは諦めるしかない」と付け加えた。彼は「そうですか分かりました。諦めます」と、さっぱりした表情で応じた。

青年との交流と並行して、弁護士へ支払う着手金五万円を調達しなければならなかった。当てにするのは、控訴審の法廷に提出する減刑嘆願書に添える減刑賛同署名にサインする人たちから寄せられるカンパである。

減刑嘆願書は私と平井で作成する運びであった。平井の誘いで彼の住む団地でその作業をすることになったが、平井は私に書いてみるようにと言う。そう言われても嘆願書なぞ書いたことがないばかりか、そもそも見たことすらない。しかし、ここで引き下がっては天下の中核派にもとると腹をくくり、一時間ほどかけて何とか書き上げた。

目を通した平井から「この文は在日朝鮮人が犯す犯罪は日本社会のせいである。だから減刑を要求するという論理になっている。これは我々の思想的立場であって裁判には通用しません。同情の余地があると減刑を嘆願する立場に徹して書くべきです」と、即座に書き直しを指示された。それから二時間ほどかけて、「在日朝鮮人二世の青年は、生活が楽ではない両親を少しでも助けようと、中学を卒業するとすぐに働き始めた。今回の件は深く反省している。これからは真面目に働こうとしている」といった内容に書き変えた。

平井は「まあ、大体これでいいでしょう。少し論文臭いところがありますが、そこは私が手を入れておきましょう。明日、研究室に原稿を取りに来てください」と、やっとオーケーを出してくれた。

翌日、入手した減刑嘆願書の原稿、減刑の呼びかけ文付きの賛同署名用紙をタイプ打ちに出した。署名の呼びかけ人には、この人と白羽の矢を立てていた福岡県日朝友好協会会長、白井正西南学院大学教授になってもらった。ちなみに教授の息子は、革共同創設者の一人である白井朗であり、その縁で面識を得ていた。

減刑の呼びかけ文付きの署名用紙は、労対を通して教師、日放労、病院の反戦派労働者組織に下ろしてもらった。

次の私の任務は、被害者宅三軒から減刑に賛同する署名をもらうことである。被害者が在宅していると思われる日曜日の午前、起訴状に記される久留米市内の三軒を回った。中年夫婦が住む一軒目は「罪を憎んで人を憎まずと言います」と、二人揃って署名してくれた。初老の女性が一人で暮らす二軒目は「まだ若い本人の厚生に役に立つようなら」と署名をもらえた。ここまではうまくいったが、難所は三軒目である。起訴状によると前の二軒の罪名は窃盗であるが、家人に気付かれ居直ったこの家では強盗となっている。それもあって、出てきた中年の主人には特に時間をかけて説明した。

「お話は分かりました。しばらくお待ちください。子供たちも皆いますので家族会議をします」と主人は署名用紙を預かった。別室に上げられ待たされること三十分。出された結論は「家族会議で減刑の署名には協力できないことになりました。家族一同、殺されるかもしれないという恐怖を味わいました。だから犯人をどうしても許す気になれないのです。私どもの気持ちをご理解ください」と、断りの返事であった。

二軒から署名をもらえたことでよしとし、三軒目は致し方ないと割り切った。

減刑を求める署名は、被害者に加え、反戦派労働者が職場で集めた分、平井が大学教員から、西村が新日本文学会会員から集めた分で、計百五十人に達した。これで嘆願書に添える署名は揃った。

残る最大の問題は弁護士に払う着手金の五万円である。当てにしていた反戦派労働者の署名に添えられたカンパは一万五千円ほどである。

ここで、平井が超弩級の支援の手を差し伸べてくれた。

「自分は原発反対闘争で逮捕され裁判の被告となっていますが、この公判に寄せられたカンパが五万円残っています。何か良いことに使いたいと思っていました。着手金に使ってください」

この年の七一年、佐賀県の玄海町では原子力発電所第一号機の設置工事が始まっていた。平井はその計画申請の頃から、いち早く九州電力に抗議行動を起こしていた。それらのことはもとより、彼が逮捕され裁判にかけられていること、ライフワークとして原発と闘おうとしていることなど全く知らずにこの日まで過ごしてきた。それでも、彼の「五万円を良いことに使いたい」と言う言葉は何よりも有難く、預かったお金はすぐに弁護士事務所に届けた。

残る準備は青年の両親に会うことだけである。これは西村が担当し、両親は公判を傍聴する運びとなった。

青年の控訴審の日程が決まった頃、心中には、この裁判を入管闘争にどのように位置付ければよいのか、在日二世の彼の民族性の回復をどのように進めるのか、究極的には青年と共産主義の交点をどのようにして作りだすのか、という根本問題がよぎり始めていた。だがこれらの回答を導き出すほどには私の見方や考えは成熟しておらず、回答を出せないままに控訴審の日を迎えた。

公判は実にあっけなく終わった。冒頭に弁護士より出された減刑嘆願書と署名も功を奏さず結審した。

裁判の傍聴に青年の両親もやってきた。初対面の父親は小柄で無口、母親は大柄で気丈そうな人であった。母親は私たち三人に、控訴審をやってもらったことにひとしきり感謝の言葉を述べ、「あなた方のようなしっかりした人たちが息子の友達だったら、息子もこんなことはしなかったろうに」と嘆くように言った。その後、両親と私たち三人で拘置所に向かい母親だけが面会した。

私たちは青年の上告はしないので、追って彼は五年の刑に服さねばならず、面会だけとはいえ彼との交流はこの日で終りとなった。

控訴審から数日後に西村に会った。その折、西村は平井から届いた手紙を持参していた。その文面は、自分はこの裁判に消耗を感じている、この件にはこれ以上かかわらないといったシンプルなもので、内容は一切書かれていない。

当初、私たちが目指したものは、司法の朝鮮人差別を明らかにすることであった。だが今回の裁判ではそれが全く出来なかった。平井の消耗はその辺にあるのではないかと感じられた。数学研究者でありながらも権力の非道に対しては一身を投げ出して行動する、そんな平井の姿からすると、それしか思い浮かばなかった。

広がる若者たちの政治参加

一連の入管に絡む個別の取り組みを含めた春の労学の闘いは六月十五日の東京の大デモへ、春から秋の全ての闘いは十一月の東京の大デモへと合流するように組んでいた。この流れに合わせ、集会やデモを設定していたが、その取り組みに関しては他党派、他団体を巻き込んで行うものもあれば、中核派単独で行うものもあった。集会ではそのいずれであれ、またテーマが異なっていても、市民会館や教育会館のホールを満席にしていた。この盛会は、私たちの闘いと主張が時代と世界に宿る根本問題を的確に捉えているからであり、労働者・学生の心に響いていたからである。

二月十一日の紀元節反対集会は、基調報告者が九州反戦世話人、長崎の鈴木達夫であるにもかかわらず、集会の仕掛けが良かったせいで九大全共闘ノンセクト、社青同解放派、社学同各派、そしてべ平連が参加した。それにより、ほぼ単独開催に近かった前年七〇年の紀元節反対集会を倍する集まりとなった。基調報告に続く講演者は、命がけで密航し被爆治療のための特別在留を勝ち取った孫振斗の身元引受人を引き受けた入江清弘牧師、授業内容が偏向しているとして不当処分された福岡県柳川市の県立伝習館高校の教師であった。

また、これまで私たちとは繋がりのなった地方都市の若者たちの中にも新たな動きが始まっていた。

支社に四月半ば頃、「五月後半に大分県反戦青年委員会を結成したいのですが、福岡反戦の人に講演に来てほしい」という電話が入ってきたのである。大変魅力的な申し出ではあるが、支社の誰もが電話の主を知らない。どんな考えをもつグループなのかも分からない。そこで、大分まで出かけ、先ずは話を聞くことにした。

電話をしてきた人物は、法大で中核のヘルメットを被ったこともあるという若者であった。理由は聞かなかったが、同大学を中退し、その後は出身地の大分に帰り就職。七〇年安保ではベ平連のデモや集会に参加していたが飽き足らず、その中のメンバーと安保、沖縄を本格的に闘う運動を起こしたいという。彼が学生運動を少しはかじったことは、言葉の端々からうかがえた。だが肝心の沖縄、安保については定見めいたものを何ももっていない。安保、沖縄闘争に世の中が揺れ動くこの時代の申し子のような彼を見ていると、彼を含め集会に来る者たちをきちんと育てていくには、相当な時間と労力がかかりそうだという印象であった。

集会の参加予定者を聞くと、ベ平連のデモに飽き足らない者たちを中心に五十人は集まるという。それを聞いて私では役不足と思えたので、講演は長崎の鈴木に依頼した。

集会は良くて三十人であろうと予測していたが、旗振り役の若者の読みを越えて七十人の集まりとなった。参加者の年齢は皆とても若く、二十歳から二十五歳といったところである。それはそれで好ましいことなのであるが、集会の反応には何とも弱々しさを感じた。九州反戦世話人の鈴木は、初心者向けの話も上手い。だが彼の沖縄、安保、反戦派の闘いの話が、一方通行で流れていく印象は否めなかった。

とはいえ全く接点のなかった大分の地に、反戦青年委員会の外周の、そのまた外周くらいには位置する運動体が誕生したのであった。私たちの闘いが巻き起こすうねりは、この地の若者にも届いていたのである。

本多延嘉革共同書記長を迎えた破防法集会

大分の集会を終えた六月の初旬、教育会館で開催した「司法の反動化を阻止し、破防法と闘う福岡集会」は、会場の椅子席に座れずに立ち見も多数出て五百人の集会となった。対外的な主催者名は実行委員会であるが、中身は中核派単独主催である。

この集会では本多革共同書記長も講演するので、労学共に職場、大学でのチケット売りと繁華街の電柱に貼る集会告知のステッカー貼りにはひときわ力が入っていた。

集会では井上正治（元九大学長代行）破防法裁判弁護団長、浅田光輝（立正大学教授）破防法裁判闘争を支える会世話人、横田耕一（九大助教授）、斉藤文男（九大助教授）、前田俊彦（「瓢鰻亭通信」発行人）、石崎昭哲（福岡べ平連事務局長）が次々と登壇、破防法の問題点と同法を革共同と共産同の指導者に適用したことの不当性を述べた。当初は発言者になっていた伊藤（北九州べ平連代表）は、「集会に相応しい隣町に住む前田俊彦を連れてくるので、自分の分を彼に回してほしい」との要望があり、ここは彼の意向を汲んで急きょ差し替えた。

ここで本多書記長が登壇。会場には、書記長の一言一句を聞き逃すまいとする静かな緊張がみなぎった。続いて、鹿児島救援会から石田、九大統一救援対策部のノンセクト、中核派学生、反戦派労働者のアピールへと移った。集会の司会は、前半を北九州救援会の代表を務める九工大の鈴木助教授が、後半を私が努めた。

ところで、この集会には横市大の後輩の二人がやって来ている。一人が破防法裁判闘争を支える会全国事務局長を務める川口顕で、本集会の進行監督役としての来福である。

川口は私の雑な性格を知り抜いていて、会場の準備に不安があったのであろう。開場の二時間半も前に、何の前触れもなく姿を現した。その時、私は壇上に吊るす集会スローガンを書き始めているところであった。彼は「集会の途中でやってきた人には、壇上で発言している人が誰だか分からないだろう。今日のように発言者が多い場合は、壇上に発言中の人の名を示すスタンドを立てる必要がある。事務所にあるはずだから借りてくるよ。俺が書くから。それから司法反動の具体的内容を示すスローガンをもう一、二本加えた方がいい」と、すぐに動き始めた。彼の手助けで私の頭にはなかったスタンドも立ち、壇上のスローガンも整えられた。

もう一人が石田で、本集会での発言者としての来福である。

彼は東京本社で、逮捕、起訴者の救援対策活動に従事していたが、その活動で鹿児島に滞在していた。彼が鹿児島に派遣されたのは沖縄闘争に関連してのことである。この頃の沖縄はアメリカの施政権下にあり、沖縄へ渡航するにはパスポートが必要であった。沖縄奪還を闘う中核派学生たちは、その不当性を訴えるために、船が沖縄の泊港に着くとその場でパスポートを焼き捨て、管理事務所を実力突破して沖縄の地に足を踏み入れた。だが駆けつけた警官により拘束されて鹿児島に強制送還となり、その地で逮捕、起訴された。石田は鹿児島拘置所に拘置される彼らの面会、差し入れ、弁護士選任、公判闘争の準備、保釈の準備、鹿児島救援会の組織化などに当たっていた。彼には本集会で、学生たちがパスポートを焼き捨て沖縄に強行上陸した闘いの意義と救援の訴えを発言してもらった。

書記長との会話

集会を終えた夜の本多書記長の宿泊場所は、ホテルならぬ革共同九州の救援対策の責任者を務める勤医のアパートであった。医者は私に、「自分は本多さんと話したことがない。君は少しはあるんだろ。それに自分は酒が飲めないから酒の相手もできない。終わったらアパートに寄って話し相手になってくれないか。自分は本多さんとタクシーで先に行っているから」と、願ってもない話をもち込んできた。私は二つ返事で、「分かった。俺の飲み分も用意しといて。本多さんはお酒強いみたいだよ。会場の片づけを済ませたら電車ですぐに行く」とオーケーした。

彼のアパートに着いたのは十時半頃。風呂から上がったばかりの書記長が、バスタオルで頭を拭き拭き手酌でコップにビール注ぐところであった。医者はホッとした様子で私に対座を薦め、ビールをもう一本出してきた。医者の奥さんはそれを機に、下ごしらえしてあった天ぷらをそそくさと揚げはじめ、医者はボーイよろしく皿を次々と運んできた。

書記長は破防法で逮捕、起訴され、一年にわたる拘置から保釈されて間もなかったが、飲みっぷり食べっぷりからすると体調は良さそうであった。

「事前に発言者の表はもらっていたけど、それぞれの発言時間が書かれていないだろう。あのメンバーからすると、発言時間は長くても十分と思っていたけど、会場で君から三十五分と言われびっくりした。

よかったの？　そんなに時間を取っても」

「大丈夫です。ステッカーとチケットには講演者として井上、浅田両先生と本多さんの三名の名前を書いているだけです。だからその三名の時間は長めに取りました。集会に来る人は、実際は本多さんの話を聞きに来ているんです。他の発言者もそれは分かっています。九大の両助教授は師匠に当たる井上先生に遠慮して、自分たちの時間を先生に譲ってもいいなんて実行委員会で言うんです。実行委員会に出席した福岡大学の憲法学の先生なんかは、こんなに立派な発言者がいるのなら自分は聞き役に回ると言って、発言を辞退しました。彼はその言葉通りに、今日は一番前の席で学生みたいにメモを取りながら聞いていました」

私はビールで気分が良くなり調子に乗って続けた。

「本多さんの講演の中に印象に残る言葉がありました。〝私たちの力は未だ微々たるものだが、灯した安保粉砕・日帝打倒の灯を消してはならない〟というところです。何かの折に使わせてもらいます」

書記長は苦笑いしながらビールを注ぎ、博多の屋台では定番の豚の天ぷらを口に放り込んだ。

私は、この頃の革共同は誰の目にも留まるほどの社会運動を展開していると見ていた。ところが書記長は、私たちの力や切り開いた地平を「微々たるもの、灯」と述べた。この表現が気にいったのは、時代全体の中で私たちを捉えなければと教えられたように思えたからであった。

「本多さんは物事を楽観的に見る方ですか」

「いや逆だね。悲観的に見るね。何事をやるにも先ず最悪の結果を考える。そうすると、どんなことがあっても慌てずに対処できるからね」

革命家たるものは楽観と大胆を旨とするものと思い込んでいたので、この答えにはひどく驚かされた。

要は大胆と繊細、楽観と悲観の間を行き来しながら、物事を冷静に見るようにしていると言いたいのであろう。彼の言葉をそう理解した。

ここで医者が、料理の締めと思われるお新香とフルーツの皿を持ってきた。時計を見ると最終電車の時間が迫っている。書記長と話を続けたかったが、タクシー代の出費は痛いので致し方なく引き上げた。

書記長はこの日から四年とたたない一九七五年三月十四日、革マル派の凶刃に斃れた。

解放派攻撃の代償

破防法集会を成功させた労学は、六月十五日に東京で行われた安保、沖縄をメインとするデモに参加し、その勢いで次の沖縄返還協定をめぐる攻防に入った。

当時の佐藤政権は、沖縄返還協定締結へと突き進んでいた。政権は同協定の国会での批准を前提に、自衛隊沖縄派遣と熊本の自衛隊駐屯地を沖縄への派遣基地とする旨の計画を公表した。そこで私たちは、この動きに対していち早く、七月半ばの熊本駐屯地デモと、八月熊本市内デモを決めた。

七月の熊本駐屯地デモは九州反戦の主催としたこともあり、社青同解放派、社学同各派の学生、それに大分県反戦を結成した大分の若者たちも参加することとなった。

駐屯地へのデモの日程が定まった頃、地方委員会の会議で労対が「駐屯地デモの集会会場から社青同解放派を叩き出そう」と提案した。私と学対は一も二もなく「うん、やろう」と応じた。

労対の提案根拠は分からなかったが、私の賛成理由は極めて単純なことであった。彼ら解放派とはいつも、デモの前段に行われる統一集会の司会者と発言者の取り合いで衝突する。福岡の繁華街、天神でカンパ活動を行っていた中核派学生が、集団でやってきた彼らに集めたカンパを奪い取られたことがあり、そのお返しにと彼らを集団で襲い、集めたカンパを奪い取ったこともある。また、長崎大や九大では彼らと自治会の主導権争いの真っただ中にあった。そんなことから、今回は一発食らわせておくいい機会であり、やれば勝てるという結果がはっきり見えていたからであった。

当日の現地集会では、突撃した中核派部隊に解放派は算を乱して潰走した。ここまでは狙い通りであったが、その直後の機動隊の一斉乱入は全く計算に入れていなかった。だが考えてみると、自衛隊の沖縄派遣を控える権力は、派遣基地となる駐屯地現地での闘いが、この日を皮切りにどんどん大きくなることを最も警戒していたはずである。権力はこの日、中核派にスキがあれば投網をかける機会をうかがっていたに違いなかった。そのことにあまりにも鈍感であった。

機動隊が一斉になだれ込んでくると、混乱に慣れていない集団は右往左往してバラバラになる。権力はそこをついてきた。十数人で参加した誕生間もない大分反戦の五人と、活動歴の浅い福岡の一人が逮捕された。六人はみな労働者である。

この翌日、「権力の介入を想定しないで解放派を叩いたのは間違いじゃなかったか。何しろ労働者の犠牲が大きすぎたと思う」と、感じるところを労対に話してみた。それに対し労対は「今必要なのはそんな話じゃないよ。逮捕者の救援活動をきちんとやることだよ。我々は沖縄返還協定阻止の十一月決戦を先行して闘ったんだ」と不機嫌そうに言葉を投げ返してきた。

逮捕された六人はリーダーではないということもあって、一週間とたたない内にみな釈放された。後日、大分を訪れてみたが、大分県反戦は残念なことに消滅していた。逮捕された者の中には「二度と逮捕されるようなデモには行かない」と、職場に始末書を提出させられた者もいた。過日の県反戦結成集会を準備した者を含め皆、「もう懲り懲りです」と白旗を上げていた。彼らには間をあけないオルグが必要と分かってはいたが、県反戦結成以来、彼らをそのままにしてきた。そのツケがここにきて一挙に露呈した。また、福岡の労働者は釈放を機に私たちとは疎遠になった。

革共同中央は今回のことをどう見ているのであろうか。そもそも中央は知っているのか知らないのか、それも分からなかった。だがそれを知る機会がすぐにあった。

熊本デモから二週間後位であったろうか。労対から「東京本社での打ち合わせ会議に九州から一名寄越すように連絡がきた。行ってくれないか」という話があり、上京した折のことである。会議を終えて帰ろうとしていると、六九年の春に福岡から上京し本社で全国の指導に当たる高木に出くわした。彼はいいところで会ったと言わんばかりに私を呼び止め、いきなり熊本の件を切り出した。

「労働者をあんなに逮捕させて何を考えているんだ。労働者を育てるのに、一体何年かかると思っているんだ。労対はなんて言っているんだ」と、いきり立って問うてきた。

「十一月決戦を先取りして闘ったんだと言っています」と答えると、「決戦前にあんなに逮捕させて、何が決戦の先取りだ。こういうことを起こさないために君がいるんじゃないか」と言う。

福岡に戻り労対に、「熊本で労働者が逮捕されたことを、高木さんからえらく怒られた」とだけ伝えた。労対にとっては師匠筋に当たる高木の名前は絶大のようで、今回は反論してこなかった。

中止になった祝う会

この熊本の闘いの一週間後に、私の「結婚を言う会」が予定されていた。学対は「自分たちにはこうしたお祭りが少ないから盛大にやろう」と、学生たちに参加を促していた。また、看護婦の彼女が属する病院反戦を作り上げた福岡反戦のリーダーでもある医者は、会場の手配から案内状の作成、配布などを一手に引き受け、当日は司会をやると張り切っていた。

だが逮捕者の留置がなお続くことも想定される中で、「祝う会」というわけにもいくまい。そう考えて労対と学対、福岡反戦のリーダーに「祝う会」の中止を急きょ要望、納得してもらった。

この祝う会をはさむ前後の三か月間、彼女は両親はもとより親戚からの結婚反対の説得にあい、大変な時間を過ごさねばならなかった。

彼女の両親と祖父母は、長崎県の離島で農業を営んでいる。「祝う会」の三週間ほど前に、彼女と連れだって彼女の実家を訪れた。猛反対の言葉をあびる訪問になると分かるだけに気は重かったが、結婚を承諾してくれた彼女のために一度はくぐらねばならない門であった。そこには両親、祖父母、さらには親戚までもが勢ぞろいしていた。彼らは、彼女には思い直すように、私には定職に就いてからの話と、同じ言葉を繰り返した。

両親をはじめとする一同とは心の通わぬまま福岡に戻ると、今度は福岡に住む親戚が、さらには父親が、次には両親が、何度となくやって来ては二人を前に、時には彼女一人を呼び出して同じ話を繰り返した。二人の結婚の意志が変わらねば両親は折れて黙認する。この確信が現実のものとなったのは、夏も終わり秋に入ってからであった。父親は私に、「娘をよろしく頼みます」と苦しげに言葉をしぼりだした。

大きかった壁も二人で乗り越えることができ、それまでは洗濯、銭湯、睡眠と、総じて身体維持だけのために戻っていたアパートが心弾む生活の場所へと転じた。だがそんな生活も長くは続かなかった。国家権力が総力を揚げて強権的な攻撃を一挙にかけてきたからである。

凶暴化する国家権力

九月も終わるころ、成田空港建設を進めようとする政府は三里塚農民の農地を強制的に取り上げる第二次代執行を強行した。これに対して現地では、農民と労学による激しい抵抗闘争が繰り広げられた。

十一月の沖縄返還協定の批准をめぐる攻防では、首都圏での中核派のデモはすべて禁止という、自由と民主主義を標榜する国ではあり得ない攻撃がかけられた。一度目のデモは、デモ出発の渋谷駅近くの公園を機動隊により封鎖されて近づけず、全国から集まった労働者・学生は渋谷駅周辺を解放区にする闘いに打って出た。二度目のデモは、日比谷公園から学生たちを一歩も出すまいとする機動隊との壮絶な衝突となった。

この成田と渋谷の闘いで機動隊の側に四名の死者が出た。中核派は日比谷の闘いを合わせると、多数の負傷者に加え、千人を大きく越える学生が逮捕された。その中には九州の学生たちもいた。

機動隊員の死は農地の強制収用とデモを禁止した権力によってもたらされたものである。そのことを労学、市民に実際に見て知ってもらおうと、十月と十二月に、三里塚、沖縄と安保の闘いを記録した映画の上映会を催すことにした。

十月には、三里塚農民の六八年からの闘いを記録したドキュメンタリー映画、『三里塚の夏』（小川伸介監督）を上映。中核派単独の主催であったが、繁華街に張り巡らした上映会告知のステッカーと過日の三里塚の激闘への関心の高さが作用したのであろう、三百人を越える集まりとなった。

この日の集会には私たちがこれまで体験したことのない動きがあった。会場の市民会館ホール入り口付近で、「警官殺しの中核派を許さない」と大音声を響かせ、入場しようとする市民を威嚇する右翼の宣伝カーの登場である。車は一台であったが、私たちの闘いは権力を震撼させただけでなく、新たに民間右翼の反動をも生み出していたのである。

十二月は、七〇年の安保、沖縄闘争の闘いを記録したドキュメンタリー映画、『怒りをうたえ』（宮島義勇監督）を教育会館ホールで上映することとなった。この日は、先日の上映会に右翼の嫌がらせがあったので、学対の発案で会場には集会防衛隊を初めて待機させた。

事件はまだ誰もやってこない開場前の早い時間に起きた。鉄パイプを持った革マル派の一団が突如、会場に殴り込んできたのである。防衛隊の学生たちは旗竿で応戦、一気に撃退すると、一団は持ってきた鉄パイプを放り出して逃げ出した。学生たちはホッとしたであろうが、そこに機動隊が乱入して防衛隊の十数人の学生たち全員を凶器準備集合罪で逮捕し起訴した。

同時刻に、これまた革マル派が支社の二階の窓に向けて火炎瓶を投げてきた。彼らはこの日まで、そしてこの日以降も、権力に向けて火炎瓶を投げたことは一度もない。その直後に、機動隊を伴った警察が「現場検証」と称して支社内に立ち入ってきた。

革マル派は機関紙で「中核派一掃」を公言、全国で中核派に対する襲撃をかけ始めたのである。

警察権力は追い打ちをかけるように、これまでになかった様々な手を使って活動を妨害し弾圧を強めてきた。

一つが、天神駅頭でのカンパ活動への介入である。カンパ活動を始めると、駅の管理職が退去命令のプラカードを持って周りをウロウロする。これまでは、それを何度か義務的に繰り返し退散していた。今回も管理職がプラカードを持って登場するのは同じである。ところがその後ろに私服刑事と機動隊が控え、間髪を入れず不退去罪で逮捕し始めた。こうして私たちは街頭カンパからの撤退を余儀なくされた。これは活動財源のほとんどを街頭カンパに負う学生運動には大きな痛手であった。権力は財政面にも手を突っ込んできたのである。

今一つは、大学の教室にまで警察権力が入り込み始めたことである。七二年になると西南大ではクラス討論をする学生を威力業務妨害で逮捕するようになり、九大ではクラス討論開始と同時に私服刑事が乱入して、力で排除するようになった。

国家権力は街頭のデモの禁止にとどまらず、駅構内や大学校内と、それまで手出しのできなかった学生の活動領域に踏み込み、学生運動そのものの全面禁圧に乗り出したのである。

第四章　襲撃と反攻――ゲバルトの時代(1)

第一節　革マル派の襲撃　1972年春〜73年秋

関西二学生の死と二重対峙戦論

七一年十二月、革マル派は関西の大学で情宣活動を準備中であった中核派を鉄パイプで襲い、二人の学生の命を奪い、東海地方で常任活動家の命を奪った。

この様な事態に機関誌『前進』は、革マル派を「反革命」「ファシスト」と規定し、警察の強権弾圧と革マル派の襲撃については、「警察＝革マル連合（K＝K連合）」論を展開した。そこからさらに私達は権力と革マル派の二つの敵と対決しており、当面はその一方の革マル派との闘いを第一とする「二重対峙・対革マル戦」論を展開し始めた。だが繰り出されるこれらの規定と戦略は、私の実感のみならず理解を超えるものであった。

私が知る革マル派は、特に早大で三派に属する活動家に常時暴力を行使し、学生運動の主導権を握ろうとしていた。その見聞から、革マル派は暴力をもって他党派の活動力を削ぐことを党是とする、内ゲバ党派であると認識していた。

だがこの暴力支配も、六六〜六七年の早大学費値上げ阻止闘争を皮切りに、全国の学生たちがベトナム反戦、大学の諸矛盾への闘い、安保、成田、沖縄闘争に立ち上がり始めるとほころび始め、革マル派は早大はもとより全国の大学で組織的没落の道を辿っていた。

革マル派は突然ある日に反革命やファシストに変異したのではなく、労学の反権力闘争の高揚の中で危機に陥った彼らが、本来持っている内ゲバ体質を露わにしたものと思われてならなかった。

「二重対峙・対革マル戦」論についても釈然としなかった。この戦略を見たとき、学生時代にまき起こった山田宗睦の著書『危険な思想家』を巡る論争が思い浮かんでいた。山田は当時の反動思想家を取り上げ、それぞれの考えを批判した。だが危険なのは反動思想家ではなく、国家そのものであり、権力である。国家への根底的な批判を抜きにして個々の思想家を批判するのは、本来の危険と切り結んではいないのではないか。私はそう考えていた。

「二重対峙・対革マル戦」論は国家権力と党派を同列に並べ、当面は革マル派と対決するとしている点で、「危険な思想家」を叩くことを第一義とした山田と同じ発想ではないかと思われてならなかった。

だが一方には、関西の学生二人の死、東海地方の常任活動家の死の現実がある。そこで、革マル派イコール「ファシスト」ないしは「反革命」の規定と「警察=革マル派連合」論は、革マル派の襲撃と闘うための、本質抜きの現実的な、かつ扇動レベルの提起と理解するようにした。そうすることで機関紙『前進』の諸論に感じていた戸惑いを後ろに追いやった。

革マル派の襲撃に対して、組織的にどのように対応すればいいのか。それが私には全く分からなかった。それでもこういう危機時には、確信をもって断定的な物言いをする者に従っておけば間違いないということは知っていた。

この時期、はっきりとした行動方針を打ち出し得たのは学対であった。彼は革マル派の襲撃から支社を防衛すること、それがすべてであるとし、労学を支社に集め、夜間になると周辺を集団パトロールするよう指示した。根はドンパチ嫌いではないので、こうした行動には張り切って参加していた。

それでも、支社に籠城して周辺のパトロール行動に終始するだけでいいのであろうか、国家の非道をこのままにしておいていいのかと感じる時もあった。

そんな折に思いついたのが、政府批判の論文を書くことであった。

その頃、日本政府と中華人民共和国政府の間に、沖縄南方の島々、釣魚台（日本名、尖閣列島）の帰属を巡る論争が展開されていた。もとより機関紙『前進』でもこの問題は論じられており、釣魚台は中国のものとしていた。だがその論証は十分に展開されておらず、結論だけのアジビラのレベルと思われた。

論文の種本には井上清（京大教授）の『日中外交史』を用いた。同書には、釣魚台を舞台とした江戸時代の琉球漁民と清国時代の台湾漁民の共同漁の実際、明治政府による琉球王朝の廃止と琉球の日本国への組み込み、日清戦争による台湾の略取とそれに伴う魚釣台の日本領土化の流れが詳述されていた。

論文の基調は、同書にある克明な資料を使って、釣魚台を固有の領土とする日本政府の主張を強盗の論理として暴くことであった。釣魚台問題を全く論じない革マル派については社会排外主義と規定した。

この論文に、学生に書かせたもう一つの論文、在日朝鮮人の手で戦後に設立された民族学校に日本政府が加えた圧殺策動と、それに対する朝鮮人の闘いをまとめたものを併せてパンフレットにした。それを支社防衛に集う労学に配布し、学習会のテキストとして活用してもらった。

暫くして労対から、「この論文は釣魚台問題を二重対峙・対革マル戦を基軸にして論じていない」と批判された。

彼の言おうとすることは分からないでもなかった。我々は権力と革マル派という二重の敵と闘っていて、革マル派との闘いが中心課題である。だから釣魚台掠奪阻止を主張する者は、先ずは革マル派と闘わねばならない。革マル派と闘うことが魚釣台問題と闘うことである。単純化するとその様に論を組み立てて展開すべきという主張である。

だがそれでは、釣魚台問題そのものへの考察と取り組みを後景に追いやってしまうと思われてならなかった。だが革マル派との対峙も、これまた厳然たる事実であるので、「いや、これはこれできちんと論じなくてはならないんだ」と言う以上には反論できなかった。

狭山差別裁判控訴審

こうした混沌状態にある自分をそれでも維持できたのは、狭山裁判の控訴審公判が開廷される度に上京を繰り返し、支社に篭もる時間が少なかったからである。

公判は早期結審を狙うかのように、七二年の二月から八月にかけては月に二度も行われた。そのため、この半年間は狭山控訴審への参加と上京費用の調達に追われ、二重対峙・対革マル戦どころではなかったのである。

もっとも、この間の全公判闘争に毎回参加したと言っても、狭山闘争と解放運動に関する私の理解のレベルは新人活動家の水準であった。そうした私を、更には福岡県下の部落青年達を狭山闘争に導いたのは、ひとえに一人の部落青年の力であった。彼はもともと戦闘的学生運動の活動家であったが、自分を部落の出身と表明してからは、浦和地裁を占拠し狭山差別裁判糾弾を訴えた澤山の指導下に入り、自分を戦闘的解放運動の担い手へと鍛えていた。

彼が狭山闘争勝利のために最重要視したのが、福岡県下の部落青年達の決起であった。そのために彼は筑豊地区の部落を回り、既存の高校部落解放研究会に集う解放奨学生を中心に狭山闘争のオルグを始めた。私は彼のオルグや学習会に付き従い、大きく三点を学んだ。

一つは、国家権力による部落差別と部落差別を内包する社会によって、無実の部落青年が死刑の判決を受けるに至ったという事実である。狭山事件で逮捕された石川青年は誤認逮捕されたのではなく、部落民への偏見と予断によって逮捕、起訴され、浦和地裁によってこの差別行為が追認され死刑判決が下されたのである。

二つは、部落の青年たちは、石川青年への一審死刑判決を部落民である自分に下された判決であると、深いところで捉えていることを知った。石川青年の無罪釈放なくして部落の解放はない、解放運動の生死を握る闘いとして、彼らは狭山を取り組み始めた。

三つは、私たちが狭山闘争に取り組む意味である。部落差別をする側にいる自分や労学が狭山に取り組むことは、部落差別を許さず、部落解放は自己解放と不可分であり、ひいては人間解放の中身を本物にするものと分かった。

筑豊地区でオルグを始めた彼に部落青年達は共鳴し始め、公判闘争時には解放同盟の組織動員の枠を越えて自主参加する青年達の動きが各所で現われるようになった。私はそうした青年達と上京を共にしたことで、彼らとの交流も深まり、毎回の公判参加で、進行する裁判の内容を逐一掴むこともできた。

少しは狭山闘争の意義を語れるようになった夏過ぎ、狭山の控訴審を担当していた裁判長が定年退官した。そのため公判は新裁判長の手で再開される翌七三年の秋までは閉廷となり、公判闘争での上京は小休止となった。

ところで、月二回の上京ともなると週一回の家庭教師では賄えるはずもなく、費用はカンパに頼った。六九年十一月前後と七〇年の六月前後には、恒常的には活動はしないが集会には顔を出す労働者が多数いた。そこで面識を得た労働者を回って調達した。本来なら若い連中の分も集めるべきだが、いざ取り組んでみると思い通りにはいかず、自分の分を集めるのがやっとであった。

政治局員・白井朗

狭山公判闘争への上京を控えた七二年八月中旬、恒例の夏の労働者合宿が一泊二日で行われた。テーマは二重対峙・対革マル戦論で、労対が初めてレポーターを務めた。

この夏のチューターは白井朗（ペンネーム、山村克）政治局員であった。白井は革マル派の襲撃に対する鉄壁防御を述べた後、さらに続けた。

「革マルとの闘いは我々の政治活動の自由を守る闘いだ。対革マル戦における戦略的な防御、対峙、総反抗へと至る度合いに応じて我々の政治活動は自由になり、それに応じて我々の政治的陣地は豊穣になるのだ」

白井は、革マル派との闘いは政治活動の自由を確保するためであり、政治的陣地を広げ耕すためにあると言うのである。この理屈で革マル派と闘うとするなら私にもよく理解できる。現に私達は彼らの暴力に打ち勝って確保した活動の自由を挺子に、ベトナム反戦・安保・沖縄闘争を盛り上げてきた。

白井の発言は、どう聞いても社会運動を基軸に据えて革マル派との闘いを論じていた。この発言に我が意を得た気分となった。

私と労対は、酒好きと聞く白井とこの合宿で一杯飲もうと話し合った。そこで二人で手分けして、それぞれが知る医者から貰い物の酒を入手しておいた。ところが労対は、会場への道中で折角のウイスキーを落とし割ってしまった。

話を聞きつけた酒好きの十名程が一室に集まったが、残念なことにそこには私が貰ってきた球磨焼酎の四合瓶が二本しかなかった。酒の場の気楽さと、白井を知るのは私だけということもあって、「白井さん、実は来る途中で労対は良い酒を落としてしまい、今夜はこれだけしかありません」と馴れ馴れしく話しかけると、彼はスクッと立ち上がった。

「諸君、労対は酒を落として割ってしまったそうであります。酒を管理できない人間は、人間の管理もできないのであります」と応じ、喝采を浴びた。

白井のこの愉快な演説に悪乗りして「白井さん、革マル派の襲撃に対する鉄壁防御を確認した後の酒は特に美味いですね」と振ると、彼はまたしても立ち上がった。そして「諸君、斉藤君は革共同一のC調党員であります」とやり、またまた拍手で迎えられた。

更に調子に乗って「白井さんの今日の発言を聞いていると、すべて『べきである』か『だ』で終わっていましたね」と、この日の白井の言葉使いに触れてみた。すると白井は、「諸君、革命家は、断定、断定そして断定すべきであります。すべき、すべき、すべきと迫るべきであります」と、三度目の起立演説で応えた。

笑いと拍手を誘う演説を続ける白井に興味をもった国鉄労働者が口を開いた。

「白井さんにとって、マルクス主義より大切なものがありますか」

「義理と人情の方が大切に決まっているだろう」

一同は呆気にとられ、次の瞬間には笑い声があふれた。酒席とも言えない合宿番外編であったが、楽しく盛り上がった小一時間であった。

その白井はそれから三十年後の二〇〇二年、中核派の襲撃を受けて手足骨折の重傷を負わされた。革マル派ならぬ、かつての身内からの襲撃である。白井の民族問題への提起が革共同中央の実権派の見解に沿わないことから、白井潰しを謀った暴挙であり愚挙であった。白井はそれに屈することなく、二十世紀の民族問題の本質に迫ろうと、『マルクス主義と民族理論―社会主義の挫折と再生』を書きあげた。同書が社会評論社より出版された二〇〇九年、白井は侵されていた癌で亡くなった。

白井の社会運動を基軸にした対革マル戦論に元気を得た合宿もこの夏で終わりとなった。革マル派の襲撃から身を守るために、こうした無防備な集まりはすべて廃止したからである。

とはいえ襲撃への鉄壁防御は、言うは易く行うは難しで、二度、隙を突かれた。一度目は月末近くの遅い午後の支社で起きた。「毎日新聞の集金です」の声に労対がドアを開けたところ、バットを持つ数名が乱入し、彼は腕を骨折させられた。その時、支社にいたのは彼一人であった。

二度目は支社外で起きた。夜九時頃、私を含めた労学二十名程が博多駅周辺の電柱に政治スローガンのステッカー貼りをしていた時のことである。鍬の柄と覚しき根棒を持った五、六名が不意に襲いかかり、一人が頭部に傷を負わされた。

この頃すでに革マル派は支社に出入りする私たちの監視を続け、警察無線を傍受して警察の警備動向をも掴んでいたと思われる。それらの情報から、オルグで出払った日中の支社には一、二名の人間しかいないことを突き止め、襲撃の機会を窺っていたに違いない。また、糊の入ったバケツを手に、ぞろぞろと支社からステッカー貼りに出るのを見て、待機する襲撃部隊を差し向けたのであろう。

そんな彼らの監視と襲撃から身を守るべく、メンバーの出入りと内部が丸見えの支社を引っ越すことにした。移転先は5階建てのマンション最上階の3LDK。風呂と台所があるので、洗濯、入浴、食事作りが可能となり、男女別の部屋の整備もできた。

部屋は広く使い勝手が良いこともあり、襲撃のターゲットになり易いアパート生活を切り上げた学生運動の猛者達も新支社で起居するようになった。私のように既に旧支社で寝泊まりしていた者たちも含め、新支社で暮らすメンバーは十名を越えた。それを機に、常駐メンバーで朝と夜の二食を自炊給食するようにした。私の場合、外に出なければ襲撃されることもないと外回りオルグを減らしていた上に、それまでの一日一食のペースを急に二食に変えたせいで、ずっと六十キロを保っていた体重が七十五キロとなり腹がポコンと出た。

何しろ外に出るのは週一度の家庭教師を除くと、活動を通じて知り合った社会派牧師やべ平連の社会運動家、それに破防法に反対する大学教員との会見など月に一、二度であった。それ以外で支社を空けるのは、東京で行われる政治デモと法政大学の宣伝活動の防衛行動に学生達と上京する時だけであった。

東京ではこの頃、法大中核派が学内でビラ撒きをしているところを、なんと革マル派が「中核」のヘルメットをかぶって鉄パイプで襲いかかってきたり、デモや集会の帰りの集団を乗り換え駅で待ち伏せして鉄パイプで攻撃してきたりと、彼らの乱暴狼藉は留まるところを知らなかった。

こうして法大での中核派のビラ撒き、クラス討論の活動には防衛部隊を、加えて不穏な動きがないかを察知するレポ隊を大学内外に配置せざるを得なくなっていた。またデモを終えた後の解散では、一斉解散する場所までは防衛部隊が帯同するようになった。そのため、東京の諸活動には全国の学生と常任活動家の力が必要となっていたのである。

東京での一連の防衛行動に上京すると、一週間は滞在させられることもあった。そうした折には時間を見つけて大学時代の先輩、同輩、後輩を回り、カンパを集めた。そのお蔭で私は度重なる上京を続けられたのである。

日本のドレフュス事件

支社籠りと東京の政治活動の下支えが日常活動となった頃、労対から問われたことがある。

「ドレフュス事件って知ってる？　知っていたら教えて欲しい。革共同の会議に出た時に中央が『狭山闘争は日本のドレフュス事件になる』って言っていたんだけど」

私はこれを聞いた瞬間、「これだ、これでオルグ回りはうまくいく」とエネルギーが湧くのを感じた。自分には気付くことのできなかった、ドレフュス事件に狭山を重ねるこの見方に、革共同中央の感度の凄さを改めて知らされた思いであった。我が意を得たりと労対に、かつて大佛次郎のドキュメントで読み知った内容と革共同中央の発想を解説した。

一九世紀後半から二〇世紀初頭のフランスは、普仏戦争、第二帝政の崩壊と第三共和制、パリ・コンミューンと、内憂外患による体制危機、戦争と内乱と革命の激動期であった。うち続く出兵にフランス軍は疲弊し、幹部の腐敗と厭戦気分がはびこっていた。政府や軍部は、軍内部の綱紀粛正と国民の戦争動員に躍起であった。そこでもち出した切り札がフランス愛国主義であり、反ユダヤ排外主義であった。

彼らはそのために、フランス軍人であるユダヤ人のドレフュスをドイツと内通するスパイとしてデッチ上げ逮捕し、軍事法廷で裁く挙に出た。軍部はフランス軍が抱えるすべての問題を彼に押しつけ、戦争に苦しむ国民は鬱屈した心情をドレフュス叩きへと向けた。

ドレフュスは無実を訴え続けたが有罪となり、流刑の刑を受ける。しかし彼の叫びは心ある人達をとらえ始めるようになり、反ユダヤ主義糾弾、ドレフュス奪還の大きな運動へと発展していった。糾弾・奪還のデモが社会全体に広まってくるにつれ、政府と軍部は体制そのものが揺るがされかねないと懸念し、逮捕から実に十二年後にドレフュスを無罪釈放した。ドレフュス一人の闘いがついには人民の決起を生み、国家の非道が打ち砕かれたのである。

狭山事件では部落への見込捜査に始まり、警察・検察・裁判所一体となって石川氏をデッチ上げ逮捕・起訴し、ついには一審で死刑判決を下した。権力は部落差別によって自らの威信を維持しようとしたのである。しかしながら、自分の立たされた立場を知った石川氏の「自分は無実である」の一声が権力の部落差別の全容を暴き出した。

私達に求められていることは、司法を含めた体制を揺るがすような差別裁判糾弾、石川奪還の大運動で、石川氏の無罪釈放を勝ち取ることである。ドレフュス闘争に勝利したような大デモを巻き起こすことであった。

労対にこうしたことを答える一週間程前、私は西村に「私達の手で狭山第一審の公判を精査しませんか。再開される第二審に向けて、第一審での検察と裁判所の主張の問題点をもっと洗い出すことが必要です。一審の公判記録は国民救援会から印刷物で出ているのでそれで勉強できます。ただ全記録となると六万円もします。党で買って貰えないでしょうか」と提案されていた。

第二審開始までの狭山闘争の態勢作りとしてはとても良い考えと思えたが、それにしても六万円は大金であり右から左に集まる額ではない。

西村とは二年程前、強盗の罪状で五年の懲役判決を受けた在日朝鮮青年への民族差別を明らかにできないものかと、福岡高裁控訴審に一緒に取り組んだ。西村はその後、狭山闘争を部落解放運動の柱に据えようと活動し始めた戦闘的部落青年達の闘いに共感し、彼らと共に狭山闘争、部落解放運動を担うようになっていた。

しかしながら西村は私のような常任活動家ではないので、カンパで賄うという発想は持ち合わせていない。そんな彼に「カンパで買うべき」と原則的話をしたとしても空論でしかなく、ここは私が用立てる他なかった。そうとは分かっていても、私の福岡での集金力は上京の往復費用を何とか満たすほどでしかなかった。こんな大金をどうやって集めればいいのかと立ち往生していた矢先、労対のドレフュス事件の質問だったのである。

「狭山闘争は日本のドレフュス事件」の意味を尋ねた労対の言葉に、この内容で大学教員をオルグすれば間違いなく六万円は集められると感じた。そこで善は急げと、面識のある九大と久留米大の教員宅を訪問した。

「狭山一審裁判の問題点を明らかにするために公判記録を調べます。ついては記録購入に協力していただきたくお願いにまいりました」と切り出し、フランス国家権力がなした反ユダヤのドレフュス事件と日本の国家権力による石川氏一審死刑判決に横たわる部落差別が本質的に同一であること、ドレフュスの無罪釈放を実現したように、狭山差別裁判糾弾の闘いは勝利しなければならないこと、この闘いは部落解放運動と社会運動のあり様を変え、非道の国家権力を揺さぶるものになると訴えた。

これでカンパはオーケーと考えたのは早計で、「勉強に役立ててください」と夫々から五千円を渡された。これをみて、大学人の二、三名に当たればなんとかなると考えた見通しの甘さを思い知らされた。残るインテリの心当りは数名しかおらず、そうなると必要額の半分ほどしか集まらない。

残された手は一発逆転しかないと思えたので、話に聞くノンセクトの勤務医に掛け合ってみることにした。その勤務医は使用目的がはっきりしていて、納得できるものであれば党派を問わずカンパをするとのことであった。ただし党派や活動家への一般的援助はしない。それを承知の上で知り合いになるといいと勧められていた人物である。

一縷の望みをもって病院を訪問、前進社九州支社の斉藤と自己紹介し、狭山の一審公判記録購入のために六万円のカンパをと切り出した。一部始終を聞いた勤務医は何一つ問い質すことなく「分かりました。明日用意しておきますから取りに来てください」と即断してくれた。

それから数日後、国民救援会から届いた厚さ三十センチにも及ぶ公判記録集をその勤務医に見せ、カンパのお礼を言い、その足で同資料を西村に届けた。

このカンパのオルグ回りでは、革マル派について、部落差別の存在を認めず、部落解放の闘いを否定し敵対するという点に絞って批判した。というのも、革マル派と闘うことが狭山を闘うことになるという主張は、世の中は中核派と革マル派の争闘を中心に回っていると見る天動説、身内の論理との思いがちらついていたからである。

とはいえ襲撃を前にすると、革マル派との闘いが中軸だということも身に染みて分かる。革マル派はこの七三年の秋、学生活動家が居住する東京の池袋界隈のアパートに一斉に夜襲をかけてきた。また彼らは中核派に対してのみならず、社青同解放派へも襲撃を開始した。革マル派は神奈川大学に集合していた社青同解放派の学生活動家を襲うも逆襲され、攻撃した側の革マル派に二人の死者がでた。

ことここに至っては、あれこれと考える場合ではなかった。二重対峙・対革マル戦の路線は日本の革命を切り拓く路線足りえるのか、その疑念はいったん封印することにした。

時あたかも学対は私に、自分は支社を出る、これからは社外で連絡を取り合う、連絡方法はしかじかと筆談で述べた。対革マル戦のレベルを防衛から対峙へ、つまり攻撃へとアップするこの提起に私は同意した。

第二節　総反攻と本多延嘉の虐殺

1973年秋〜75年冬

革マル派への攻撃と戦争基軸

七三年九月、中核派は首都圏の革マル派学生メンバーへの個人攻撃を敢行した。防衛に徹した段階から、攻撃へと舵を切ったのであった。

この報を受けて、九州の労学のメンバーは、革マル派への攻撃に伴う諸任務に一人残らずつくこととなった。革共同中央の直轄下にあった長崎の中核派組織もこの態勢に編入され、九州の組織体制は一つにまとめられた。

単純化して言うと、中核派は国家権力と闘うことを第一義とする政治組織であったが、ここに至って革マル派との全面抗争を第一義とする軍事優先の行動組織に転換した。戦争基軸の始まりである。この総指揮を執るのは学対で、彼はこの段階で九州地方委員会の将軍となった。

秋深まる頃、全労働者に三日間の休みを取らせた。そこに学生を加えた全員で、この段階で革マル派と特定していた九州五県のメンバーの動向把握に入った。開始したこの行動は、創意工夫を凝らしながらその後も引き続き行われ、やがて彼らの組織の中心部をつかむところまでになった。

総動員態勢から二か月後、熊本の革マル派学生の襲撃に成功した。それを皮切りに七四年、続く七五年と、一方的に攻撃を加えた。革マル派のメンバーが活動する福岡から鹿児島に至る五県で攻撃を繰り返し、地方委員会議長、県委員長、学生、労働者を次々に襲撃、攻撃を開始してからの二年余で延べ百名近くを病院へ送った。全国各地でもこうした攻撃が繰り広げられ、革マル派との抗争報道が新聞に載らない日は珍しいほどであった。

攻める側から一転して守勢に回った革マル派は大童であったに違いないが、それでも何度か抵抗してきた。

一つは支社から出るところを狙ったもので、二度襲撃を受けた。一度目は、支社近くに駐車した車に乗り込もうとした学生四人がバットを持った五人組に襲われ、一人が手足骨折の重傷を負った。二度目は、支社近くのスーパーに食料の買い出しに出かけた五人が鉄パイプを持った六人組に襲われた。この時は彼らが素手をものともせず取っ組み会いに持ち込んだため、入院するような深手は負わずに済んだ。

この二件は、攻撃の成果に気を緩めていた私の責任であった。支社の出入りの管理をきちんとしていれば防ぎ得たことであった。

もう一つは、すでに組織を離脱していたメンバーへの、さらにはもともと組織メンバーでもない者への襲撃であった。

七一年の後半には組織を離れ、連絡の途絶えていた二人が襲われたと知ったのは、革マル派が支社にかけてきた電話によってである。

そのうちの一人は、言葉を交わしたこともない医者であった。患者思いの真面目な医者という世評は耳にしていた。その彼が負傷も癒えて職場に復帰したと伝え聞いたので会ってみることにした。勤務先近くの喫茶店で対座している間、彼は絶えず周りを気にしていた。その仕草を見るにつけ、よほど怖い思いをしたのであろうと気の毒でならなかった。

「あの夜は家族と同じ部屋で休んでいました。事件以来、夜ちょっとでも物音がすると子供達がすぐに目を覚ますようになりました。それから起きだして泣くのです。子供のためにも環境を変えた方が良いと思いまして、遠くに引っ越そうと考えているところです。仕事もそこで探そうと思います」

「患者さんや周りから信頼されている今の職場で、腰を据えて仕事をされてはどうですか。そんなお父さんを見ていると子供もやがて落ち着きます。そうすることが、襲った革マル派を見返えすことになると思いませんか。遠くへ行っても惨めな気持ちを引きずったままになりませんか」

こうした言葉も彼には虚ろに響いたようで、その日からしばらく後に、本当に遠くの地、縁もゆかりもない北海道に家族ともども越して行った。

「誤爆」された教員

鹿児島の高校教員を襲撃したと、これまた革マル派からの電話で知らされた時には耳を疑った。彼を知る者は九州のメンバーにはいない。知るのは私だけである。そんな人物を襲った。

彼は学生運動が活発とはいえなかった東京の二松学舎大学三年生の一時期、確かにマル学同中核派の一員として活動していた。だが四年生なった頃には離反していた。

それから六年を経た七〇年の秋、何の前触れもなく彼が支社にやってきた。

「いやー、君がいたのでホッとしたよ。知らない人だけだと話もできないから。卒業後、俺は郷里の鹿児島で高校の教員になった。国語科の研修会で福岡に来たけど、前進社の名前が懐かしくて立ち寄ってみた。機関紙に九州支社の住所が載っていたのでね。頑張っているね。俺が学生だった頃とは比べようもないね」

時あたかも福岡と長崎を中心に、九州の各地で反戦派労働者の活動が活発化していた。それもあって、昔を懐かしんで立ち寄っただけの彼を今更オルグする気にもなれず、学生に限らず若手労働者もデモに出るようになったことや、福岡の反戦派労働者の概況を話すにとどめた。彼とはその後、会ったこともなければ、連絡を取り合ったこともない。

そんな彼にしてみれば、革マル派から受けた理不尽な襲撃をどのように考えればいいのか、その糸口さえ掴みようもないはずである。その辺りをじっくりと話し合って、彼の再起に少しでも手を貸せないものかと考え、襲撃から一年程たった頃、自宅や勤務先も分からないまま鹿児島へ足を運んだ。

手始めに県教育委員会に電話して勤務校を問い合わせてみると、研修センターにいると教えられた。襲撃されたことを理由に学校現場から外されたのであろうと思いながらセンターを訪ねると、「彼は入院中で休職扱いになっています。入院先までは分かりません」と聞かされた。

襲撃を報じた新聞には手足骨折の重傷とあった。それからするとリハビリ入院なのであろうが、これ以上は彼の所在をつかむ手立てもなく会えず仕舞いであった。

革マル派は、全国各地で繰り広げられる中核派の攻撃に対して、組織とは無縁な者をも襲撃していると主張。自らの機関紙で、それを「誤爆」と呼んだ。その言葉を借りれば、負傷させられた三名は誤爆であり、中でも鹿児島の教員に至っては巻き添えもいいところであった。

革マル派が言うところの中核派の誤爆に関して、中央との会議から戻ってきた労対が二人だけの折に、本多書記長が語ったという奇妙な見解を紹介した。

「本多書記長は誤爆について、『似た罪というのもあるのだ』と述べた」と言うのである。攻撃対象にあまりにも似ているために誤認した。その場合は、風貌や容姿が対象者に似ている人間が悪いのであって、攻撃した我々に非はない、ということのようである。

それを聞いて、攻撃を担った当事者を思わずにはおれなかった。日本の革命に寄与すると、意を決して鉄パイプを振り下ろした相手が、革マル派とは縁もゆかりもない市井の人間だったと知れば、自分のなした行為は一体何であったのかと思い悩むであろう。本多が語ったというこの主張はあまりにも政治的であり、人に言えたものではないと思って胸におさめた。

警察による不当逮捕

私たちの最初の攻撃から半年ほどたった頃、福岡県警は革マル派メンバーへの傷害容疑で二人を続けざまに令状逮捕した。

警察は、支社に全く出入りしなくなった学生活家の中からこの二人をピックアップし、異なる二件の実行犯として、それぞれを逮捕したことは間違いなかった。

というのも、彼らはそれぞれ、革マル派を攻撃した時間帯に完全なアリバイがあったからである。さらにまた、警察は彼らの居所や動向を全くつかんでいないことをさらけ出すように、裁判に出廷したところを逮捕した。

そこで即座に、弁護士に県警へ不当逮捕の抗議に行ってもらう一方、救援対策担当と記者会見を行い、アリバイのある者への不当逮捕であることを訴えた。それを記事にしたのは夕刊フクニチのみであったが、その場には全国紙三社と地元紙二社の記者が取材に来た。

これらの行動が功を奏し、彼らは警察の拘留期限内に釈放された。この二件の前にも後にも、革マル派への攻撃に絡んで逮捕された者は一人もいない。

狭山控訴審の開始

中核派による革マル派への攻撃が全国各地で始まって間もなく、狭山控訴審を担当する新裁判長が決まり、第一回公判は七三年十一月と公表された。これを機に、当面の社会運動の中心テーマは狭山差別裁判糾弾公判闘争と定まった。

この狭山公判闘争に、労学の新人を一人でも多く参加させることを私の務めとした。労学ともどもこの二年間は、行動の力点を革マル派の襲撃から支社と自分を防衛することにおいており、新人を獲得する活動が十分にはできなかった。そこに、革マル派の攻撃への総動員態勢である。

だが、狭山闘争へ新人を連れて行かねばという意欲はあっても、支社に篭りきりである私には肝心のオルグ対象がいなかった。思い浮かんだのが六九年、七〇年の安保、沖縄を闘った高校生達のことである。彼らの中の三人は卒業を機に労働者となり、反戦派として共に活動していたが、その他のメンバーとは縁が切れていた。

当時いたメンバーと何とか再会できないものかと動いてみると、彼ならと目を付けていた二人を探し当てることができた。二浪目に入って連絡が途絶えた彼らは共に大学進学を諦めて公務員となっていた。その上、二人とも二十三歳の若さで結婚していた。

その一人は、新しく始めた家庭生活を大事にしたいと、私たちの集会やデモの参加は拒否した。

もう一人は、組合の経済要求だけの運動に不満を募らせており、狭山問題の取り組みに強い関心を示した。話は進み、先ずは狭山の勉強から始めることになった。

彼はそこに職場の先輩二名と連れ立ってやってきた。彼らは七〇年前後の安保、沖縄闘争の折には、組合の枠を飛び出して、反戦青年委員会や全共闘主催の集会やデモをこの目で見てみたいと、福岡のみならず東京のデモまでも見学したという。

十一月に再開された控訴審の公判には、九州の労学は貸し切りバス一台で上京した。高校生の時に活動した彼も、その職場の先輩らもバスに乗り込んだ。

再開された公判日の糾弾集会は日比谷公園で行われた。七二年の公判時の集会は、解放同盟を始め中核派、社青同解放派、第四インターなどを併せても日比谷小公園に十分収まっていた。だがこの日は、小公園、野外音楽堂はもとより、あの広い日比谷公園内の敷地が人、人、人で埋められた。何万人集まっているのか想像すらできないこの人波は、解放同盟が組織動員したことに加えて、総評が初めて組合動員をかけたことが大きかった。

この人の波を見ていると、自ずと二つのことに目が向いた。

一つは中核派の動員力の衰退である。全国から参集した中核派の白ヘルメットの隊列は、確かに二千人を越えてはいた。革マル派との全面抗争の只中で狭山に人を割けないというのは致し方ない。だがその分を差し引いても、動員力の衰えは歴然としていた。

もう一つは、公判闘争に上京した九州の労学のメンバーが、七〇年前後の安保、沖縄闘争を経験した者だけであるという事実であった。高校生運動出身者の働きかけで参加してきた同じ職場の二人は、私達と共に行動するのは初めてとはいっても、つまるところ七〇年闘争の流れにある者であった。

部落の戦闘的青年たち

私達が狭山闘争の上京者の集員に四苦八苦しているのとは対照的に、七二年の狭山公判闘争を機に、狭山を解放運動の基軸にと活動を始めた戦闘的部落青年達は意気軒昂であった。この頃には、解放同盟中央本部の狭山闘争方針への批判をはっきりと口にするようにもなっていた。

中央本部は、再開した今次の公判では公正な裁判が期待できる、石川青年の無罪判決が期待できる、との見解を流布していた。その根拠として、新裁判長はかつて、デモで逮捕された公安条例違反の被告を無罪とし、併せて警察の過剰警備をたしなめる判決を出したことを挙げていた。

戦闘的青年達はこうした見方に真っ向から批判を加えた。国家権力が総力を挙げて部落差別の裁判を強行しようとする折に、こうしたことを述べることは狭山闘争を解体するものである。今必要なことは、司法を揺るがす差別裁判糾弾、石川青年奪還の大実力行動である。この戦闘的青年の声は、筑豊地区はもとより、福岡市と県南地区の青年達にまで拡大していた。

この青年たちを陰に日に支えたのが、解同福岡県連の青年部長である。

彼が法政大学の部落研で活動していた頃、山﨑博昭が命を奪われた六七年十月八日の羽田闘争があった。それを機にベトナム戦争と真正面から対決する戦闘的学生運動が爆発していく。その闘いに強く刺激されたと推察されるが、その頃から彼は帝国主義と部落差別、侵略戦争と戦前の部落解放運動といった根源的な領域に目を向け始めていたようである。また、六九年秋の澤山保太郎ら全国部落研の、石川青年に死刑判決を下した浦和地裁徹底糾弾闘争にはいち早く注目し、強い共感を抱いていた。

こうした問題意識を背後にもって、一人一人と向き合い話を進める彼に、青年たちは厚い信頼を寄せていた。

澤山の粛清

狭山控訴審が再開されて公判闘争が盛り上がり始めた頃、全国部落研のリーダーであり、革共同関西地方委員会の幹部でもある澤山を、身内の中核派が鉄パイプで襲撃し重傷を負わせ、革共同から追放する事変が起きた。

このことは地方委員会と組織メンバーに一切知らされなかった。私は部落研のメンバーからこの事実を聞き知ったが、襲撃の理由が解放運動を巡る理論上の対立にあったのか、それとも彼の組織活動に問題があったからなのか、教えてくれた者もはっきりとは言わなかった。

それでも分かることが三点あった。

一点は、彼がいたからこそ、革共同は部落解放を日本革命の枢要な課題とし、解放運動に取り組むことができた。

二点は、彼の浦和地裁占拠闘争があったからこそ、今日の狭山闘争の高揚、部落の青年たちの決起がある。

三点は、襲撃は彼の活動力を奪うことを目的とした。相手は革マル派ではない。身内の澤山である。身内への襲撃は、異論や組織活動の問題の克服を放棄する行為であり、それは革共同の生命力を断つ自殺行為である。

この件の経緯を中央に尋ねる気はなかった。納得できる、内容のある回答を得られるはずはないと、はなから諦めていたからである。

石崎・福岡べ平連事務局長

狭山控訴審は、再開してからはほぼ毎月公判が行われるため、私は公判闘争に上京する費用を集めようと、週に一度は支社から出ていた。その折にはカンパ集めのかたわら、世の中の社会運動の動向を視野に取り込んでおこうと、福岡べ平連の事務局長、石崎のところに立ち寄ることも多かった。

石崎は私よりも一回り年上で、戦後の一時期は共産党員として活動し、同党の五〇年分裂時には所感派に属していたと聞いてはいた。だがそんなことを全く感じさせない気さくな人柄に惹かれ、彼の営む印刷所にはべ平連はもとより、ノンセクト、共労党系、中国派などの若い活動家が常時出入りしていた。それもあって、彼は学生運動、社会運動の大方の動向に精通していた。

石崎に「世の中の社会運動はどうなっているのか教えてください。革マル派のことなら聞いてください。彼らは電話の盗聴をやります。ここの電話が盗聴されているのではという疑いがあれば、チェックの仕方を教えます。簡単にできます」と声をかけると、苦笑いしながら九大のノンセクトの活動現況を紹介してくれた。

「東南アジアへの公害輸出反対を中心に活動しています。タイ、インドネシア、フィリピンへ進出した日本企業は、かつて日本国内でやったように公害を垂れ流しています。公害の海外輸出です。現地の被害も深刻になっています。こうしたことの調査と告発、現地の闘いとの連帯活動をしているようです。また、水俣病の患者さんの経済的自立の支援活動を行っているグループもあります。水俣の山林で夏みかんを作り、その売上で自立センターを運営しようとしています」

石崎のこうした話から、革マル派との全面抗争態勢を取る中核派と社青同解放派の活動家が大学から身を引いてからというもの、権力の非道に直接行動で真っ向から立ち向かう学生運動は消滅状態にある、と知った。

現下の狭山問題をクラスで討論し、差別裁判糾弾、石川青年釈放のクラス決議を上げ、街頭デモに繰り出し、公判闘争に上京する。そんな運動は、もはや大学では展開されていないのであった。

社青同解放派との会談

その石崎から七四年の初秋の頃、二人の間で取り決めていた符牒を使った電話が支社に入った。

彼の営む印刷所へ駆け付けると、社青同解放派が中核派との会見を望んでおり、その仲介を頼まれたと言うのである。「私に立ち会って欲しいと言っています。私は構いません。明日の午後なら何時でもいいそうで、中核派の指定する時間と場所に来ると言っています。どうされますか」と、解放派の申し出の諾否を尋ねてきた。

解放派の会見希望には全く心当りがなかった。そこで、ここは彼らに会う他ないと思えたので、その場で中央区の住宅街の中にある目立たない喫茶店の案内図を描いた。それを石崎に渡しながら、この件では絶対に電話を使わないように、地図と時間は解放派に直に手渡すようにと、何度も念を押した。

翌日、指定した時間ちょうどに店のドアを押した。すると奥の丸いテーブルに座る石崎と解放派リーダーの石井真作が、そして左のカウンターに横並びに腰掛けるサングラスの四人の男が一斉に目を向けてきた。その四人の、今にも飛びかかってきそうな身構えに一瞬たじろいだが、すぐに石井のボディーガード役と分かった。これは心強いと思いながら、七〇年前後のデモや集会の会場で、司会と発言者を誰にするかを巡っていつも角突合わせていた石井と対座した。

石井は「これ、中核派のものかい」と、九州内の国鉄を自由に行き来できる周遊券、竹製のすねと腕に巻く防具を差し出した。後者は外出時の護身用に付けるもので、一見して私達のメンバーの物と分かった。現に私自身もサッカーで用いる「すねあて」を足と腕に巻いていた。

シャツを腕捲りして、「俺もこんな風に身に付けている。これは間違いなく俺達の物だ。どこで手に入れたのか」と尋ねると、「事務所周辺を行ったり来たりする人間がいるので、捕まえて何者かを問い質した。何も答えないので身に付けているものを取り上げた。中核派の物なら全部返す」と応じた。

「君達の事務所はどこにあるのか知らないけど、何区にあるのか」

「南区だ」

この返事に思い当たる節があった。革マル派の情報収集の担当から数日前に、「警察無線に頻繁に人の動向の報告が入るエリアがある。出てくる地名からすると南区の一角だけど、何があるのか調査してみるので判明するまではこの地域には入らないように」と言われていた。

石井に、革マル派の事務所でもあるのではないかと調査していたいきさつを説明し、周遊券と防具を受け取った。

調査に当たった者が、行動中に起きた身辺への異変を報告していないのは問題だと思っていると、石井が口を開いた。

「七〇年に俺達が天神でカンパ活動をしていた時に、中核派が襲ってきて集めたカンパを取った。その一部としてこれは貰う」と、周遊券に手を伸ばした。

「何を言っているのだ。解放派のカンパは確かに取ったけど、君達はその一月前に、中核派の天神カンパを襲ってお金を取ったじゃないか。そんなことを話し合うために俺は来たんじゃない」と、出した彼の手を押し返した。

それまでじっと耳を傾けていた立会人の石崎は、さすがにこのやり取りはこの場に相応しくないと思ったようで、「そうですよ、石井さん。今日はそんな話を持ち出すためじゃないでしょう。先日起きた件で双方が納得すれば、それでいいのではないですか」と口を挟んだ。大袈裟に構えた二者会談は、彼のこの言葉でお開きとなった。

それから半年ほど過ぎた翌七五年の夏、石井の死を新聞で知った。伊豆半島の宿で行われた全国の社青同解放派労働者組織の幹部会が、革マル派の夜襲を受けた。彼はそこで殺された。

狭山控訴審判決

石井と言い争った直後、狭山控訴審の判決公判が行われた。日比谷公園に集まる万を超える隊列に、無実を訴える石川青年に対して無期懲役の判決が下された、との報告が届いた。

石川青年は第一審の死刑から無期懲役刑に減刑されたといっても、これまでと同じように獄に閉じ込められることに変わりはない。石川青年を解放する手立ては唯一つ、狭山を闘う隊列を今の何倍にもして権力に無罪釈放を迫る以外にはない。そのためには、これからの上告審闘争こそ正念場と痛感させられた一日であった。

福岡県下の戦闘的部落青年達は、石川青年に無期懲役の刑が下されたことを、自分に無期刑が下されたと受け止めた。狭山闘争に勝利せねばと、彼らは私達との交流をより深めるようになった。差別裁判強行の背景をなす、日本のアジアへの侵略と他民族の抑圧、国内での侵略体制への総動員化と部落差別の強まりなどを論じ合うようになり、上告審闘争への共同歩調はさらに堅牢なものとなっていった。

浩平の兄、奥紳平との再会

狭山の控訴審判決が出た二か月後の七四年十二月、今後の狭山の取り組みに関する打ち合わせが本社で行われた。

会議の通知を受けた折、この上京を利用して浩平のお兄さんに会おうと思い立った。お兄さん宅に一泊させてもらい、浩平の死に触れた諸人士の見解などについて語り合いたかったからである。

浩平の死に触れた評論では、柴田翔（都立大助教授、六四年『されどわれらが日々』で芥川賞）と滝沢克巳（九大教授）のものを目にしていた。

柴田の文は、「内面の問いとしての学生運動」と題して、六八年夏の『朝日ジャーナル』に載った。柴田は『青春の墓標』を引用しながら、一人の学生が活動家となるまでには様々なことを感じ取ってきた内的な過程があること、学生が無気力へと傾斜する中にこそ自分はどうするのかと問う活動家が生まれることを明らかにし、そこから学生運動はすべての学生の内面にかかわるとした。

続けて、学生は職業に就いていないことで、生の空洞化に直撃される存在であること、浩平はそこを見据えて、自分は何をして生きていくのかと考えたと指摘し、それをもって学生運動はすべての学生にとっての内面的な問いとなっているとした。

柴田はここから、学生運動が問うことはすべての個々人が自らに問うべきものを含有しているとまとめ、彼なりに浩平の自殺の真因を探り、浩平はどう生きるかとの問いを風化させて生きる自分を予見したがために死を選んだのではないかと提起した。

一度のデモ参加から活動家へと進んだ自身の過程を振り返りながら読むと、柴田が言おうとすることはよく理解できた。

だが浩平の自殺を、自分はどう生きるのかという問いの希薄化を予見したからとする見方には、釈然としないものが残った。

浩平は、共産主義とは未来のあるべき社会ではなく、現在を現在的に変革する運動のことと常々語り、自分と他人を変えることに日々没頭していた。それは、浩平が自分はどう生きるのかという問いに忠実であろうとしていたからであり、さらにはその問いが希薄になることをもあり得ると自覚していたからではないのか。だからこそ浩平は、自分とそして他人と絶えず闘おうとしていたのではないか。

柴田の文に何度となく目を通してみたが、私にはこれ以上のことは考えられなかった。それもあって、この部分はお兄さんと話してみたいところであった。

滝沢克巳の文は、山本義隆（東大全共闘議長）と『朝日ジャーナル』誌上で手紙を交換し合うという形を取って発表された。滝沢は六九年夏に寄せた山本への公開書簡の中で、今の大学を解体し生命に満ちた学園を望むならば、生命そのものの根元にかかわる感覚を磨くことから始めねばならないとし、既に浩平が遺稿の中でそうした問題を提出していると述べていた。

滝沢の大学再生の視点はあまりにも根源的、哲学的であり、そこに浩平の言行を重ね合わせるのは強引ではないかと思われ、お兄さんの見解を聞きたかった。

さらに、『青春の墓標』がどれほどの人々に読まれているのかも話題にしたかった。

六五年の秋に文芸春秋社から出版された同書は、一年半後の春には八刷を数えていた。七〇年前後の大学、沖縄、安保闘争の高揚時には、デモ参加の学生や若手労働者の枠を越えて読み継がれ、七一年には三十一刷を数えていた。この年、七四年には同書の文庫本版も刊行されていた。

更に七〇年には、同書の大半と他者の作品や遺稿を併せた『昭和の青春』が書店に並び、雑誌『太陽』の特集記事「手紙」には、浩平の彼女宛の手紙が収録されていた。

これらからすると、全文、断片の何れかであれ、浩平の遺稿を目にした若者は百万人と言っても間違いはなかろう。

東京本社で行われた会議は二時に始まり夕方には散会した。本社を出て夕食を済ませ、お兄さんの帰宅時間を見計らって電話を入れた。

奥さんが出て、「未だ帰っていません。近頃は忘年会続きで、早くても十時頃ではないでしょうか」とのことであった。お兄さんの帰りが何時であれ一夜の宿をお願いする他なく、自己紹介をして今夜泊めてもらいたいと申し出た。幸いに「どうぞ」と返事をもらえたので、十時に訪問することにした。

喫茶店で時間を潰し、お兄さんの住む団地を初めて訪問した。通されたリビングで出されたお茶を飲んでいると、奥さんが「斉藤さんと言うと、いつぞやお茶を送っていただいた方でしょうか」と尋ねてきた。その問いに嬉しくなり、「はい、そうです」と声を上げた。

教員時代、お兄さんに近況の便りを何度か書こうとした。ところが便箋を前にすると、往時の姿そのままの浩平が頭の中を駆け巡る。そうなると「前略」の後がどうしても続けられない。この繰り返しに手紙は諦め、一筆も添えずに勤務地の名産「八女茶」を送ったことがあった。

「内ゲバ」への怒り

「おーい、ママちゃん、帰ったよ。斉藤君が来るんだって。もう来てるの」と、お兄さんが上機嫌で帰ってきたのは十一時近くであった。彼と会うのは八年ぶりである。顔を見ただけで、ただただ嬉しかった。

ところが、無沙汰の詫びに続けて「教員をしばらくやって、革共同九州の常任となった。前進社本社の会議に上京したので立ち寄った」というようなことを言うや否や、彼はそれまでのニコニコ顔を一変させ、声を荒げて怒鳴り始めた。彼も私も立ったままである。

「何だ、最近の君らのやっていることは。『暴力は革命の助産婦である』というエンゲルスの言葉を履き違えている。助産婦が子供を生むんじゃないだろう。内ゲバなんかやっていて、革命なんか起こせるわけないだろう」「この間の『前進』の言葉の汚さは何だ。革命運動は言葉で人の心をつかむものだろう。そんなことも君らは分からないのか」

「川口君とこの前、喫茶店で会ったが、キョロキョロして落ち着きがない。君のような気の弱い人間が革命家だって。笑わせるよ」「内ゲバを停止するという革マル派の方が、君らよりはるかに大人だ。戦争でも、裏では和平交渉が続けられるものだ。君らはいつまでこんなことをやるつもりなんだ。君が今日ここを訪れていることなど、彼らにはお見通しだろう」

「ところで、君は色男だな。その顔で何人の女をだましたんだ」

お兄さんからこんな言葉を浴びるなど思ってもみなかっただけに、唯々驚きであった。しかし、いつまでも聞いているわけにもいかないので、その一つ一つに心の中で反論を加えるようにした。

お兄さんはエンゲルスの至言を一知半解に理解している。エンゲルスは、古い意識、旧体制の意識を破壊することなしには革命はあり得ず、その打破は暴力によってのみなされると言っているのであって、お兄さんが理解するような手段という意味合いで言っているのではない。革命の本質を言っているのだ。

革マル派との抗争は、はた目にはお兄さんの言う通り内ゲバであろう。だがそれは、かつてのような主導権を争っての一時的、局地的な衝突とは全く異なる。七〇年前後、中核派に結集する戦闘的学生と反戦派労働者は、自らの身体を切り刻むようにして権力と闘った。そのような闘いを憎悪する革マル派は、中核派の解体、一掃を公言し、中核派労学メンバーへの鉄パイプ襲撃に乗り出した。ことはここから始まった。

実現した闘いの地平、組織と生命、現下の活動を守り発展させるには、彼らに逆襲を加えてその攻撃力を奪うほかなく、抗争は止むに止まれぬ選択であった。

さらには、お兄さんの言うように、機関紙『前進』には汚い言葉がちりばめられている。だがそれは革マル派を侮蔑し、蔑むための言葉だ。革マル派を馬倒する言葉を指して、革命運動らしからぬ言葉使いとされるのは心外である。

こんなことをお兄さんに叩き返したかったが口にはできなかった。

ここで「何を言っているんですか」と言い返せば、彼と私の間での浩平の共有はこの日をもって終りとなる。だがそれは私の望むところではなかった。

ここは黙ってこの場を立ち去るのが一番良かろう、との思いが脳裏をかすめた。だがそれもまた、信頼するお兄さんとの永遠の訣別になると思われ、一歩を踏み出せなかった。

というのも、お兄さんの手になる『青春の墓標』の「あとがき」を読んでからというもの、彼こそ浩平を最も理解し、受け入れ、支えてきた人と思っていたからであり、また、出棺する浩平の柩に『資本論』と革共同旗を入れたとの言葉を聞いて以来、彼こそ私達の心を深いところで理解してくれる人と心服していたからである。

この間、お兄さんが帰宅してから十分と経っていない。それなのに、あてもなく何時間もさまよい続けているような強い疲労を覚えた。それは多分、眼前で怒鳴り続ける彼と、自身の心中に宿る彼との間を、何度となく行き来させられることからきたものなのであろう。

ここで、これまで黙っていた奥さんが言葉を挟んだ。

「折角お話をしようといらっしゃっているのに、済みませんね。お父さん、静かに話してください。子供達も目を覚ましますよ」

この言葉に、お兄さんは我に返ったようにやっと腰を下ろし、しばしお茶をすすった。ここで何かを思い出したように、背後の書棚から一冊の本と短冊を取り出し、おもむろに口を開いた。出てきた声はそれまでよりずっと落ち着いていたが、顔は怒ったままと変わりなかった。

「こういう本でも読んで、自分の使う言葉について考えるといい。君達は家庭や子供について考えることはあるのか。これは私の子供が七夕の日に書いたものだ。これを見ると、子供は親にどんなことを考えているのかよく分かる。あげるから、よく見てみなさい」

奥さんが「そんなもの、渡してどうするんですか」と彼の手を押さえたが、私は「もらいます」と受け取った。

「君達はなぜ狭山を闘わないのだ。石川さんを釈放させる運動をなぜしないのだ。これこそ革命党が取り組まないといけない問題だろう」

「僕は酔った人とは真剣な話はしないことにしています。だから今日は自分からは話しません。ただ、狭山についてだけは誤解を解いて下さい。新左翼の中で最初に狭山と部落差別問題を取り上げ、そして熱心に闘っているのは我々中核派です。その対極にいるのが革マル派です。彼らは、部落差別との闘いや民族解放の闘いは革命運動とは関係ない、狭山など問題外だと主張しています。狭山の取り組みに、中核派と彼らとの違いが最もよく現れています。ここのところをお兄さんに是非分かって欲しいです。革マル派との抗争の背景にはこうしたこともあるのです。今日はこれ以上話しません。遅いし、休みませんか」

お兄さんは飲み疲れのせいか、はたまた言いたいことを言って清々したからなのか、「じゃあ休もう」と応じた。

案内された隣室で一人横になると、お兄さんは実は深い問題を投げかけていると、分かってはきた。それにしてもショックであったのは、浩平のことを何一つ語り合えなかったこともあるが、それ以上にお兄さんが革共同を非難してきたことであった。彼の目には浩平が所属した頃の革共同と、革マル派と抗争する近年の革共同は別の物と写っているのだ。そんなことを考えているうちに、いつしかまどろんできた。

夢と現の境界をさまよっていると、押さえた声で奥さんに話しかけるお兄さんの声が襖越しに聞こえてきた。

「もし革マル派が襲ってくるようなことがあれば、ここから先には入れないで斉藤君を守ろう」

この言葉に、お兄さんとの絆は未だ断たれてはいないと分かり嬉しかったが、訪問が革マル派との争闘に巻き込まれる不安をもたらしたと知り、一夜の宿をお願いしたことは安易であったと悔やまれた。

翌朝、仕事に出かける彼と一緒に家を出た。池袋のホームで別れの挨拶をする間も、彼の表情は昨夜と変わることなく険しかった。

福岡へ戻る新幹線の車中で、前夜渡された丸谷才一の「日本語について」を読了した。「お父さん、いつまでも元気でいてください」、「お父さん、お酒を飲み過ぎないように」と鉛筆書きした子供たち手作りの数葉の短冊は捨て難く、本のしおりとして手元に残した。

かの日から二七年の時を経て、神奈川県の相模大野に住む彼を訪ねた。会社を定年退職し、やりたかった焼き物と仏語の勉強にいそしんでいると穏やかに語る彼に、「浩平についての文をいずれ書きたいと思っています。その節は取材をしたいのでご協力をお願いします」と申し出た。即座にオーケーの返事をもらったのはいいが、その願いはかなわなかった。

訪問した翌年の二〇〇二年五月、彼は不慮の事故で亡くなったのである。享年六五歳であった。彼の遺骨は、浩平が五二年前に遺骨となって入る中目黒の奥家の墓に納められた。

虐殺と報復

奥家の訪問から三か月後、年が明けた七五年の三月十四日、本多書記長が革マル派に殺された。

大将の死を報ずる新聞を前に、支社内一同の口は重かった。彼の指導者としての素晴らしさを皆、論文や演説を通して知っていた。それだけに軽々しくは話題にできなかった。

私は彼の論文にほのかに漂う人間観に惹かれていた。

革マル派は彼らの機関紙で、革共同中核派の中枢は革マル派への攻撃を主張する武闘派と政治闘争を重視する保守派に分裂している、もはや中核派の組織分解は近い、と論じたことがある。

本多はそれに対し、革共同幹部のそれぞれの指導的個性をあれこれとあげつらって中核派中枢に分裂ありとするのは、中核派の一丸となった攻撃に恐れおののくところから生まれた倒錯した願望だというような反論をした。

どちらかというと論じられることのない革命家の個性を、指導的個性という言葉で、さらりとではあれ触れていた。この部分に本多の革命観の背後にある人間観が特段と感じられ、とても印象に残るところであった。

革マル派はこの論文に小躍りして、指導的個性なる用語を用いたこと自体が中枢の意見が分れている証拠だと、トンチンカンも甚だしい反論をなした。

私達の誰しもが本多を尊敬していた。それだけに彼を殺した革マル派への憎しみは強く、全国にわたってこれまでを上回る報復攻撃が敢行された。

九州では鹿児島のアジトを急襲、集団生活を送る四人を一網打尽にした。全国で戦い取られた戦果は時間を置かず東京本社から全国の支社に配信される。その報を受ける度に、私はいそいそと各地へ再配信する。こうしたことを日々繰り返していると、世の中には私達と革マル派しかいないようにも見え、この抗争の帰趨こそが世界と時代の在り方を決めると思われるのであった。

高度消費社会の出現

だがその気持ちも支社を一歩出ると絶対的なものでなくなる。外界では、革マル派との抗争など小さなことと思わせる一大変化が進行していた。

そう感じ取ったのは、サラリーマンがたむろする天神の喫茶店で、聞くとはなしに聞いた三人連れの会話からであった。初夏の時節柄、彼らは支給されたばかりのボーナスを話題にしていた。

「ボーナス袋に百万円入っていたのにはびっくりした」

「俺も数えているうちに手が震えた」

「俺、こんなにもらっていいのかなって思った」

「俺は先ずゴルフ道具を揃える」

あまりにも景気の良い話をしているのでどんな人間かと見やると、糊の効いたワイシャツに紺色の背広と同色のネクタイ、どう見ても普通のサラリーマンである。

三人は私より少し年上に見えたがさほどの差はないようである。そんな彼らの言葉に、思わず八年前の十二月に手にしたボーナスを思い浮かべた。それは給料の二・四か月分で六万円弱、三十五歳前後の先輩は八万円台であった。

三人がボーナスを見て震えたとすれば、一般的には彼らの同世代の二倍以上をもらう時であろう。彼らが同世代の三倍をもらったと仮定すると、それでも同世代は三十万円を手にしていることになる。その額は私が働いていた当時の三十五歳世代の四倍に相当するので、それからすると今では大卒初任給も四倍位にはなっているのであろうと思われた。

その後、この推測を裏付けるような場面を目にした。

場所は夕方の住宅街の喫茶店である。そこはもはや男女の待ち合わせ場所ではなくなっていた。周りのテーブルを見ると、仕事帰りのサラリーマンを相手に車のセールスマンがセールストークを行っている。しかも一つの席ではなく、その先の席でも同じことが行われていた。セールスマンがパンフレットを手にひとしきり説明し、「この車の場合はサービスとして座席に座布団を付けましょう」などと続けている。

会話するサラリーマンとセールスマンは何れも二十代に見えたが、二人には大金絡みの話をしている緊張感が全くない。それればかりか楽し気に購入契約書に印鑑まで押した。

このシーンに、教員をしていた頃をまたしても思いだした。勤務した私立高校の進学コースを担当する教員は私を入れて十名であったが、その中で車の通勤者は三十代の二名のみであった。公立高校には二十代から五十代まで均等に四十名余の教員がいたが、車を持つものは二十代で一名、四十台では二輪車を入れて半数、三十代と五十代にはそもそも車の通勤者はいなかった。

私が支社にこもっている間に、世間では大卒の初任給が四倍か五倍になっており、若者は服を選ぶ気軽さで車を買うようになっていた。世の中は六〇年代の高度経済成長期を経て、次の段階である高度消費経済期へと突入していたのだ。これらのシーンに私は強い衝撃を受けた。

世界に目を向ければ、この年の初めにアメリカ軍はベトナム全土から撤退した。十年前にアメリカの北ベトナム空爆で始まったベトナム戦争は、アメリカの完敗で終わった。

こうした時代と世界を反映してであろう。時に立ち寄る本屋の書棚には、これはと目に飛び込むような雑誌や本はもはやなくなっていた。かつては毎月購入していた『現代の眼』や、論題によっては入手することもあった『朝日ジャーナル』からは、現下の高度消費社会やアメリカのベトナム戦争敗退後を考察するような、さらには社会運動の問題や文化状況に切り込むような論文は消えていた。目を通すだけでわくわくさせてくれた『日本読書新聞』と『図書新聞』の書評欄は、そもそも刺激的で挑発的な本がかき消えたせいか、魅力のないものとなっていた。

世の中のこのような大きな変化を目の当たりにすると、学生や労働者の意識はどのようになっているのか、革マル派との抗争はこの変容が生み出す社会の諸問題と正面から切り結ぶ闘いとなっているのであろうか、などの思いが頭をかすめるようになった。

だが一方、こうした感慨を隅に追いやる二つの現実もまた目の前にあった。

一つは、私服刑事の追尾である。支社を出るときには必ず一台の軽乗用車がついてくる。彼らの狙いは支社に出入りをしなくなったメンバー、とりわけ学対との接触現場を押さえ、そこから彼らの追尾に入ることなのであろう。そうはさせまいと、車と車を降りてついてくるGパン姿の私服刑事数名の追尾を振りほどくのに、三時間はかけるようにしていた。それからやっと目的の場所へ向かい始める。

もう一つは、韓国の朴政権の非情な弾圧下で繰り広げられる、学生や知識人の反朴の闘いであった。

彼らの戒厳令下の非公然の闘いについては、月刊誌『世界』に連載される極めて短い文、「韓国からの通信、T・K生の手紙」でその一端は知らされていた。

韓国学生の苦闘

この頃、革共同中央から韓国の詩人、金芝河の文を読むようにとの指示が伝えられた。彼については朴政権下の七四年に逮捕され、なお獄中にある高名な詩人と名前だけは知っていたが、書いたものには未だ目を通してはいなかった。

この名を聞いた時、革共同中央は革マル派との抗争の最中でも、闘う韓国の民衆との連帯のための思想深化をきちんと図ろうとしている、さすがであると、ホッとした気持ちを覚えた。

というのも前年、中央から推薦された書が、毛沢東の『持久戦について』とボー・グェン・ザップの『ベトナム戦争論』であったからである。

両書には、帝国主義とその傀儡政権との間で繰り広げられた民族解放戦争の歴史、人民軍や解放戦線が有した高潔さ、彼らが人民の支持を得るために遵守した規範などが詳しく述べられていた。それはそれで勉強にはなったが、同書を薦める意図が民族解放闘争の歴史と意義を理解させるためにではなく、革マル派との抗争の渦中にある私達の精神面を強化しようとしてのことと読み取れるだけに釈然しなかった。

この二冊の次が金芝河の文である。これこそ皆が読むべきものと考え、月刊誌『世界』誌上で見付けた彼の「良心宣言」をガリ切りし、組織メンバー全員に配布、さらにそれを使って支社で寝起きするメンバーたちで半日の学習会をもった。

金芝河の文は初めてであったが、「宣言」の内容はとても重厚で印象深いものであった。

朴軍事政権の暴政と弾圧下、学生や知識人の闘いは後退局面にあったのであろう。そのためか「宣言」では、民主主義や変革を実現するには個々人が先ず行動すること、そしてそれは暴力的な闘いをも不可避とすること、それでも闘い続けねばならないことがじっくり述べられていた。それは恐らく彼自身に向けたものでもあったのであろう。

今や獄中の人となった金芝河の闘いに応えるには、朴政権を公然と政治的経済的に支える日本政府へ闘いを挑むしかない。だが実際に取り組み得たことは、「宣言」のパンフレット化と読み合わせだけであった。

第三節　革マル派の夜襲　1976年

重症者五名

続く七六年も、活動の中心は革マル派への攻撃に変わりなかった。ところが、年が明けた矢先に大異変が起きた。

私達のメンバーの七名が分散して住む、福岡県内四か所のアジトに夜襲をかけられたのである。その内の一か所の二名は幸いにも即日退院の打撲でことなきを得たが、残る三か所の五名は両手足骨折の重傷を負わされた。即日退院できた一人が夜襲に気付き、二階の窓から飛び降り難を逃れた学対である。

私達はこの二年余で、九州五県の革マル派の常任活動家と労学メンバーにおよそ二十回の攻撃を加え、延べ百名近くを負傷させ、その多くを病院送りにしてきた。逆にこの間、彼らの襲撃により入院した組織メンバーは、支社を出て車に乗るところを襲われた学生一人だけであった。

それらもあって私は、分散入院する五名を見舞うまでは今回の事態の深刻さに鈍感であった。病院に出向いて、彼らには付き添いが必要と初めて知ったほどである。これは労学のメンバーでこなすようにしたが、それができたのも介護役を進んで引き受けた者たちあってのことであった。

もう一つは、入院費用のことであった。

最初に訪れた病院には二人が入院していた。彼らにお金のことなど心配させてはいけないと、「何も心配しなくいいよ。全部こちらでやるから。治療にだけ専念しよう」と言ってはおいたが、その帰りに寄った受付で、二人合わせた一日の費用として三十数万円を示された時には思わず溜息が出た。それからすると、他の三人を含めた五人の分の初日の費用だけでもおよそ八十万円となる。さらにこれからも、どんどん上積みされていくに違いなかった。

そもそも活動家は、私を含めて誰も国民健康保険などに加入していない。入院費は一体どうすればいいのだろう、どこまでかさむのだろうと、暗澹とした気持ちになりながら、その足で地方委員を務める常任活動家が入院する病院を訪問した。彼は酸素テントの中のベッドで、時に襲ってくる痛みに顔をしかめながら自分からお金の問題を切り出した。

「病院の払いのことだけど相当かかると思う。俺には無理だし、奥さんに蓄えはないし、組織も無理だって分かる。それで病院に事情を話してみたんだ。そうしたら、医療保護というものがあると言われてね。早速、申請した。これで病院はただになる。他の皆もそうするといいと思う」

彼の言葉に「これだ。これでいける」と納得し、残る四人にも彼と同じ手続きを取ってもらった。これで全員の入院費用問題は解決した。彼のなりふり構わぬ、それでいて冷静な対応がなければ私達はお金の問題で暗礁に乗り上げていたであろう。

彼はさらに続けた。

「ドアを壊す音で襲撃に気付いた。瞬間的にこの間の連中の動向を記したメモ類だけは奪われないようにしようと、部屋の目につかないところに隠した。連中が撤収した後、それを紙袋に入れて共同便所に隠した。階段を下りたところで急に手足が動かなくなって倒れてしまった。覚えているのはそこまでで、気が付いたらここにいた」

紙袋は日を置かずに回収したが、そのメモが日の目を見ることはなかった。襲撃を機に、革マル派への攻撃態勢をいったん解いたからである。

自己批判

襲撃からほどなくして開かれた地方委員会で、革共同中央は襲撃を受けたことの自己批判を書くようにとの指示を出した。

病院を回って受けた衝撃を基に、今回の襲撃について私には既に四点の見方が形作られていた。

一点は、革マル派は年中、上を下への大騒ぎだった筈である。この二年余で彼らの百人近くが攻撃に遭って負傷し、五、六十人の重傷者を抱えた。それからすると、彼らの組織メンバーの多くは年中、入院者の付き添いに従事しているに違いない。

この状態にある革マル派には、私達の動きを調査する余力などあるはずもなく、ましてや彼らのトップがやられて入院中では、襲撃の計画、実行部隊の形成などできようもないことは明らかであった。

二点は、九州の革マル派組織には中核派を攻撃する力はもはやないとみた革マル派の中央は、九州外のメンバーを動員して、調査から襲撃のすべてをやらせたと見て間違いない。だがこのような変則態勢での攻撃は、長期にわたって続けられるものではない。彼らの撤収後は、九州組織の混迷は依然として続く。追い込まれているのは彼らであると判断してよかろう。

三点は、革マル派を追い込んでからというもの、私たちの行動全般が緊張を欠いたものとなっていた。そこを突かれたと見るべきである。

四点は、難を逃れたとはいえ学対も襲われた。襲撃を受けた最大の責任は、将軍たる彼にあることは自明である。だが私に彼を責める資格はない。彼の戦の手腕に全面的に寄りかかっていたからである。

自己批判書には、病院回りで得たこの四つの視点のうちの、四点目を除いた三つの点を書き連ね、当面は防衛と入院者への対応に、次は攻撃態勢の構築に力を注ぐと書き添えた。

ところがこれでは自己批判になっていないと中央から書き直しを命じられ、私の分だけ次回の委員会に再提出となった。

労対、学対、そして私の書いたものは回し読みとなったので、彼ら二人のものには目を通していた。だがなぜ彼らのものが合格で、私のものが不合格なのか全く分からなかった。

彼らの内容は受けた襲撃とそれが招来している現実には触れず、表現は違っても、敵に報復する、完全打倒する党と軍隊を作り上げていくという点で共通していた。

会議から戻って今一度考えてみると、私のものには自分の問題が全く抜け落ちていることに気付いた。そこで、今回やられたのは自分である、これからは革マル派打倒に責任をもってあたる、というようなことを柱にした文にした。

受けた襲撃そのものの内実に全く迫ることのないこの文は、次の会議で中央に、「よし、これで地方委員会が一つになれた」と受け入れられた。

では革共同としての正しい自己批判とはどのようなものか。

自己批判を再提出した際に中央は、「今回の件は、三・一四宣言を十分に主体化していないことから起きた。宣言の主体化により今回の件は乗り越えられ自己批判が貫徹される」といったようなことを述べた。

三・一四宣言は本多書記長が殺されてしばらく後に発表されたもので、一言で言えば革マル派と闘う党と軍を恒常的に作り上げ、その力をもって彼らに総反抗し、完全打倒まで戦い抜くというものである。

中央の期待する党員の自己批判とは、起きた問題を党の路線の主体化度の問題として論じることだと、この時初めて知った。

ところで私が二度目の自己批判文を書いている頃、奇異な出来事に出あった。

九州南部の革マル派の労働者メンバーから、二十万円入りの現金書留が支社に届いたのである。同封の便箋には住所、氏名、捺印に、「よろしくお願いします」の一行が添えられていた。要は、「私をターゲットから外してください、これでお許しください」ということであろう。

革マル派は私たちに攻撃を加えたばかりというのに、個々の組織成員には何らの勝利感もない。追い詰められているのは彼らだと、この手紙を見てその感をあらためて強くした。学対に何もコメントせずにこの書留を手渡したが、彼はお金と一筆を前に何を思ったであろう。

三池被災家族・松尾薫虹との交流

自己批判書を再提出した地方委員会に、本社のメンバーから情報が送られてきた。福岡県の大牟田市に住む松尾薫虹との交流を勧めるものであった。それによると、彼女は六三年の三井三池炭坑の炭塵爆発事故の被災家族で、事故への会社の責任追及と補償を求めた訴訟を起こしているとあり、七〇年闘争前後には単身、東京の全国反戦主催の集会や成田空港反対三里塚現地集会に参加したこともある、とあった。

三池闘争は当時、高校生だった私にも安保闘争と並んで印象深いものだった。学生運動の世界に入ってからは、かつて新聞で読み知った事柄を自分なりに解釈もした。

三井三池資本による労働者の大量解雇方針に端を発した組合の解雇撤回のストライキ、第二御用組合の就労によるスト破り、機動隊導入によるスト破壊、そして最後には会社、第二組合、機動隊そして民間右翼の連合に対して、第一組合と支援の総評や全学連などの社会運動諸団体連合との大激突へと展開していった。

こうした過程を辿った三池闘争は、資本との闘いもここまで徹底すれば最後は国家権力との実力闘争となる、さらには労働者といえども資本の側に立つ者も出てくることなどを教えてくれた。

それから三年後の坑内での炭塵爆発であった。事故は解雇と合理化による利潤追求と、生産第一主義による安全対策の軽視から起きたものであることは間違いなかった。

その三池を相手にする松尾の訴訟は、六〇年の三池闘争を今日的に継続する闘いであると直感した。そしてもう一つ注目したのは、彼女が全国反戦や三里塚の成田空港反対の闘いに参加した点であった。それからすると、社会党や共産党の枠を越えたラディカルな人物であろうと想像された。

会議から日を置かず、大牟田市にある彼女の住む炭坑住宅を訪問した。前進社九州支社の斉藤という自己紹介にいぶかしがる風もなく、「どうぞお上がりください」と招き入れてくれた。

三池闘争やその後の炭塵爆発への闘いについて何も知らない私に、松尾は二時間に渡って三池の坑内爆発で被災した一酸化炭素中毒患者と家族の現況、三井の被災者への無為無策、三井を相手した二つのグループによる訴訟の内容などを説明してくれた。

それによると彼女達は、被災者のほとんどが参加する四百人を越える集団訴訟には加わっていなかった。というのも、マンモスグループの訴訟は補償金の獲得だけを目的としており、やがて裁判所による和解勧告に応じて三井と手を打つとみていたからである。

彼女はそれとは別個に、五家族で三井を相手取った訴訟を起こしていた。彼女達の要求は被災者への医療と生活の補償のみならず、事故の責任は三井にあることを明らかにし謝罪させることにあった。そのため、内容の如何を問わず和解勧告には応じないとはっきりしていた。

さらに彼女達は、被災者の妻が抱えた苦労への賠償をも請求していた。この部分は彼女達が自らを一個の人格としてアピールしていると感じられ、とても惹かれるところであった。

彼女が話をしている間、縁側にしつらえられた階段状の棚に並ぶ盆栽に、ゆっくりと丁寧に水をやる中年の男性がいた。彼が坑内爆発で今なお一酸化炭素中毒症に悩む夫であった。彼女が言うには、激しい痙攣を繰り返していたが、この頃は少し落ち着いているとのことであった。

三井資本と正面から闘う彼女たちとは深いところで繋がりをもちたいものと、月に一度のペースで話を聞きに通った。

彼女が私たちの集会に出席し、三井資本との闘いの報告と裁判闘争支援を訴えたのは、初めての訪問から一年後のことであった。

第五章　大衆運動との狭間で——ゲバルトの時代(2)

第一節　三里塚統一集会　1977年

明けて七七年は、権力の側が、これまで作り上げてきた私たちの闘いのすべてを葬り去ろうと、一大攻勢を仕掛けてきた年であった。その一つが一年後に成田空港を開港するとの発表であり、二つが狭山の上告を棄却する意図を最高裁が露にし始めたことである。

当然にもこれらの攻勢に全力で立ち向かうことになったが、その道のりは平坦ではなかった。というのもこの数年、革マル派との攻防戦に重心を傾けている間に、三里塚を闘う政治環境が著しく変化していたからである。

統一集会を追求

四月一七日に三里塚で催される反対同盟主催の全国集会を盛り上げるために、中核派は福岡はもとより全国各地で前段集会を準備していた。各地の集会開催に当たって革共同中央からは、「三里塚闘争勝利、百万人動員実行委員会」(以下「百万人」)は「三里塚闘争に連帯する会」(以下「連帯する会」)との統一集会を実現するように、との指示が出された。

前者の「百万人」は中核派を主勢力とし、後者の「連帯する会」は旧ベ平連、共労党、中国派、第四インター、ノンセクトなどの雑居体で、それぞれそこに住民運動団体や文化人などが加わった三里塚闘争を推進する運動体であった。

七〇年前後の安保・沖縄闘争においては、福岡では当然のようにこれらの諸党派と集会やデモを共にしていた。その彼らと再び合同集会を催すようにという方針に私は大賛成であった。それが実現されるならば、この間の私達の攻撃に追い詰められた革マル派に、今度は政治的な面から追い撃ちをかけられると思えたからである。

善は急げと、福岡べ平連事務局長であった石崎を訪問した。彼は、アメリカ軍のベトナム撤退を機にべ平連が解散したてからは、それまでの闘いをより深めていこうと三里塚闘争に関わっており、この頃には「連帯する会」福岡の代表となっていた。

石崎は、「『百万人』と『連帯する会』で実行委員会を作って福岡集会を盛り上げよう」という私の申し出に、「いよいよ中核派の政治的浮上ですね」とにこやかに応じたが、その表情とは裏腹に「今は以前と違って、両団体が合流して実行委員会を作る状況にはないのです。それは無理です」と、厳しい判断を示した。

石崎がこのように反応してくるとは想像もしていなかった。これまでは、といっても七〇年、七一年のことであるが、石崎に話を持ち込めば他党派との共同集会やデモは必ず実現できた。他党派は他党派で、石崎が動けばそれに従うのが常であった。

世の中、変われば変わるものと思いながら、それでも「百万人」と「連帯する会」が合同して集会をもつ手立てはないものかと石崎に次善の策を求めた。

「『連帯する会』は福岡集会を実行委員会の主催にしようと思っています。『連帯する会』もその実行委員会を構成する団体になります。実行委員会には、個人であれ団体であれ誰でも参加できます。そこに参加されてはどうですか」

これは渡りに船であった。たとえ「連帯する会」の呼びかけではあっても、「百万人」を含む集会実行委員会が結成されるのであれば何も問題はなかった。ここは名よりも実と思い定め、この話に乗ることにした。

だが、ここでもう一つの条件が付け加えられた。

「その実行委員会に斉藤さんたちが参加する場合、『百万人』という名称は使わないで欲しいんです」

私達が「百万人」の名で実行委員会に参加するとなれば、会は「百万人」と「連帯する会」を両輪とする組織となんら変わりのないものとなる。石崎は、そう見られるのを避けつつ私達が合流できる策を考えた上で、この案を出してきたように感じられた。

そこで彼の意を汲み、「『百万人』は使わなくてもいいですよ。『全学連』や『反戦青年委員会』の名前で実行委員会に参加します。その線で話を進めましょう」と応じ、その上で一つだけ質しておいた。かつての石崎とはあまりにも異なる反応に、本来は確認するまでもないことを尋ねておかなければならなかった。

「中核派の名前で集会の宣伝をやるのは自由ですよね」

「はい、問題ありません。党派の活動は自由ですから」

私としては、この返事で実行委員会への参加は決まりであった。そこに入り込みさえすれば、第四インターを押さえ込むことも可能であろうし、さらには今回の共同集会を機に次へと続くものも生みだせると計算してのことであった。

そこで石崎の気持ちが変わらないようにと連日、彼を訪問した。ところがその度に、実行委員会への参加条件のハードルを上げる発言が飛び出すのであった。

「実行委員会への参加団体名ですが、『反戦青年委員会』と『全学連』という名前での参加を認められないということになりましてね」

私は一瞬、目をむいた。石崎の少し困ったような、済まなそうな顔を見るに付け、誰がこんなことを要求するのであろう、そんなにまでも私達の参加を嫌がる勢力がいるのであれば、ここはどんな手を使ってでも参加して反対者に痛打を与えようと思わずにはおれなかった。

「ああ、そうですか。別に僕たちの団体名などどうでもいいですよ。例えば、学生は百万人動員を目指す学生の会、労働者は百万人動員を実現する労働者の会というような、適当な名前で出ますよ」

この返事に、石崎はますます当惑した様子であった。中核派との共闘に反対する声が強く、彼は身動きが取れなくなっている様子が見えてきた。

中核派の登場に反対する急先鋒は、常識的には第四インターと考えられる。中核派と社青同解放派が革マル派との抗争に入り、活動家が九大から身を引いてからというもの、九大では彼らがその隙間を突いて戦闘的学生運動の代表としての地位を獲得していた。そんな彼らにすれば、「連帯する会」内に有する主流派としての地位を中核派に脅かされたくはないであろう。

だが、彼ら第四インターが中核派の参入に反対しているとしても、石崎や「連帯する会」のメンバーを、その線でまとめ上げる力を持っているとはとても考えられなかった。

私達は以前から、彼ら第四インターを「中間主義」と呼び、小判鮫のように強い者につくだけで自分では何もできない党派だと見下していた。彼らは、革マル派との抗争に関しては、「内ゲバ反対」を唱えるだけで、双方の主張への掘り下げた批判や、それへの自分の見解を打ち出すわけでもなかった。

それからすると、石崎の身動きが取れなくなっている背景には、中核派の参入に対する全国レベルでの反対の動きがあるのではないか。そのように見ると、石崎のこの間の日々変遷する対応の説明がつくのであった。

石崎と話をしたこの日の夜、「学対」と「労対」を前にこの間の交渉の経過報告をした。「福岡の連帯する会のみならず、あらゆる方面から私たちの参加に反対する声が石崎に届いているようだ」との判断を示した上で、「実行委員会に参加できるとなればこうした動きを封殺でき、集会での発言も取れる。だからその際の団体名称などどうでもいいことである。問題は今回の集会の実現を機に、彼らを私達のペースに引き込む政治を打つことである」と続けたところで「労対」が声を荒げた。

「ナンセンスだよ。斉藤さん。日和見主義だよ。相手の言うことを飲み過ぎるから、どんどん押されるんだよ」

この言葉に、追い込まれているのは私達ではなく「連帯する会」であると説明する気力が一挙に失せ、言ってはならないことを口走ってしまった。

「じゃあ、君がやってみろよ」

彼は色をなし、声を震わせた。

「今の発言を取り消せ、取り消せ」

私の発した言葉は、彼に取り消しを迫られるまでもなく組織としてはあるまじきものであった。直面する政治的困難を、一つになって越えようとしていないからである。

これではならないと発言を謝罪した。私の再度の説明に、学対が「実行委員会に参加して、集会を成功させよう」と賛意を示したのでやっと意見がまとまった。

その翌日、石崎を訪問した折、彼の表情がこれまでになくこわばって見えた。彼から出た言葉はもはや考慮するに値しないものであった。

「実行委員会に『反戦青年委』や『全学連』名の団体が参加しない以上、集会にその文字が入ったヘルメットで来られても困るということになりましてね」

要は中核派という存在が見えないようにしてくれ、いや来ないでくれということであり、石崎をしてもこの流れは変えられないとの表明であった。

中核派の参加に難色を示すこともさりながら、新左翼と称される党派や団体がこうした庇理屈をこね回す様を見るのは初めてのことであった。

もともと新左翼の主軸をなした革共同、共産同、社青同解放派の三派は、何事かを構える場合、参加団体の名称に類する形式的なことを問題にする習性はなかった。もし参加させたくないのであれば、実力を行使して叩きだしていた。

革共同と社青同解放派が革マル派との争闘に入り、共産同が内向きの争いに転じてからというもの、新左翼の内部ではこうした小手先の政治が幅を利かせるようになったのであろう。

あまりにも様変わりしてしまった世界に戸惑いながらも、こうなった以上は何としても実行委員会に入ってやろうと思い定めていると、条件を付けてきたヘルメットの文字について愉快なことを思い付いた。

白ヘルメットの正面に大書した「中核」「全学連」「反戦青年委」の文字を、「百万人動員へ」と墨書したハチマキで覆うというもので、相手が小賢しく動くのならこちらもそれに合わせようと考えたところから生まれた。

「いいですよ。ヘルメットの文字は見えないようにしましょう」と応じると、石崎は「色々なところから意見がありましてね。私も困っているんです」と言いながら実行委員会の日時と場所を再確認した。

集会実行委員会

こうした曲折を経てやっと実行委員会に辿り着いた。出席者は中核派からは私、部落研の若手、女子学生の三人、それに第四インターの九大生四人、西南大ノンセクト三人、共労党系、労働党のメンバー、そして石崎の十三人であった。

会は石崎の進行で、前半は当日の集会名称とスローガンの確認、後半は集会の発言者と司会の選出の手筈で進められた。それからすると、私達のメンバーの発言を確保する後半が出番であろうと構えていたが、早くもスローガン段階で発言せざるを得なくなった。提案されたものに狭山が全くなかった。

そこで、成田空港の開港攻撃と並行して狭山の上告棄却の策動が急進行していること、成田を闘うものは狭山を、狭山を闘うものは成田を闘う必要がある、本集会こそ狭山を掲げねばと主張した。

すると第四インターが「この集会は空港開港を阻止するための集会なので、成田闘争以外のスローガンを掲げる必要はないのではないですか」と口を挟んできた。

そういう彼らは、狭山に取り組んでいないわけではなかった。現に控訴審闘争ではその一翼を担っており、また過日、福岡において共産党系団体が催した「橋のない川」の上映に際しては、解放同盟主催の差別映画上映糾弾行動に参加しており、彼らのメンバーから逮捕者も出していた。

それらから察すると、彼らは成田と狭山を一つのものとして捉える政治的思考に欠ける党派なのであろうと推測はできた。だがここは譲れないところであり、狭山のスローガンがないような集会ならば実行委員会からの退出も止むを得ないと決断した。同道した部落研の若手と学生もここが正念場と、狭山との一体的取り組みの必要性を語った。

私達三名の主張に誰も反論できず、意見が出なくなったところで石崎が、「私も集会スローガンに狭山を入れるべきだと思います」と賛同した。こうして「狭山差別裁判徹底糾弾、無実の石川青年奪還、狭山最高裁闘争に総決起しよう」の案文が全会一致で承認された。

ここで小休止となった。トイレから戻ってきた第四インターの一人が少しこわばった面持ちで耳打ちしてきた。

「気になることがあるので、お知らせした方がいいと思って。この会議室の向かいの部屋ですが、電気も付けないで、五、六人の男が隠れるように座っています。大丈夫でしょうか」

「いや、心配しなくていい。彼らは俺のボディーガードだから」

私達の攻撃によって革マル派は昔日の攻撃力は失くしていたが、それでもこの日は万全を期し、事前に押さえた同じフロアーの会議室に防衛隊を配置していた。私の返事に彼はさらに落ち着きのない顔付きになり、首を振り振り自席へと戻った。

会は後半へと移り、集会の基調報告は実行委員会を代表して石崎、講演は三里塚反対同盟、連帯の挨拶は公害闘争を闘う団体と型通りの確認を終え、司会の二人と決意表明を行う五団体を選任する運びとなった。

この項はもめる事なく、前者は第四インターの九大生と、同道した部落研の若手、後者は自薦により「青学共闘」（第四インター系の労働者と学生が連合した運動組織）と西南大のノンセクト、石崎からの推薦で集会に参加意志を表明している婦人民主クラブ、そして私の推薦で「狭支連」（中核派系の労働者や学生を主軸とする狭山闘争の運動組織）と解放同盟郡地協青年部と決まった。狭山闘争のスローガンが入り、司会と決意表明の夫々に中核派のメンバーを送り込めたので、これでよしとした。

この日の実行委員会を受けて、集会を宣伝する中核派名のステッカーを天神界隈と博多駅周辺の電柱に張り巡らした。

実行委員会で集会内容のすべてが決まったせいか、その後は石崎から中核派への追加要望はなかった。

三日前

ところが集会の三日前、石崎からとんでもない話が持ち込まれた。彼は支社まで出向いてきて、「集会を中核派と『連帯する会』の二つに分けて実施してもらえないでしょうか。予定した会場は中核派に譲って、私達は近くに別の会場を借ります。当日は三里塚反対同盟が双方の集会に出て発言する形にできないでしょうか。実は全国の『連帯する会』から中核派との共闘に反対する声が上がり、福岡だけ一緒にというわけにはいかなくなったのです。集会を二つに分けるしかないのです。これには私の政治生命もかかっています。実行委員会を開いてという時間もありませんしお願いします。こうした申し入れをする以上、手足を折られる覚悟はできています」

石崎はこれまで持って回った言い方をしたことはなく、自分の力でできることはできる、できないことはできないとはっきりしていた。そういうところから、彼を一本芯の入った潔い人物と見ていた。

その彼が、実行委員会の決定をすべて反古にして欲しい、自分の政治生命がかかっていると言い出したのである。彼をしても抗えないほどに、中核派と一緒になって集会を持つことへの猛反対が全国から届いているのであろう。

とすれば、彼を取り囲むこの様相が変わらない限り、もはやどんなに話し合っても彼の方からこの提案を下ろすことはないと察しはついた。とはいえ、集会を二つに分ける案を「はい、分かりました」とすんなり受け入れるわけにもいかない。

どうすべきか、しばし考えがまとまらなかったが、冷静に考えてみると、石崎の提案は私達には何も困ることではないと読めてきた。

私達はただ集会を準備しておきさえすればいい。そこに当日、「連帯する会」系が参加するなら実行委員会で決めた要領で、参加しなければ独自集会を当初通りの会場で開催すればいい。それだけのことであると思い至った。

「この期に及んで論じるようなことではないので、僕たちは実行委員会の決定に基づいて集会を準備します」と回答した。

統一集会の実現

こうして当日を迎えたが、なんと何事もなかったように「連帯する会」のメンバーが既定の会場にやってきて、集会は実行委員会の決定通りに始められ終了した。二つの、同時刻、別会場の集会案は幻となったのであった。

参加者はざっと百四十人程で、ほとんどがヘルメット姿であった。白ヘルメットに「百万人動員へ」の鉢巻きを巻いた中核派が五十、第四インターの赤ヘルが四十、黒ヘルとノンヘルの西南大ノンセクトが十、共労党系などの元べ平連や中国派などのヘルメットなし組が十、そこに解放同盟の三つの市群協青年部の三十人が「解同」と記した白ヘルメット姿で合流した。

その翌日、石崎の労をねぎらおうと果物籠をもって訪ねると、「中核派の独り勝ちでしたね」と思いもよらない言葉をかけられた。いぶかる私に、「党派の名前で集会を宣伝したのはお宅だけです。党としての勝利は中核派だけです。集会の後、数人と話しましたが皆もそう言っていました」と続いた。

私には、勝った負けたなどの気持ちはさらさらなかった。集会やデモを行う際、主催団体が実行委員会であろうと、全共闘であろうと、中核派名のビラやステッカーでその集会を宣伝するなど当たり前のことであり、それをやったかどうかで政治闘争や党派闘争の勝敗を総括する発想など持ち合わせようもなかった。


この石崎らの風変わりとも思える見方を含め、新左翼と見なされる者たちの信じ難い変貌ぶりに、「いま浦島」の心境に何度となく陥った。そのせいか、合同集会を申し入れてから集会にこぎつけるまでのおよそ三週間というもの、日を追うごとに食欲が減退し、気付かぬうちに体重が十五キロも落ちていた。革マル派との抗争による支社ごもりで七十五キロに達していた体重が、なんと七〇年頃の六十キロに戻ったのであった。

実行委員会総括会議

実行委員会の総括会議には狭山闘争に関する腹案だけを持って臨んだ。というのも、どんな意見が出るのかを読めなくなっており、出たとこ勝負以外になかったからである。はたせるかな冒頭に、第四インターの口から想像もしない言葉が飛び出した。


「実行委員会に中核派の名前での参加は認められていない。それなのに中核派の名前の入ったステッカーで集会の宣伝をした。これは約束違反である。約束を破った中核派への弾劾決議をしたい」

この手には真っ当な論を述べるのは無駄と知ったので、肩透かしで対応するしかなかった。

「こういうことは討論するのはいいが、採決で決めることではない。それに石崎さんとは事前に、中核派の名入りの独自ビラ、ステカー類の情宣は自由であると確認している。石崎さんを困らせてどうするんだ。実行委員会としては、第四インターの提案をこうまとめれば良い。『第四インターから中核派を批判する決議の提案がなされ、それに対して様々な意見が出た』と。そんなことよりも、先日の集会を次に発展させることの方が大事だ」

ここで実行委員会に参加して以来、ずっと温めていた考えを提起した。

「五月下旬に首都で行われる解放同盟主催の狭山上告審勝利のデモへ大結集するために、中核派と先日の集会に参加した戦闘的部落青年は中旬に福岡市内デモを行う。実行委員会を構成する団体は皆、参加しよう」

これには先ず石崎が、そして西南大ノンセクトが賛意を表明した。第四インターはこの場では態度表明をしなかったが、実行委員会の大勢は参加と流れは作られた。

三里塚現地集会と狭山中央行動

総括実行委員会の一週間後、私達は貸切バス一台で三里塚へと向かった。三里塚第二公園を埋め尽くしたヘルメットとノンヘルメットの集まりを新聞は、七〇年前後の三里塚集会以来の最大の規模と報じていた。中核派の白ヘルメットは往時のように会場の半数とはいかず、ざっと見渡したところ五分の一から六分の一といったところであった。

それから一か月後に行われた狭山上告棄却策動粉砕の福岡デモには、第四インターを含め過日の実行委員会の構成団体はすべて参加した。

私達はその一週間後、狭山中央闘争に参加するために、再び貸切バス一台で上京した。集会とデモを主催する解放同盟中央本部は組織内に動員をかけてはいたが、彼らには上告棄却への危機感はなく、この日も単なる宣伝デモでお茶を濁そうとしていた。

だが狭山はそんな悠長に構えている状況にはなかった。上告してからというもの、審理らしい審理は何一つ行われておらず、どこから見ても上告棄却の策動が進行していた。この危機を突破するには学生、労働者を先頭にした最高裁への戦闘的実力糾弾のデモしかなかった。

中核派行動隊はこの日、火炎瓶を手に機動隊の壁を打ち破る激闘に出た。福岡の二名を含め五十名以上の逮捕者を出した闘いは、万余の参加者に上告棄却の危機を知らせ、これからの闘いの在り方を身をもって示したものであった。

革共同中央の見解

一連の闘争を終えて開かれた地方委員会で、出席した革共同中央から、社会運動世界の現実とはまったくかけ離れているとしか思えない見解を聞いた。

「連帯する会と中核派の合同集会を全国で目指したが、東京、関西をはじめどこも上手くいかなかった。実現できたのは福岡だけである。できなかった理由は、革マル派とやりあっているうちに、我々の交渉力が衰えてしまっていたからだ。福岡ができたのは斉藤の交渉力があったからだ」

「連帯する会」との統一集会が全国でうまくいかなかったのは、革共同の交渉力がさび付いてしまっていたからではない。革マル派とやり合ううちに、社会運動世界の中に中核派を共闘相手とはみなさない流れが、それればかりか中核派抜きの運動体までもができ上っていたからなのだ。

そう言いたかったが言えず、「相手が石崎さんだったから交渉ができたのです」と返し、ほんの軽い気持ちで「石崎さんと会ってみませんか」と付け加えた。まさか中央が同意するとは思わなかったが、しばらく後に中央と石崎の会談が実現した。

石崎はそれ以降、私たちの主催するすべての集会に出席し連帯の挨拶を行うようになった。ただしそこには条件が付けられた。

「集会で紹介する際は連帯する会福岡の代表としてではなく、元べ平連福岡事務局長の石崎、機関紙に記事を載せる場合は、連帯の挨拶をしたとはせずに、メッセージが寄せられたとしてください」

三里塚集会を単独開催

四月の三里塚現地集会に参加し、さらに五月の首都での狭山実力糾弾闘争を目の当たりにした戦闘的部落青年達は、狭山と三里塚を闘うことこそ狭山を勝利させる道と、闘う方向をしっかりと定めた感があった。

彼らは三里塚闘争を解放運動の課題に組み込もうと奮闘し、筑豊では三里塚反対同盟婦人行動隊の郡司とめを招き、福岡では反対同盟事務局長の北原鉱治を招いて講演会を催した。両集会とも解同の地域支部青年部の主催であったが、青年部のみならず親組織からの参加者も多く、共に二百人近い集会となった。

青年たちのこうした自主的な取り組みを快く思わない解放同盟の県連幹部は、彼らが信頼を寄せる県連の青年部長を解任する挙に出た。彼を県連から外せば青年たちへの影響力は断たれる、青年たちも勝手な行動はしなくなると考えたのであろう。

しかし青年達はこのような反動に屈することはなかった。解任された青年部長の下、それまで以上に自らの主張を青年層に広げていった。

他方、私たちは革マル派の攻撃を受けてからは防衛が第一、彼等への攻撃に踏み切ってからは攻撃が第一として、三里塚や狭山を広く労学に宣伝して人を集めるような集会は行わないようにしてきた。だがそこから脱却し、大きく一歩踏み出す時が来た。四月のように「連帯する会」に抱き着くのではなく、自力での三里塚集会の開催である。

この集会に関して、大きく三つのことに注目した。

一つは、博多駅周辺と天神界隈の電柱に貼り巡らせる、中核派の名と「講演、三里塚反対同盟副委員長・石橋政次」が入る集会告知のステッカーを見て、どれほどの参加者がやってくるのかであった。

もう一つは、三池CO訴訟の原告、松尾薫虹の発言に参加者がどのような感想をもつかであった。集会には結局、ステッカーを見てやってきた参加者は一人もいなかった。のみならず精力的に集員に動いた労学も新規の参加者を連れてくることはできなかった。つまるところ、この日の集会に参加した労学と部落青年は、四月の「連帯する会」との共同集会に参加した面々と変わりなかった。

松尾の発言には三井三池資本への怒りがこもっていた。しかも妻という立場から大資本に立ち向かおうとしている点で、社会運動史の中でも稀な闘いとなっていた。集会後の感想では、松尾の発言に感動したというものが多かった。とりわけ女性労働者は一様に心を動かされたようで、彼女達の闘いへの共感をこもごも口にした。

さらにもう一つは、革マル派がどう出るかであった。彼らはなんと主催者を装い、会場となる会館の事務所に使用をキャンセルする旨の連絡を入れていた。これは再手続で事なきを得たが、彼らの対抗もここまでであった。

集会はやれるようになったが人が集まらない。この状況をひっくり返すには、私達の側に社会運動に関心をもつ労学を改めて引き寄せる以外になく、その方法としては集会をおいて他にはなかった。

この三里塚集会の一月後には、七二年を最後に中断していた、八月九日の長崎反戦集会をついに再開した。ここでも新規の参加者はいなかったが、そのことよりも革共同九州の存在と闘いを象徴する集会を復活できたことに大きな意味があった。

石田郁夫と狭山集会

ちょうどこの集会を催した頃、最高裁が狭山の上告を棄却したと知らされた。いち早く抗議の声を上げようと、九月に狭山上告棄却弾劾、狭山闘争勝利福岡集会を開催することにした。

基調講演は「全国狭支連」事務局長の石田郁夫（新日本文学会、ルポライター）である。「狭支連」は中核派系労学が集う狭山を闘う運動体であり、全国各地にその組織が作られていた。九州の狭支連の事務局長には、韓国からの密航者の裁判や在日朝鮮青年の控訴審を共に取り組んだ西村が就いた。

その西村に石田から、集会の前日に福岡入りし西村方に一泊すると連絡が入った。西村は「石田さんはビールが好きと聞きましたから、三人でビールパーティやりませんか」と提案してきた。「やりましょう。ビール券を一ダース分くらい医者から手に入れます」と、この誘いに乗った。

西村宅には石田、西村、それに西村の招きで解放同盟の郡部地協の若手幹部、それに私の四人が揃った。その幹部は地元の部落で語り継がれる民話の聞き取りをしており、その辺りに詳しい石田との話を楽しみにやってきたそうである。

ビール宴には幹部の持参した馬刺しと青唐辛子のつまみも加わり、石田が紹介する民話を話題に大いに盛り上がった。

この場で取り上げられた民話には、生命力を燃してたくましく生きる人物が登場していた。その主人公は、差別に立ち向かう部落民にほかならないのであろう。私は話に引き込まれていた。こうした感覚は、人と話すことで自分の成長を実感できた七〇年、七一年以来のものであった。

翌日の集会には初参加の部落青年もおり、労学と併せて八十名の集会となったが、ステッカーを見てやってきた一般参加者はいなかった。しかし発言者には初登場の大野甚がいた。

大野は一九二二年の全国水平社の結成大会に参加、長く解放同盟福岡県連の役員を務めた解放運動の長老である。役員を退いてからは、水平社の理念や闘いの歴史を次の世代に伝えようと、自宅で「水平塾」という名の勉強会を開設していた。

大野が私達の集会に登壇するに至ったのは、福岡県連青年部長を解任された青年から「今度の集会に俺の親父を呼んだらいいと思う」との提案がなされたことによってであった。彼はさらに「親父は今の解放運動に批判をもっている。解放運動は狭山を中心に据えて闘うべきで、それを通して水平社の精神と運動を回復しなければと考えているようだ。自分が親子の関係を利用して集会に連れてくることもできるが、これからのことを考えると、ここは革共同と大野という関係を作った方がいいと思う。いい機会だから会って話してみたらいい」と続けた。

一メートル程の横板に「水平塾」と墨書した看板の掛かる平屋を訪れると、大野は裏手にある畑で黙々と鍬を振っていた。その作業を中断しての立ち話となったが、講演依頼はスムーズに運んだ。

彼は当日、「県連の幹部は、狭山を闘う君たち若者を『跳ね上がり』と批判するが、私から見れば彼らが跳ね下がっているのである」と会場を沸かせ、狭山の闘いこそが部落解放運動であると力説、青年達の一層の狭山の取り組みへの期待を語った。

集会をもつにつれ、大野のような人士との交流も生まれるようになったが、課題は肝心の労学の参加者を増やすことである。その一助になればと、石田の講演を採録した「狭山集会報告集」のパンフレットを作ることにした。

石田講演をめぐる三者会議

石田のテープおこしも終わり、ガリ切りに入ろうとしていた矢先、関西から突然の訪問者があった。彼は福岡の学生運動を経て筑豊地区の部落に入り、青年たちに狭山闘争を基軸に据えた解放運動を広め、私たち労学の狭山闘争の取り組みを指導し、この頃には全国部落研のリーダーとして関西で活動していた。

彼の来社の目的は、過日の石田講演には問題があるので、西村と私の三者でそれに関する会議をもとうというものであった。彼から連絡を受けた西村もほどなくしてやってきた。

ちょうどこの集会の二月ほど前に、都内の朝鮮高校に通う生徒数人が国士館大学の民族派学生達に襲われるという事件があった。問題があるという箇所は、石田がそれを取り上げて論じた部分であった。

石田は、大学生がなした襲撃は許すべからざる民族排外主義の行為であると厳しく糾弾した。さらに続けて、襲った民族派学生の中に沖縄出身者がいたと述べ、「ここに今日の沖縄が置かれている状況が凝縮して現われている。沖縄と沖縄県民はアジア侵略の最先頭に立たされている」と述べた。

彼はできたての講演録を見ながら、この発言の後半にある「沖縄出身者がいた」のところから「最先頭に立たされている」までの部分に問題があると指摘、「ここのところは本土の労働者、人民としての立場を踏まえたものになっていない。それを抜きにして、襲撃者の中に沖縄出身の学生がいたと取り上げるのはおかしい」と指摘した。

西村は「ここは石田ならではのものだ。このままでいい」と返した。リーダーは、私達が沖縄闘争に取り組む原点から該当部を捉え直し、問題ありと提起してきたのである。それを欠いたところで「沖縄出身者がいた」「沖縄県民は侵略の最前線に立たされている」と客観的に言うのはおかしいと指摘しており、成程ここは問題だと理解できた。

一方、西村の言う「この部分は石田ならではのもの」とする捉え方も分からないではなかった。西村には恐らく、石田の物言いが、沖縄の深刻さを抉り出すことでd私達により沖縄を受け止めさせようとしていると聞こえたのではないか。それが「この部分は石田ならではのもの」となったのではないか。西村の回答にそんなことを考え、彼の主張にも成程とうなずかされた。

こうなるとどちらの意見も正しいように思え、私にはことの是非の判断はできなかった。そこでどちらが正しいのかの二者択一思考を止めて、そもそも問題があると感じさせるのは、そこに問題があるからであると視点を変えてみた。そういう見方で読み直してみると、当該部分には重い問題が提起されているにもかかわらず、話の展開の間に飛躍があるように思われてきた。

やっとのことで辿り着いたこの感想に従って、「この部分だけカットしたらどうか」と提案した。それに対して西村は「我々で勝手にそんなことをやってはいけない。石田さんとも話して決めるべきことだ」と反論してきた。

ここまでくると、西村の言う「石田とも話をすべき」という意見を採用する以外に、事態を打開する手立てはなかった。そこでこの日の討論内容を私が文書にまとめ、それを石田に送り彼の意見を待つことにした。これで会議はお開きとなったが、ここに至るまでに五時間近い時間が費やされた。

直ぐさま石田に討論内容を紹介した上で、該当部をカットして採録したいと結論を書き、講演録を同封した手紙を送ると日をおかず彼から文社に電話が入った。

「手紙を今読んだところだが、君達が討論していることは僕にはさっぱり分からない」と、憮然とした口調で切り出してきた。私は会議で出た意見を今度は口頭で説明してみたが、「君の話を聞いても、その部分を撤回する必要はないと思う」と返してきた。ただしそこで終わらず、「だが文章化するに当たっては主催者の君達の判断に従う。それにしても発言が文章になったものを見て、僕は何て話下手なのだろうと自分が嫌になった」と続いた。要はこれで講演録に手を入れても良いとなったのである。

こうした経緯を経て、問題となった部分をカットしたものをパンフレットにし、学習会やオルグ活動に使えるようにした。

その配布を終えたところで、討論されたことをもう少し突っ込んで考えて見ることにした。というのも私が当該部のカットに踏み切ったのは、そこは問題部位なので切除した方がいいという政治判断による面が濃く、自分の言葉で問題点を語るということは未だできなかったからであった。

そこで、講演録の原文を、部落研の若手に見てもらった。

彼は「石田さんの講演を聞いていてちょっと気になるところがあった。そこのところを今読んでみたら、やっぱりひっかかる」とリーダーと全く同じ個所を指し、そして続けた。

「『襲撃した大学生の中に沖縄出身者がいた』というここのところだけど。この沖縄出身者を部落民と置き換えると、僕は自分を侮辱されたと感じる、部落差別されたと感じる。だから、大学生の中に沖縄出身者がいたという、ここのところはおかしいと思う」

彼のこの提起を聞いて、問題の所在が薄っすらと見えてくるのを感じた。

彼は沖縄出身者のところを自分の立場、部落民と置き換えることで、石田の問題設定の誤りを見て取った。リーダーも恐らくはそうしたことをベースに、なおかつ本土の人民としての立場から沖縄をとらえ、当該部に問題ありと指摘したのであろう。

集会で石田の講演を聞き、さらには講演録を作成していながら、彼らの指摘を受けるまで、ことの核心をつかみえなかった己の感度の劣化を痛覚せざるを得なかった。

第二節　先制的内戦戦略論

この年、七七年の半ば頃から革共同中央は、革マル派との抗争に関して、新しい見解を出し始めた。私たちは抗争の渦中で、警察権力の目をかいくぐって、彼らを攻撃する集団、彼らの活動や住まいを把握、調査する集団、それらに必要なものを揃える兵站集団を作り上げていた。しかも、その存在と活動は、警察はもとより世の中にも全く見えない。いわゆる非合法、非公然の活動集団を誕生させていた。

中央はそれらの形成と発展は、やがて来る本格的な内戦の準備になっているとした。そしてさらに踏み込んで、革マル派への間断なき攻撃は本格的な内戦を先取りするものであり、本格的内戦を手繰り寄せる闘いだと規定し、その考えをやがて「先制的内戦戦略」という言葉で表すようになった。先制的内戦戦略こそが日本の革命戦略であるとしたのである。

そもそも革共同は、革命は内戦を通して実現するものとしており私も同意であった。七〇年の安保闘争への高揚期に、内戦に至る過渡期の戦略として「闘うアジア人民と連帯して、日帝のアジア侵略を内乱へ」(戦略的総路線)を掲げている。中核派学生運動のスローガンとしても用いられたこの戦略が出された当初、労働者組織のメンバーからよく分からないと、その意味を問う質問が少なからずあった。

六九年以来、多くの学生たちは学館に寝泊まりし、バリケードを築いてそこからデモに打って出た。まさしく大学を「安保粉砕、日帝打倒の砦」に打ち固めた。そんな学生にすれば「日本帝国主義のアジア侵略を内乱へ」のスローガンはストーンと心に響く。だが労働者は学生ではない。

彼らには大要、以下のごとく答えた。

侵略あるいは侵略戦争は、国内の体制翼賛と城内平和を絶対条件とする。その是非を巡って国内が二分した状況にあれば、アジア民衆の抵抗闘争と相まって、侵略は泥沼化し体制的危機を深めることになる。安保、沖縄を巡る対立を闘いの軸に据えて、城内平和をつくらせない闘いを貫き強めること、これをスローガン化したものが「アジア侵略を内乱へ」である。六九年、七〇年の闘いをさらに発展させる方向を示したものとして、このスローガンの意味するところを説明した。

ところがここにきて、七〇年安保闘争を切り拓き七〇年代の闘いを発展させるこの戦略的総路線に取って代わって、先制的内戦戦略が出された。革命への道筋を、アジア侵略との闘いを通してではなく、革マル派との争闘と、そこから発展させた対権力武装闘争を通して作り上げるという一大転換が進み始めたのである。

果たしてこれは日本の革命戦略たりえるのか。

ここにはアジア侵略と闘う労学、市民の闘い、アジア人民の闘いがすっぽりと抜け落ちている。反権力政治闘争と切り離されたところで、内乱、内戦の準備などあり得るのであろうか。革マル派の攻撃力を削ぎ落した今こそ、政治闘争を強化すべき時なのではないのか。現に彼ら革マル派中央は、自分たちを攻撃するのは中核派や解放派ではなく、権力の謀略部隊であると言い逃れを始めているではないか。次から次へと疑問が湧いてくる。ここは、三里塚に、狭山に力を入れようと切り替えた。

第三節　広がらぬ大衆の支持・共感　1978年

成田空港開港延期

七八年三月三〇日の成田空港開港を四日後に控えた二十六日、私は三里塚第二公園で開催された空港反対同盟主催の集会のただ中にいた。全国から結集した万を越える農民、労働者、学生に向かって、司会者が突然叫んだ。

「只今、空港管制塔が占拠されているというニュースが入りました」

これだけの言葉であったが、会場はどよめきと大きな拍手に包まれた。「政府、空港公団、見たか」と久しぶりに快感を味わったが、占拠部隊に中核派はいないとすぐに感じ取った。

中核派が集会やデモの日に特別な行動を起こす場合、事前に本社筋から、九州からは何名の行動隊を何日の何時にどこそこへ派遣せよと指示がくる。今回はそれがなかったことから、中核派以外の党派によるものと推測された。

その後は占拠の続報はなく、一同は空港周辺へのデモへと移った。

ことの大きさを知ったのは新聞によってであった。それによると第四インター、共労党、共産同の一分派など数十名の部隊が空港敷地内のマンホールから突如姿を現わし空港管制塔に突入し、管制室にある機器類をすべて破壊し使用不可能な状態にしたとあった。さらに続けて、空港の外からの侵入に備えていた警備陣は完全に裏をかかれた、管制室の機能回復には数か月を要する、そのため開港は数か月先にならざるを得なくなったことなどが事細かに報道されていた。

各紙を一読しただけで、政府、空港公団の受けた打撃ぶりが見て取れた。だが手放しで喜んでばかりもおれなかった。各紙に、空港を破壊するような団体には破防法（破壊活動防止法）を適用し、団体そのものを解散させよとの政府側の見解や論調が展開されていたからである。

この破防法は、沖縄闘争の鎮圧を狙って六九年に革共同と共産同に、七一年に革共同にと既に二度発動された。だがそれらは団体への適用ではなく、幹部に対してのものであった。ところが今回は、はなから団体適用が論じられていたのである。

一連の破防法の報道を前にすると、第四インターなどは自らがなした開港延期の偉業とその反動としての破防法の強圧を、これから背負っていけるであろうかと、彼らの弱さを知るだけに心配ではあった。

一方、失態の取り返しに躍起の政府、空港公団は、開港日を五月二十日に再設定した。この日も私は三里塚第二公園で開催された空港反対同盟主催の集会にいた。そこで、またしても元気が出る報告が司会者から飛び出した。

「ニュースによると、只今、日本の空には一機の飛行機も飛んでいません」

これだけでは飛行が不可能となっている原因が分かりようもないが、すぐに中核派の行為と感じられた。

参加者は何かえらいことが起きているのではとワクワクしながらデモに移った。

新聞は期待通りの記事で埋められていた。半日ではあれ日本中の飛行機を飛べなくさせたのは、案に違わず中核派であった。それによると、各地の飛行場を繋ぐケーブル線の一つを切断して飛行機の発着を不可能にしたとあった。飛行に不可欠の命綱を切ったのである。

私はここぞとばかりに「アメリカがベトナム戦争のような侵略戦争を始めても、米軍の爆撃機や輸送機が日本の基地から飛び立てないようにできることを示した闘いである」と吹聴して回った。

連帯する会福岡の代表を務める石崎にも同じような話をした。彼は「あの日は飛行機で集会に参加しようとしていました。福岡空港にいましたが、いつまで待っても飛ばないんです。待たされるのを嬉しく思ったのは初めてのことでした」と笑顔で応じた。それに続けて「斉藤さんたちはゲリラ戦というものをどのように考えているのですか」と問うてきた。

「強大な敵に対して、弱い味方に犠牲もなく、最大の打撃を与えるのがゲリラ戦ですが、その上で大衆の支持が必要と考えています」

「そこです。ゲリラ戦には大衆の支持が必要なのです」

この「大衆の支持が必要」との言葉に、とりわけ力がこもっていた。そこには、今回のようなゲリラ闘争には、平場での三里塚闘争の高まりが背景にあってこそ生きるとの強い響きがあった。

確かに彼の言う通りで、これからも土地を空港公団に売ることなく空港予定地内に留まり続ける農民を守るには、こうしたゲリラ戦に加えて三里塚への労学の空前の結集と現地での大実力デモは欠かせないものであった。

石崎はこの日の別れ際に珍しく、「労対は元気ですか」と彼の名を口にした。「はい、元気です。石崎さんは元気だと伝えておきます」と返事したが、それは嘘であった。

労対の離脱

労対はこの年の早い春に姿を消していたのである。

彼はいなくなる二週間ほど前にあった地方委員会で、「自分に議長は務まらないので交代したい」と申し出た。出席した中央は即座に、「では、議長は誰がいいのか」と問うた。労対が「学対」と答えると、中央は「斉藤もそれでいいのか」と聞くので、「それでいい」と返した。中央は労対を慰留することもなく、わけを聞くこともせず、学対が議長となった。

労対は、革共同は絶対に正しいという一途な信念で活動を続け、幹部となった人物である。この見方は彼と出会った当初から一貫して変わらなかった。

人間は信念だけで、自分と活動を維持できるのであろうか。

労対の場合、彼が会って話をするのは、全て中核派のメンバーである。だからこそ彼は信念だけで自分を維持できた。そしてまた、その信念の強さが、メンバーの信頼を得てもいたのである。

だが、彼は肝心の信念の中味を深め豊かにする作業を自らに果たしてこなかった。革共同は正しいという信念だけで幹部を務めるのも十年が限界なのであろう。

消えた彼にそんなことを思っていると、次の地方委員会で中央は「斉藤は労対を探してくるように」と指示を出し、「探すにあたって、君の考えを聞きたい」と問うた。

「彼の脱落を認めることは、自分の脱落を認めることです。この姿勢で彼と話をしてきます」と答えると、「それでよし」という。

なぜ「それでよし」なのか分からない。ここは労対に、先制的内戦戦略の革命性、価値創造性、それを基にした闘いが切り開く未来を語り、共に担おうというのが筋であろうに。会ったとしてもこうした話はしたくないから姿勢の話にずらしたのにと思いながら、会えた時には、この十年をじっくりと語り合おうと定めた。

三里塚現地闘争の合間に彼の実家を二度訪れ、居合わせた母親と話をしたが、彼がそこに立ち寄った気配は全く感じられなかった。

支持への手がかり

連帯する会の石崎に「労対は元気」と嘘を言った折に彼に、ゲリラ戦には大衆の支持が不可欠と語ったが、実際のところ私達は大衆の支持を実現するような力と手立てを持ち合わせているわけではなかった。だがそれからほどなく、そこに至ると思われる具体策を手にした。

千葉動労が、「労働者は危険な物は運ばない。農民に敵対するものは運ばない」と言って、成田空港へのジェット燃料の輸送を拒否するストライキを準備し始めたのである。空港に飛行燃料が届かないようにする闘いは開港を空無化し、闘う三里塚農民への強力な援護となることは間違いなかった。これこそゲリラ戦を新たな大衆的高揚へとつなげる闘いである。

三里塚を取り巻く情勢の新展開を図る革共同は、千葉動労のジェット燃料輸送阻止闘争を支援する集会を全国で開催した。

それを受けて福岡でも集会の準備へ動いた。講師には、千葉動労と「千葉動労の闘いを支援する会」代表世話人の浅田光輝（立正大教授）を呼ぶことに決めた。さらに、この集会には今までにない多数の労学を集めようと、羽仁五郎（歴史学者）、戸村一作（三里塚反対同盟委員長）、三菱重工長崎造船労組第三組合（長船労組）役員の三名に、集会の呼び掛け人になってもらう計画を立てた。

私はそれらの手配に上京した。本社で必要な依頼を済ませ帰ろうとしていると、来社を知った谷が少し照れた顔付きで話しかけてきた。彼は私と同時期にマル学同中核派書記局入りをした横浜国大出身の活動家で、その後はマル学同中核派委員長として学生運動を指導し、この頃には本社の大幹部であった。

「君に頼みがある。聞いてくれないか。実は川口がいなくなった。奥さんに聞いても、どこにいるか知らないと言う。君は川口と親しかっただろう。君にだったら奥さんも何か話をすると思う。奥さんに会う時間を今日、取ってもらえないか。もし彼の居場所が分かれば、いつでもいいから一度本人と会ってみてくれないか。俺達ではもうどうにもならないのだ」

川口がいなくなったという話は寝耳に水であった。確かにそれはショッキングなことであったが、私の中では全く別次元の反応が起きていた。

川口の離反は革共同に問題があるからではないか、川口のような人物のいない革共同とは…、というような感慨が噴き出してきたのである。

革共同をこのような目で見たのは初めてのことであったが、多分にそれは私が川口にもつイメージからきたものである。

彼には時代や社会、人間の問題を感じ取る鋭い感覚と、自分の取るべき態度を素早く導き出す行動力が具わっていた。その彼が革共同を離れたとなれば、考えられることはただ一つであった。現下の革共同には、己の感受性を抑圧するものがあると感じ取ったからである。

脳裏にこれらのことが浮かぶ私に、どだい川口のオルグなどできるわけがない。だが谷にそれをストレートに言うわけにもいかないので、時間に余裕がないので奥さんに会うのは無理と彼の依頼を断った。

時間がないというのはあながち嘘ではなかった。開催する集会の発言と呼びかけ人を依頼するために、この翌日には長船労組への訪問を予定しており、とにもかくにもこの日の内に福岡へ戻らねばならなかった。

帰りの機中では、川口は今どこで何をしているのであろう、彼は革共同の何に希望を失くしたのであろうと、それればかり考えていた。彼のいない革共同とは一体何であり、これからどこへ向かうのであろうと、そちらに気が向いてしまうのだった。

答えられない問いを抱えた時には当面の必要事に集中し、その問いを隅に追いやるのが一番の安定剤であった。この時もそれに則り翌日には長崎へ向かった。

三菱重工長崎造船所第三組合

長船労組から呼び掛け人と発言者を出してもらえば、後は集会の準備に入るところまできた。

同労組の中心を担う長崎造船社会主義研究会（長船社研）に初めて触れたのは六三年であった。革共同が主催した五六年のハンガリー革命の分析と中ソ論争を批判する集会に長船社研の代表が登壇し、連帯の挨拶を行った。それを皮切りに彼らの言動を目にするようになった。

六五年夏の参議院選挙に際しては、革共同と長船社研、そして共産同の一分派であるマルクス主義戦線（マル戦派）の三団体が共同して社会主義労働者戦線を結成し、全国区に統一候補を擁立、三万票を獲得した。

また、トロツキーのメキシコ亡命時代の秘書、ラーヤ・ドナエフスカヤ女史が、自著『疎外と革命』（現代思潮社）の日本語版の出版を機に来日した折には、革共同や文化人が中心となって東京を皮切りに全国の主要都市で女史の講演会を催したが、長船社研は彼女を長崎に招き長船労働者を中心とした集会を開いた。

こうした折の発言で引きつけられたのは、長船社研に集う労働者の行動力であった。彼らは自分達の力でロシア革命の変質の分析や現代世界の構造解明にあたり、人間解放思想の深耕に努め、しかもそれらの成果を労働者の中に広め、組合内に於いても主流派としての位置を確立していたことである。

　六九年に福岡に来てからは彼らと交流する機会が多かった。長崎反戦集会や九州反戦主催のデモに彼らは数十名の隊列で参加し、私達と行動を共にしていた。また、福岡での私達の集会には組合の役員を連帯の挨拶に常時派遣してくれてもいた。

　他方、彼らは先進的であるからこそ、労働運動の世界では先んじて大きな困難と闘わなければならなかった。

　長崎造船は六五年に三菱重工長崎造船所となった。企業合併は労働者にすれば人員削減と労働強化、そして戦闘的な組合潰しにつながるものであった。

　長船労組とその中軸をなす社研は総力を挙げて闘う組合の防衛に当たっていたが、巨大資本の壁と御用組合の三菱重工労組の前に後退を強いられ、ついにはそれまでの第一組合の主流派の地位を失った。それでも彼らは名誉ある小数派の道を選び、三菱重工長崎造船労組第三組合の旗揚げに踏み切った。

　私が彼らを訪ねたこの頃は、共産党系の第一組合が三百数十人、労使協調の同盟系の第二組合が一万数千人、社研系の第三組合が数十人といわれていた。

　組合事務所を訪ねると執行委員会の最中と言われ、別室で会議の終了を待たねばならなかった。

「会議が長引きそうだ。待たすわけにもいかないから席を外してきた。あまり時間は取れないが、今日は何だい」と、西村卓司がひょっこりやってきた。

　彼は社研の創立メンバーで、年齢は私より一周り上である。それもあって、私には後輩を相手にするようなざっくばらんな物言いをしていた。この日もそれは変わりなかったが、表情に漂う険しさはこれまでに見たことのないものであった。

彼は対座するや否や、溜めておいた鬱憤を晴らすかのように話し始めた。

「われわれ長船と革共同の関係は、長船と本多そして陶山の関係だ。本多は殺され、陶山は入院中の病院から姿を消した。二人が革共同にいない以上、革共同との関係は終わったのだ」

この切り口上を聞いて、「長船はこんな風に思考するグループだったのか」と困惑した。

私達が他党派や個人と共同行動を考える場合、そこにいる個々人や路線に少しは検討を加えるが、それよりも権力に対する態度を重視していた。そこから反権力の結び付きを基にした共同行動も生まれていた。ところが長船にあっては、特定の人物を共闘の基礎としていたという。この組織観と共闘観は昔からのものであったのか、それとも近年そうなったのか。そんなことを考えていると話題は次に移った。

「君達はデモになると、革マル殲滅《せんめつ》訓練だといって旗竿で突撃訓練を繰り返す。長船の労働者達はそんなことはやっておれないと、君達とはデモを一緒にやらないことにした。君達は何時までゲバを続けるつもりなのだ。そろそろ止めたらどうだ」

この頃には、革マル派との抗争に専心することが闘う全人民の利益という主張は、私達とその周辺にのみ通用するものであって、社会運動世界の多くは単なるゲバルトのやりあいとしか見ていない、と知っていた。それで彼のこの言にはムッとはしたが、奇異には感じなかった。さらに彼は続けた。

「野島三郎君は理論家なのだね。彼も最近本を出したことだし、この辺でゲバをやめたら」

確かにこの頃、革共同政治局員、野島の手になる論文集、「革共同の内戦論」が出版されていた。西村の言い方からすると、野島は自著の出版でそれなりに名を遂げたのだから、それを機にゲバルトを止めにしてはということなのであろうが、この前段と後段がどう繋がるのかがさっぱり分からなかった。

ここで彼は、話題を昨年春の福岡での連帯する会との共同集会に向けてきた。

「君らは政治音痴の石崎を使って、第四インターと一緒になって福岡で集会をやったようだね。本多はかつて第四インターを中間主義と批判したが、その通りだ。あんな連中と一緒に集会なんかやってどうする。それに石崎は共労党の隠れ党員だ。中核派とは一緒にやるなと、共労党書記長の白川が石崎のところにオルグに来た」

ここまでくると西村の思惑が分かってきた。西村は連帯する会と私達が一緒になって集会を行うことに大反対だったのだ。共同集会となれば、連帯する会は中核派にかき回され、長船の出る幕がなくなると踏んでいたのであろう。

この後も西村は、「先日、君達の本社の人間が電話してきた時なんか、盗聴防止のために外の公衆電話から東京のこの番号に電話をしてくれというので電話したら一万円以上もかかった。その話の中で、われわれ長船も参加する労働運動関係の集会で、沖縄からの発言を自分たちの推す人にしてもらわないと自分の党内での立場が危うくなる。だから自分たちが推す人を長船に認めてほしいと言っていた。一体、君たちの組織はどうなっているのだ」と、私にはよくは分からない、本社と長船の間での話を続けた。

話題をくるくると変えて続く彼のマシンガントークを黙って聞くのも限界となり、この辺りで口を閉じてもらおうと訪問目的を切り出した。

「千葉動労は、国鉄労働者に危険なものは運ばせない、闘う三里塚農民に敵対しないと、成田空港へのジエット燃料輸送業務を拒否する闘いに立ち上がろうとしている。これは成田闘争の新たな展望を切り開くものとなる。しかしながら、動労本部はこの千葉動労の決起を統制違反で押さえ付け、処分しようとしている。千葉動労はこうした圧力に抗って闘っているが、動労全体から見れば圧倒的に小数派である。成田闘争の発展のためには、この歴史的決起を全国の心ある労組や労働組合員の手で支えねばならない。その一環として福岡でも支援集会を行う。ついては集会の呼び掛け人と集会での発言者を長船労組から出して欲しい。その名前は集会を告知宣伝するステッカーに載せるので、それも考慮して選出して欲しい」

以上のようなことを述べると彼は、「分かった。じゃあ会議にかけるので、どうするかは明日返事する。明日、電話をくれないか」と応じてきた。この返事に反発心がわき、彼の言葉の一部を援用してこの場での返答を求めた。

「盗聴の防衛上、こうしたことには電話を使わないようにしている。返事が明日になるのなら福岡に戻ってもう一度出直してくる。そうなると一万円以上の出費になる。できたらこの場で返事をもらいたい」

彼はこの言い方に苦笑するでもなく、「じゃあ今から会議にかけよう」と立ち上がった。十分程で戻ってきた彼は、「呼び掛け人と発言者は執行委員の河本に決まった」と無愛想に告げたが、表情は先ほどとは打って変わって穏やかであった。

福岡へ戻った直後は、「長船は変わってしまったのではないか」との思いが渦巻いていたが、集会を前にする頃には別の見方に変わった。

西村が革共同に不満をぶつけてきたのは、彼らの少数派組合活動がデッドロックに乗り上げうまくいっていないせいであろう。さらに本多の死や、陶山のリハビリによる活動休止状態を理由にあげて、革共同と距離をおくようになったのは、革共同中央が長船との関係をきちんとフォローしてこなかったからなのではないか、と考えた。

そこで、中央は長船ときちんと話し合うべきだと、地方委員会で中央に意見を述べたところ、東京で西村と本社のトップによる会談をもったと後日、中央から知らされた。西村とはその後、私たちが長崎と佐世保で開く集会の発言を依頼するために二度会ったが、彼からは中央と会ったという話は出なかった。

ともあれ、これで呼び掛け人のすべてが揃った。労学は集会のチケットを売り、ステッカーを貼りと、集会準備に移った。

千葉動労支援集会

今回の集会には、二つの願望をもって臨んだ。

一つは、昨夏の集会に続いて連帯の挨拶に立つ三井三池ＣＯ訴訟原告の松尾薫虹と、講演にやってくる千葉動労を結び付けられないかというものである。

三井三池に事故の責任を認めさせ謝罪を求める松尾ら五家族の闘いは、裁判所の調停も視野におく集団訴訟とは一線を画していた。これは動労本部多数派の統制処分策動を跳ね返しながら、成田空港へのジェット燃料輸送阻止へのストライキに立とうとする千葉動労の孤軍奮闘と通じ合うものがあると考えられたからである。

今一つは、新たな労学の参加である。

繁華街の電柱に張り巡らせた集会宣伝のステッカーには、会の呼び掛け人に羽仁五郎、戸村一作（三里塚反対同盟委員長）、そして、かつては交流の深かった長船労組から執行委員、講演者に千葉動労と浅田光輝（立正大教授）の名を載せており、七〇年闘争の経験者や社会運動に関心のある労学を引き寄せるには、十分な告知となっていた。

しかしながら、今回もステッカーを見てやってきた新参の労学はおらず、組織動員の枠を越えることはできなかった。

消せない疑問

集会から半月ほど過ぎた頃、千葉動労から「三池CO訴訟を闘う松尾を千葉動労の集会に講師として招きたい。講演の依頼をしてもらいたい」との要望が届いた。福岡集会で松尾らの闘いに触れた千葉動労の役員が感動してのことなのであろうが、それにしてもあまりに期待通りの運びであった。

私は勇んで松尾宅を訪問した。過日の集会で彼女は、千葉動労のジェット燃料輸送阻止闘争の意義と、それを抑圧しようとする動労内革マル派との厳しい闘いの内容をつかんでいたので話は早かった。

「その日は何も予定はありません。私で良ければ参ります」と即答であった。だが彼女が家を留守にする少なくとも三日の間、一人では日常生活を送れないご主人の世話をする人が必要である。それを考えて、「不在の間のご主人の食事などの世話に、私達の女性メンバーを差し向けます」と申し出ると、「それは大丈夫です。中学生の娘がやりますから」とのことであった。そう言われると、いつぞや訪問した際、「こんにちは」と一礼して奥に入っていった中学生と思しい、きりりとした面立ちの女の子を見かけたことがある。

彼女の上京には何の障害もないと分かり、晴れ晴れとした気持ちで用立てた新幹線の往復旅費を渡した。

次に松尾宅を訪れたのは、彼女が千葉から戻って十日ほど後のことであった。満面に笑みで迎えてくれた彼女は、問わず語りに千葉動労との交流を紹介してくれた。

「千葉動労って凄いですね。たくさんの組合員が集まってくれて、私の話しを熱心に聞いてくれました。集会の翌日は、組合の事務所や三里塚現地を車で案内してくれました。それから交通費を頂いていましたが、新幹線はもったいないのでミニ周遊券で急行にしました。これは残った分ですのでお返しします。有難うございました」

それから暫くして千葉動労から、松尾の闘いに勇気付けられたとの謝意が支社宛に届いた。

この日からおよそ一七年を経た九〇年代の半ば、朝日新聞の「ひと」欄に、彼女の名と写真を見つけた。記事には、彼女たち五家族は三井三池を相手取った一審で全面勝訴したとあった。彼女たちは、事故がもたらした彼女たちの苦痛に対する賠償も勝ち取ったのである。

松尾と千葉動労の交流が実現し、八月九日の長崎の反戦集会、十月初旬の原子力船「むつ」の佐世保回航とドッグ入りに伴う佐世保現地での二日に渡る入港阻止闘争、そして十月二一日の首都デモへの上京と、一連の闘いへ向かう足取りは軽かったとなるはずなのに、現実はその逆であった。

「むつ」の佐世保ドック入り阻止闘争を終えた直後から、もう自分のなすべきことは終わったのではないか。これからは自分は間違いなく無用の長物になる、という思いにさいなまれ始めていた。

そうした心境になるのも、革共同の掲げる先制的内戦戦略への疑問がなんら解消していないばかりか、日に日に大きくなっていたからである。

終章　離党と再起

突然の変調

年が明けた七九年一月の半ば、博多から列車で三時間ほど離れた地方都市でもたれた地方委員会を終え、一人帰途についていた時であった。宿から駅への道は、前夜降った雪がそのまま残っていた。滑らないようにそろりそろりと歩いていると、急に全身の力が抜けるのを感じた。突然襲ってきた身体の変調にびっくりして、道路脇の木に身を寄せた瞬間、これまでに考えたこともなく使ったこともない言葉が、口をついて出た。

「もうやめよう。やってられない」

狼狽して、「これは俺の真意ではない」と自らに言い聞かせた。過呼吸に陥り冷や汗が出始めた。ここにいるといつまでもこの状態が続きそうで、この場を離れたかった。

やっとの思いで辿り着いた駅前の喫茶店で、煙草に火をつけコーヒを口にすると少しは落ち着いた。ホッとしていると今度は、なぜ急にこんな言葉が出たのであろう、精神に変調をきたしているのではないか、というようなことが頭の中を駆け巡り始めた。

問われていることに集中すれば自分を取り戻せる。自分を制御できる。そう、自身に言い聞かすと、なすべきことがすぐに浮かんだ。

それはこれまで以上に動いて、先ずは二月後半に千葉で開かれる千葉動労支援集会へ人を連れて行こう。先制的内戦戦略については、時間を取ってじっくりと考えればいいというものであった。

これで気が楽になり、何事もなかったように支社に戻ることができた。

それでもしばらくは心身の安定が必要とも思われ、週のうち六日間は支社で寝起きし、残る一日は自由に使っていいと言われて使うことになった、支持者宅の離れで過ごすようにした。

そこにいると、新左翼各派はどうなっているのか、我々と革マル派の抗争の現段階をどうみるか、先制的内戦戦略論で突き進む革共同の行きつくところはどこか、今日の時代をどう見ればいいのか、学生や労働者の意識はどのように変化しているのか、というようなことが次から次へと浮かんでくるのだった。

新左翼の党内闘争

六四年から七一年までの七年間は、中核派、社学同、社青同解放派の新左翼三派は日韓条約、ベトナム戦争、日大、東大をはじめとする大学闘争、安保、沖縄、三里塚を巡って、競い合うように国家権力と闘ってきた。物事の根底に迫る新左翼のラディカルな思想と行動は、学生、労働者を広く捉えた。

この闘いに揺さぶられた共産党は、七〇年にはついに共産党中央による学生運動幹部の粛清を生み出し、共産党と民青の学生組織の瓦解、消滅状態をも生み出した。

その様相が七二年頃になると一変した。中核派は革マル派の襲撃により防衛態勢を強いられ、いくつかの分派に分かれていた社学同の分派闘争は激しさを増し、解放派は二つの潮流に分かれ始め、やがて革マル派へ攻撃を加えながらの、し烈な内部闘争に入った。総じていえば、それぞれの党派が国家権力との闘いから、党派闘争や党内闘争、分派闘争に自己の全エネルギーを割く状況に突入し、加速される状態が続いていた。

戦闘的学生運動の主体を担っていた新左翼三派が内向きの争闘に入り、大学内での活動から手を引くようになると、それまで三派の周辺にいて目立つことのなかった第四インターが「内ゲバ反対」を主要スローガンに、漁夫の利を得る形で勢力を伸ばしてきた。だが彼らは成田空港管制塔の破壊、開港延期に対する破防法適用攻撃の前に立ちすくみ活気をなくしていた。

この新左翼全般の現状をどう見るべきか。学生時代に革共同幹部の陶山が、「世の中が平穏で安定した時期になると、学生運動は分裂と党派闘争に入る」と話したことを思い出した。

彼の言葉は、六〇年安保闘争の終息後に始まった、ブント（共産主義者同盟）の党内闘争、分派による一部の革共同への合流、そして六三年革共同中核派と革マル派への分裂、それらをくぐった体験に裏打ちされたものだけによく理解できた。

陶山の言葉を裏返せば、七〇年の学生運動の主役を務めた新左翼が党派闘争、分派闘争、党内闘争の激化の渦中にいる七二年頃から、世の中は安定期に入っているということであり、実感からしてもその通りであった。

高度成長社会から高度消費社会へ移行して数年を経たこの安定期に、革共同の先制的内戦戦略は革命の戦略たりえるのか。この疑問は、新左翼全体の現況から見ても大きくなるばかりであった。

先制的内戦戦略の陥穽

革マル派との戦いは、きたるべき本格的内戦の習熟である。非合法・非公然の部隊と組織体制は、本格的内戦の先取りであり陣形作りである。この先制的内戦戦略論は、この一年の間にさらに踏み込んで、権力との攻防の中心戦略にまで高められていた。

敵権力に先んじて内戦陣形を構築し、内戦戦略に引き込むというのである。「無制限、無制約のゲリラ戦で成田空港を粉砕せよ」はその路線の象徴的スローガンである。

だがここにすっぽりと抜け落ちているもの、それは大衆的な支援運動、共同闘争、そして大衆的実力闘争である。

昨春の管制塔占拠による開港延期、ケーブル切断による飛行停止は、ゲリラ戦の成果である。そのとき数万人の労学・市民が三里塚第二公園を埋め尽くしていた。このことがゲリラ戦の成果を生きたものにしたのである。第四インターに対して破防法が適用できないのも、背後にこれほどの人民の結集があればこそであった。

その後の中核派は、時限発火装置や迫撃砲を使用することとなる。ゲリラ戦を闘いの中心に据えるようになり、人民が主体的に権力と闘う大衆運動、実力闘争を後景に追いやった。

それでも大衆的実力闘争の芽はあった。千葉動労が進める成田空港へのジェット燃料輸送拒否のストライキや、戦闘的部落青年が取り組む狭山裁判の再審実現への闘いである。

千葉動労は、「労働者にとって危険な物は運ばない、三里塚農民に敵対するジェット燃料は運ばない」と、誰の目にも分かる論理で輸送拒否のストライキを準備した。

戦闘的部落青年達は、獄中にある石川青年の奪還こそ解放運動の生命線と、狭山の再審請求を水路に差別裁判糾弾闘争を強化し、さらには狭山勝利のためにも成田闘争、千葉動労支援にと活発に動き始めていた。

千葉動労と部落青年の闘いは労働運動と解放運動の未来を決めるものだけに、私達の取り組みはこれまで以上に強化されねばならない段階にきている。これこそ現下の闘いの基軸とすべきもと考えた。

それからすると、先制的内戦戦略は変革の方針となり得なず、阻害要因にもなるとの思いが深まるばかりであった。

革共同の是非

「もうやめよう」と唐突に言葉が出て二か月が過ぎた。

支社にいても社外に出ても、何かをしようとする意欲が湧いてこない。そこで日中は公園を渡り歩いて時間を潰すようした。ベンチでボーっとしていると奥浩平が現れた。寂しげな表情でこちらを見つめる浩平に思わず口を開いた。

「俺、こんなになってしまったよ。人に会っても言葉が出てこなくなった。俺たちがいた革共同が、今は俺に歯向かってくる」

「自分の内側を通らない考えで活動を続けるなんて、主体性の喪失だと思わないか」

気付けば浩平の姿は消えていた。もう一度彼に会いたいと何度かその公園に行ったが、その姿を見ることはもうなかった。

この頃、支持者宅の離れで思ったのは、この思考は革命的共産主義からの転向ではないかということだった。

革共同の先制的内戦戦略は、高度消費期の時代と世界、現下の社会運動に適合しない。退潮局面にある組織の実情とかけ離れていると思われる。

しかし人民の意識と主体の力量を一義的に捉えて考えてしまうと、構造改革や社会民主主義の陥穽にはまることも分かっていた。

この思考の板挟みからなかなか抜け出せなかったが、やがてこのように考えることは筋違いであると気付いた。

誤った考えと分かっていながらそれに目をつむり活動を続けることは、主体の喪失だけでなく、これ自体が一種の転向である。党の方針に異論を持つことを転向とすること自体がおかしいと気づいた。自分の取るべき道が見えてきた。

間違っていると思われる考えを墨守する生き方はしない。混沌から抜け出すことができた。

ここに至るまでの数か月を省みて、自分が歪んで嫌な性格になっていると思った。支社に出入りする仲間に目を向けることもなくなり自己中心的になっていた。ここにいては、これからも活動を続ける彼らの害になる。

七九年四月初め、住み慣れた支社を出奔して職に就くべくその日の列車で上京した。車中で目を閉じ、奥浩平を想った。

あとがき

（一）

二〇〇一年の夏、奥浩平の兄、紳平氏に会い、「浩平君のことをいつか書きたいと思っている」と吐露した頃、仕事で付き合いのあった立岩二郎氏が「てりむくり」（副題、日本建築の曲線、中公新書）を上梓。その出版祝いを兼ね「著者と語る会」を千葉県の船橋市で催した。氏はその折、「貴方のポケットにはたくさんの面白い人物や物語が詰まっている。それを書いてみないか」と勧めてきた。

「面白いというよりも、心の深いところに奥浩平がいるので、彼を書いてみたいとは思っている」と明かすと、「奥浩平が面白いのではない。彼を面白いと思う貴方が面白いのだ。自分の感じたままを書けばいい」と言う。

それなら書けるかもしれないと、己の筆力も省みずワープロで打ち始めた。週のうちの三〜四日、仕事を終えた夜の一、二時間をその作業に充て、四〇〇字換算で六〇〇枚ほどを〇六年に仕上げた。

立岩氏には稿の切れのいいところで見てもらい、その都度アドバイスをもらった。だが稿が終盤に入る頃、彼は病に倒れ帰らぬ人となった。書き終えた稿をどう扱っていいのか分からずお蔵入りにした。

（二）

しかし作業を終えると、奥浩平の自殺について、これまでに思ってもみなかったことが流れ出すように浮かんできた。

浩平は高校時代に既に死を考え始めていた。死というものに強い憧憬をもっていた。大学に入学してからは、死と生の境目を生きていた。彼のもつ不思議な明るさや一途さは、死と向き合うところから生まれていたのだ。彼に感じた純粋さは、死をひたむきに追う純粋さに他ならなかった。死は浩平にとって生そのものであった。それが彼の青春だったのだ。『青春の墓標』のタイトルは、浩平の死のすべてを見事に表している。だから彼は、私のみならず、彼を知らない多くの人々の心の底に消えることなく宿るのだ。

この思いは今も変わらない。というよりも、ますますその思いを強くしている。

（三）

脱党後の私について触れると、その足で千葉県の学習塾に就職した。

中核派の労働者組織を早くに離れていた彼女は、私の一年後に上京してきた。労対から百万円のカンパを求められ、そのために五年ローンで借りた労金の返済が一年残っていたからである。

私は勤務して一年半後にその塾の役員（取締役）に就くこととなり、法務局に登録するための住民票が必要となった。九州の実家から千葉に住民票を移すと案の定、千葉県警の家宅捜査が入った。その後は半年ごとに県警の捜索が入り、都合三度の捜査に立ち会わなければならなかった。

この塾で四年近く勤めたところで社長との間に軋轢が起こり、他の塾に転職した。今度はその塾のオーナーに公安調査庁職員が面会を求め、私の前歴を暴露して退職に追い込まれた。

他の塾に移っても同じことが繰り返されるのは自明なので、致し方なく自分で塾を開業した。この段階で、公安調査庁課長の名刺を持つ人物が姿を現した。

「情報が欲しいので協力して欲しい」

「人を見てものを言え」

この問答をもって、身辺への動きは全てなくなった。

離党後の私は、二つの塾で六年、主宰した塾で二十年働き仕事から離れた。〇九年には三十年暮らした千葉を離れ、彼女の実家がある長崎県の離島、半農半漁の島に生活の場を移した。

（四）

本書は〇六年に書き終えた原稿を、出版を機に補正したものである。敬称は省略した。「氏」「さん」「君」を用いると当人との関係が情緒に流されると感じる。敬称を省かないと本当の気持が出ない。この立岩氏のアドバイスに従ってのことである。先輩、同輩、後輩各位には、ご無礼の段、お許し願いたい。

なお、書中の人名については、世に知られた方々、革共同幹部、社会運動に携わる方々は実名にした。また、大学の先輩、同輩、後輩諸兄は実名と仮名が混ざっているが、実名者は学生運動の活動家として広く名が知られていたことによるものであり、ご了解いただきたい。

原稿に目を通してアドバイスしていただいた方々には、深くお礼申し上げます。お蔭で書き進めることができました。文中では触れていませんが、登場人物の中には、すでに鬼籍に入られた方も多くおられます。生前はお世話になりました。有難うございました。

当初の原稿から本稿への補正では、レッド・アーカイブズの編集に携わる川口顕氏のご指導、ご助力を得ました。また、社会評論社の松田健二社長には、本書の出版にご理解、ご協力を頂きました。共に感謝申し上げます。

○著者紹介

齊藤　政明（さいとうまさあき）

1942年、鹿児島に生まれる。母とともに父の待つ「満州」に戻り、敗戦後の1949年上海より一家で大分に引き揚げた。鹿児島ラサール高校を経て、1962年に横浜市立大学文理学部入学。「平民会」に所属して学生運動を開始。一年後に入学した奥浩平らとともにマル学同中核派横市大支部を結成。奥浩平との出会いと別れがその後の人生に大きな影響をもたらした。
1967年同大学卒業後、大分、福岡の高校で二年間の教員生活。その後革共同全国委員会九州地方委員として常任活動。1979年革共同を離党。千葉県で学習塾を主宰。2006年「九条改憲阻止の会」の結成と2008年「京葉生き生き会議」立ち上げに参加。2009年に長崎県の離島に転居し現在に至る。

奥浩平がいた——私的覚書　レッド・アーカイヴズ 03

2017年12月10日　初版第1刷発行

著　者———齊藤　政明
装　幀———中野多恵子
発行人———松田健二
発行所———株式会社 社会評論社
東京都文京区本郷2-3-10
電話：03-3814-3861　Fax：03-3818-2808
http://www.shahyo.com

組　版——— Lunaエディット.LLC
印刷・製本——株式会社　倉敷印刷

Printed in japan